Das Buch

Im Herbst 1970 wurde Salvador Allende Präsident Chiles. Mit ihm begann ein Aufbruch, der in der ganzen Welt mit Sympathie begleitet wurde: auf demokratischem Wege und gewaltfrei zu einer gerechten Gesellschaft zu gelangen. Allerdings begingen er und Seinesgleichen einen kardinalen »Fehler«: Sie tasteten das Eigentum des inländischen und des auswärtigen Großkapitals an. Deshalb putschte am 11. September 1973 das Militär und badete nach seinem Verständnis die Demokratie in Blut.
Die DDR engagierte sich seit den 60er Jahren in Chile. Sie zeigte sich in allen Phasen solidarisch. Im Buch wird über die allseitige Zusammenarbeit und die Hilfe vor allem nach dem faschistischen Putsch berichtet. Über ein spezielles Kapitel der aktiven Hilfe aber wurde bisher noch nie geschrieben: über die konspirative. Mitarbeiter der Hauptverwaltung Aufklärung des MfS, Offiziere im besonderen Einsatz (OibE) und andere couragierte DDR-Bürger brachten Chilenen außer Landes. Erstmals werden hier Details öffentlich gemacht.

Der Herausgeber

Gotthold Schramm, Mitarbeiter des MfS von 1952 bis 1990. Von 1963 bis 1969 bei der Spionageabwehr (HA II), danach in der Aufklärung verantwortlich für die Sicherheit der DDR-Auslandsvertretungen.
Letzter Dienstgrad Oberst.

Gotthold Schramm (Herausgeber)

Flucht vor der Junta

Die DDR und der 11. September

edition ost

ISBN 3-360-01067-1

© 2005 Das Neue Berlin Verlagsgesellschaft mbH
Rosa-Luxemburg-Str. 39, 10178 Berlin
Alle Nachdrucke sowie Verwertung in Film, Funk und Fernsehen
und auf jeder Art von Bild-, Wort- und Tonträgern sind honorar-
und genehmigungspflichtig.
Alle Rechte vorbehalten
Titel: ansichtssache – Büro für Gestaltung
Druck: Salzland Druck, Staßfurt

Die Bücher der edition ost und des Verlags Das Neue Berlin
erscheinen in der Eulenspiegel Verlagsgruppe

www.edition-ost.de

Inhalt

Friedel Trappen/Horst Jänicke
Vorwort 7

Jorge Insunza
Die DDR im Kampf um die Freiheit Chiles 10

Frank Schumann
Deutschland und Chile heute 25

Karlheinz Möbus
Die DDR und Chile entdecken sich 33

Ernst Höfner
Gespräche bei Allende 46

Ernst Höfner
Impressionen aus Chile 53

Dieter Wolf
Als Rohstoffspezialist in Chile 60

Klaus Eichner
CIA-Operation »Centauro« 67

Alfred und Ludwig Spuhler
Top-Information aus Pullach 85

Arnold Voigt
Die DDR-Vertretung unter der Schutzmacht Finnland . . 88

Rudolf Herz
Altamiranos Ausschleusung 115

Altamirano über seine Flucht nach Argentinien 125

Rudolf Herz
Die BRD-Vertretung nach dem Putsch 133

Peter Wolf
Ich war einer von vielen Bürgern der DDR 139

Rudolf Herz/Arnold Voigt
Die DDR-Vertretung bei der Unterstützung des chilenischen
Widerstandes gegen die Junta 146

Karlheinz Möbus
Chilenische Emigranten in der DDR 157

Gotthold Schramm
Nazideutschland und Chile 166

Anlage
Auszug aus der Rede von Dr. Salvador Allende zum
Amtsantritt am 5. November 1970 180
Gespräch zwischen Ulbricht und Corvalan, 30.4.1971 ... 182
Zu den ökonomischen Beziehungen DDR-Chile 199
Jahresorientierung 1972, 2.12.1971 202
Allende vor der UNO, 4.12.1972 208
Empfehlungen der Konterrevolution, April 1973 215
Letzte Rede Allendes aus der Moneda, 11.9.1973 217
Fahndungsliste der 95 meistgesuchten Personen 219
Anfrage Christa Lufts im Bundestag zur DDR-Botschaft 220
Abkürzungen 221
Die Autoren 223

Vorwort

Das Thema Chile aus der Sicht der Außenpolitik der DDR ist bisher noch nie öffentlich behandelt worden. Das gilt gleichermaßen für die sensible solidarische Unterstützung der Andenrepublik zwischen 1970 und 1973 durch Berlin und schließlich, während des faschistischen Putsches am 11. September 1973 und in der Zeit danach, für die Rettung von Menschenleben und zur Sicherung der Menschenrechte in der Pinochet-Diktatur.

Zehn Autoren, seinerzeit in dieser Angelegenheit an exponierten Plätzen engagiert, berichten über diese weitgehend unbekannten Kapitel deutsch-chilenischer Beziehungen.

Im Zentrum der Beiträge stehen die Zusammenarbeit mit dem 1970 über Mehrheitsverhältnisse im Parlament gewählten Präsidenten Salvador Allende, die Unterstützung des demokratisch-sozialistischen Weges seiner Regierung sowie die Vorbereitung und Realisierung seines Sturzes durch die innere und äußere Reaktion. Breiten Raum nehmen die von der DDR gewährte Hilfe und Unterstützung für verfolgte und mit dem Tode bedrohte Chilenen ein.

Die Autoren erinnern sich in ihren Beiträgen eigener Erlebnisse und geben Erfahrungen wieder, die sie auf ihren speziellen Arbeitsgebieten sammelten. Darin flossen zwangsläufig auch aktuelle Beobachtungen und Analysen ein. Sie stellen die Ereignisse und Erfahrungen jeweils aus ihrer Sicht dar und kommen deshalb zu unterschiedlichen Wertungen, die manchmal auch voneinander abweichen, aber ungekürzt akzeptiert wurden. Dabei ist zu berücksichtigen, daß die Entwicklung in Chile zu Beginn der 70er Jahre aus heutiger europäischer Perspektive betrachtet wird – im Jahr 2005, in dem es seit 15 Jahren die DDR nicht mehr gibt und die Lebensläufe der Autoren unterschiedliche Wege nahmen.

All das ändert nichts daran, daß diese bei den Auffassungen in Grundfragen übereinstimmen.

So entstand ein Buch mit höchster Aktualität, das zudem vieles bisher Unbekanntes spannend vermittelt.

Die Autoren und alle damals in ihr Handeln einbezogenen Mitarbeiter erfüllten ihre Aufgabe als überzeugte DDR-Bürger – gleichgültig, ob sie als Diplomat, Außenhändler, Wirtschafts- oder Bankenfachmann, als Spezialist oder in anderer Funktion tätig waren. Deshalb ist es auch ohne Belang, ob sie von Parteien, Ministerien, wissenschaftlichen Einrichtungen, Betrieben und Vereinigungen, als hauptamtliche oder inoffizielle Mitarbeiter des MfS geschickt worden waren und ihre Pflicht erfüllten.

Die Unterstützung für das Chile Allendes war eine zentrale Aufgabe der Partei- und Staatsführung der DDR. Das galt in besonderem Maße für die Rettung von Menschenleben, für humanitäre Hilfe und auch für den Beitrag zur Organisierung des Widerstandes nach dem faschistischen Putsch. Schon damals war die Bezeichnung »Chefsache« bekannt – allerdings wurde sie von allen Beteiligten auch so verstanden, darum ernst genommen und folglich verwirklicht. Die Abteilung Internationale Verbindungen (IV) im Zentralkomitee der SED sowie die Aufklärung (HVA) des Ministeriums für Staatssicherheit (MfS) waren mit der Koordinierung der Maßnahmen beauftragt.

Die Ereignisse des Jahres 1973 trafen das Kollektiv der DDR-Auslandsvertretung keineswegs unvorbereitet. Wie in anderen Ländern mit Krisensituationen auch, löste im Herbst 1973 jeder DDR-Bürger mit höchster Disziplin und Einsatzbereitschaft die zum Teil ungewohnten und überwiegend mit hohen Risiken verbundenen Aufgaben gleichermaßen bescheiden und couragiert. Es zeigte sich, daß auf jeden und jede Verlaß war.

Die solidarischen Verbindungen mit den Vertretern anderer Auslandsvertretungen, insbesondere mit der Schutzmachtvertretung Finnland, erwiesen sich als nützlich und hilfreich.

Vor der Moneda in Santiago erinnert heute ein Denkmal an Salvador Allende. Seine Visonen eines demokratischen, sozialistischen Chile haben die Pinochet-Zeit überdauert. Osvaldo Puccio jr., Botschafter des heutigen Chile – zunächst in Österreich, dann Brasilien – erklärte einmal: »Am 11. September 1973 war ich 18 Jahre alt und einer der letzten, die Salvador Allende vor seinem Tode in der Moneda die Hand drücken konnten. Darauf bin ich stolz. Ich kann es meinen Enkeln erzählen. Die anderen dagegen müssen ihren Pinochet rechtfertigen.«

Wir sind unserem Freund Jorge Insunza für seinen Beitrag besonders dankbar. Einst einer der Berater Allendes, gehört er heute als Sekretär für Internationale Beziehungen der Politischen Kommission des ZK der KP Chiles an.

Die Sozialistische und die Kommunistische Partei Chiles als repräsentative und einflußreiche Arbeiterparteien treten mit verbündeten Kräften des Landes für ein Chile der Demokratie und Gerechtigkeit ein. Unter den Arbeitern und der armen Bevölkerung, die einst in der Unidad Popular gemeinsam kämpften, lebt die Idee eines Sozialismus chilenischer Prägung. Dieser bedeutet eine Alternative zu dem von den USA beeinflußten Neoliberalismus in Lateinamerika. Die Entwicklungen in Venezuela und Brasilien finden zunehmend Aufmerksamkeit.

Die großen Opfer, die das chilenische Volk unter der Diktatur Pinochets bringen mußte, waren nicht umsonst. Die Verbrechen Pinochets und seiner Hintermänner sind im Gedächtnis des chilenischen Volkes wach und unvergessen. Wie eben auch die Solidarität der DDR.

Dr. Friedel Trappen
Letzter Botschafter der DDR in Chile

Horst Jänicke
Stellvertretender Leiter der HV Aufklärung des MfS

Die DDR im Kampf um die Freiheit Chiles

Von Jorge Insunza

In den ersten Jahren der Diktatur war die Arbeit in der Illegalität hart und schwierig. Wir waren nicht darauf vorbereitet, welche Grausamkeit die Aggression gegen des Volk annehmen würde. Das bedeutete, daß wir alles erst im Verlaufe des Geschehens lernen mußten. Vom ersten Tag an wurden viele Tausend Mitglieder der Unidad Popular verhaftet, viele von ihnen gefoltert und ermordet. Unzählige wurden in zu Gefängnissen umfunktionierte Stadien gepfercht und dann in Konzentrationslager in unwirtlichen Regionen unseres Landes deportiert.

Die bekanntesten Parteiführer wurden besonders brutal verfolgt. In einem wenige Stunden nach dem Putsch herausgegebenen Erlaß wurden wir mit drohenden Worten aufgefordert, uns in den Kasernen zu melden. Unsere in Freiheit verbliebenen Familienmitglieder und ihre Umgebung wurden auf das schärfste überwacht. Jeder Kontakt war ein Risiko, das zum Tode führen konnte. Viele Verhaftete wurden unmittelbar nach ihrer Festnahme hinterrücks »auf der Flucht« erschossen und in eine der Nebenstraßen in der Nähe des Ortes ihrer Verhaftung geworfen.

Nach der Verhaftung Luis Corvaláns, des Generalsekretärs der Kommunistischen Partei, bestand das Hauptziel der Diktatur darin, den Generalsekretär der Sozialistischen Partei Chiles, Carlos Altamirano, zu ergreifen. Erst viel später wurde bekannt, wie Altamirano sein Leben gerettet hat. Das war ein Erfolg der internationalen Solidarität, vor allem und besonders der DDR. Unter Einsatz ihres eigenen Lebens verhinderten die Diplomaten dieses sozialistischen Landes, daß Altamirano den Häschern Pinochets in die Hände fiel.

Ich kenne die Details der Operation nicht, aber ich weiß wohl um ihre Auswirkungen in Chile. In der Illegalität nahmen wir mit großer Freude die Nachricht auf, als er Monate nach seinem Verschwinden in Havanna auftrat. Für die Diktatur war diese Nachricht wie eine Ohrfeige. Aber sie hat niemals in Erfahrung gebracht, wie und wann sie ausgetrickst worden waren. Auch nicht, daß es die DDR war, die diesen Sieg ermöglicht hatte. Jahrelang ist nichts über diese Operation durchgesickert. Die DDR hat sich niemals dieser Tat gerühmt.

Die Verbindungen zwischen der DDR und dem demokratischen Chile bestanden schon lange. Die Regierung von Salvador Allende beschloß die Herstellung der vollen diplomatischen Beziehungen mit dem sozialistischen deutschen Staat. Lange Zeit vorher schon hatte Chile die Eröffnung einer Handelsvertretung des sozialistischen Staates gestattet, aber Druck von außen belastete die Verhandlungen über die volle diplomatische Anerkennung. Diesen Druck übten die USA und die BRD mit vereinten Kräften aus.

Während der Zeit der Volksregierung wurden die Beziehungen stark ausgebaut. Die wirtschaftliche, wissenschaftliche und technische Unterstützung, Studien- und Beratungsmissionen bedeuteten eine große Unterstützung für die Tätigkeit der Regierung und für den Kampf gegen den von der US-Regierung ausgelösten Boykott.

Der Sieg Allendes brachte Nixon und Kissinger in ihrer Verzweiflung fast an den Rand des Wahnsinns. Nixon tobte im sogenannten Oval Office, »man müsse die chilenische Wirtschaft zum Bluten bringen« – Ruinierung der Produktion, Verweigerung der Lieferung von für die Produktion erforderlichen Baugruppen und von Ersatzteilen für von den USA gelieferte Industrieanlagen, und als logisches Ergebnis der imperialistischen Vorherrschaft: Schließung der Exportmärkte, Verhängung von Embargomaßnahmen gegen chilenische Erzeugnisse, insbesondere gegen das Kupfer, das den Klauen amerikanischer Unternehmen entrissen worden war. Das waren einige der Mittel, um die chilenische Wirtschaft zum »Bluten« zu bringen. Die Herbeiführung der Unterversorgung des Binnenmarktes war eines der entscheidenden Elemente für die Destabilisierung der politischen Lage und die Schaffung der Voraussetzungen für die Durchführung eines Militärputsches.

Die sozialistischen Länder haben eine wichtige Rolle bei der Bekämpfung der Auswirkungen des imperialistischen Boykotts gespielt. Um die Probleme in der Lebensmittelversorgung zu mildern, entsandte die DDR Fischereifahrzeuge, die in den chilenischen Territorialgewässern arbeiteten. Sie stellte der Volksregierung Landwirtschaftsmaschinen zur Bearbeitung des Bodens zur Verfügung, der durch die Bodenreform in die Hände der Bauern gelangt war. Die Industrie, insbesondere die Kupferproduktion, wurde durch die Lieferung von Produktionsmitteln und Ersatzteilen unterstützt, die ihr durch den imperialistischen Boykott vorenthalten wurden. Es wurde intensiv an der Ausbildung von technischem Personal gearbeitet, wobei die Ausbildung von Arbeiter- und Bauernkindern besonders gefördert wurde, die bis dahin keinen Zugang zu Studieneinrichtungen hatten. Bei alldem hat die DDR einen herausragenden Beitrag geleistet.

Die zwischen der DDR und dem chilenischen Staat vereinbarten Kredite ermöglichten in einer sehr kritischen Zeit den antifaschistischen Widerstand. Unter Hinweis auf das Vorhandensein dieser Schulden erreichte die DDR, daß eine kleine Anzahl ihrer Staatsbürger mit einem Sonderstatus in Chile verbleiben konnte. Die diplomatischen Beziehungen waren zwar abgebrochen worden, aber nicht das gesamte Personal hatte das Land verlassen müssen. Diese kleine Gruppe verhandelte über Rückzahlungsmodi und Rückgabe der Lieferungen, die nicht verwendet werden würden, weil die Unternehmen untergegangen oder in die Hände anderer Unternehmer geraten waren, die sie nicht akzeptieren wollten. Die Verhandlungen erstreckten sich über mehrere Jahre. Hinausgezögert wurden sie nicht wegen des Geldes, sondern um einen Verbindungskanal zwischen dem inneren Widerstand und den Genossen im Exil zu haben sowie als Zeuge der Geschehnisse vor Ort präsent zu sein. Und die Verhandlungen dauerten und dauerten ...

Natürlich war das eine schwierige Arbeit. Die Diktatur überwachte jeden Schritt des Personals. In diese Observation waren auch die Geheimdienste der imperialistischen Großmacht einbezogen. Aber niemals konnten sie etwas Wesentliches herausfinden. Ich selbst kann das bezeugen.

Sieben Mitglieder der Politischen Kommission waren im Land verblieben, um die Arbeit der Kommunistischen Partei zu sichern. Es war keine vorher getroffene Auswahl. Die hatte es zwar gegeben, aber die Verluste veränderten die Namensliste. Wir, die wir der Verfolgung entgehen und eine Sicherheitsstruktur aufbauen konnten, bildeten die innere Leitung, und bereits Ende September 1973 hatten wir formal wieder eine Parteiführung und konnten den organisatorischen Wiederaufbau einleiten, mit der Herausgabe von Ori-

Walter Womacka gehörte zu den DDR-Künstlern, die zu Chile und dem Putsch eine Meinung hatten. 1973/74 entstand der aus zwölf Bleistiftzeichnungen (Format 52 x 73 cm) bestehende Zyklus »In Chile herrscht Ruhe«. Hier das Porträt des ermordeten Präsidenten

entierungsmaterial beginnen, die ersten politischen Dokumente publizieren sowie öffentliche und private Informationen ins Ausland weiterleiten.

Aber die Diktatur legte die Hände nicht in den Schoß. 1974 erlitten wir einen sehr harten Schlag. Das Mitglied der Politischen Kommission Jorge Montes fiel den Häschern in die Hände. Das Haus, in dem er verhaftet worden war, erwies sich als Falle. Ein administrativer Verbindungsmann, der Dokumente überbrachte, wurde ebenfalls verhaftet, und das führte zu einer Welle von Verhaftungen in verschiedenen Landesteilen. Jorge Montes blieb über Monate verschwunden. Aber über einen unbekannten Weg gelang es, seinen Decknamen, unter dem er gelebt hatte, im Ausland publik zu machen, und damit konnte die UNO-Menschenrechtskommission die Diktatur in die Enge treiben. Sie hatte stets die Verhaftung von Montes geleugnet, die Verhaftung von »Augusto Lallave Leguía« mußte sie jedoch zugeben. Das war sein Deckname, den ich ihm einst gegeben hatte. So kam Montes aus den Kerkern des Geheimdienstes DINA und wurde in ein offenes Konzentrationslager gesteckt.

Der Informationskanal, der ihm das Leben rettete, war diese Gruppe deutscher Demokraten, die in Chile geblieben war. Jahre später kam Montes durch den Austausch gegen eine in der DDR inhaftierte Person frei.

1975 zog sich der Belagerungskreis um die illegalen Parteiführungen immer enger. Der Kern der Zentralen Leitung der Sozialistischen Partei flog auf. Unter diesen Umständen wurde beschlossen, einige von uns, darunter auch mich, außer Landes zu schaffen. Das bedeutete, die illegale Ausreise zu organisieren. Wieder war es die Gruppe der DDR, die dafür die Verantwortung übernahm.

Zuerst wurde ich in die Botschaft eingeschleust. Dort mußte ich Monate tagsüber zwangsweise in einem Versteck leben (nachts leistete mir die dort lebende DDR-Familie stundenweise Gesellschaft), bis ein Weg für die Ausreise gefunden und die entsprechenden Dokumente hergestellt worden waren. Alles verlief mit Erfolg, aber nicht ohne Zwischenfälle. Wegen kleinerer Fehler in meinen Papieren wurde ich an der chilenischen Grenze für kurze Zeit festgehalten. Mein Status als »französischer Staatsbürger« und ein gewisses Entgegenkommen der chilenischen Polizei verhinderten meine Inhaftierung und möglicherweise meine Aufnahme in die Liste der

»Verschwundenen«. So begann mein Exil in der DDR, die mich, meine Frau und zwei meiner Söhne, die Monate später aus Chile ausreisten, aufnahm.

Die Sache des antifaschistischen Chile konnte sich auf die starke Solidarität der Bevölkerung dieses sozialistischen Staates stützen. Tausende von Chilenen, die zum Verlassen ihres Heimatlandes gezwungen worden waren, erhielten Wohnungen, Sozialversicherung, Arbeit und Ausbildung für ihre Kinder.

Jene, die aus den Kerkern und Konzentrationslagern kamen, wurden einer gründlichen medizinischen Untersuchung unterzogen. In den Unterlagen der Gesundheitszentren sind die schrecklichen Spuren der Folter durch die Henkersknechte Pinochets festgehalten. Ich erinnere mich an den Kommentar eines der Ärzte, die mit den ersten Untersuchungen betraut waren. Sie zeigten sich entsetzt über die Verletzungen, die einer unserer Genossen, Samuel Riquelme, Mitglied des Zentralkomitees und ehemaliger stellvertretender Polizeipräsident Chiles, erlitten hatte.

Wenn die Archive nicht vernichtet worden sind, könnten Forscher unglaubliche Dinge über die faschistische Grausamkeit darin finden.

Die Bildung und Erziehung der chilenischen Kinder und

Jugendlichen in der DDR wurde durch Unterricht in Geschichte und spanischer Sprache ergänzt, den chilenische Lehrer erteilten, welche vom demokratischen deutschen Staat bezahlt wurden – in weiser Voraussicht ihrer Wiedereingliederung in ihr Heimatland.

Da hat der Staat gehandelt, zweifellos. Aber das Volk in seiner Gesamtheit war der Motor dieser gewaltigen Solidarität. Es entstanden Lieder, literarische Werke, Bilder, Theaterstücke, Filme, Studienzentren, geschaffen von herausragenden jungen und reiferen Talenten dieses von der Tragödie, die Chile betroffen hatte, bewegten Volkes – und von Chilenen, deren schöpferische Fähigkeiten gefördert wurden. Auch die materielle Unterstützung für den Kampf in Chile war beträchtlich.

Das Spektrum der Solidarität war in jeder Hinsicht sehr breit. Nicht nur, weil sich das Volk der DDR in seiner übergroßen Mehrheit und seiner ideologischen Vielfalt dazu verpflichtet hatte, sondern weil sie ausnahmslos allen antifaschistischen Kräften zuteil wurde: Kommunisten, Sozialisten, Radikale, Christdemokraten, Parteilose, alle wurden gleichermaßen unterstützt.

Berlin war lange Zeit Sitz der Auslandsleitung der Sozialistischen Partei. Hier amtierte auch die Unidad Popular im Exil, geführt von Clodomiro Almeyda, Sozialist und ehemaliger Außenminister der Regierung Salvador Allende. Zur Leitung gehörten ferner ein Kommunist (in diesem Fall ich) und ein ehemaliger Christdemokrat, Enrique Correa.

Es scheint mir nötig, die unablässige Sorge der deutschen Kommunisten um die Einheit der demokratischen Kräfte Chiles hervorzuheben. »Schaffung der Einheit in ihrer Vielfalt bei Beachtung der Unterschiede zwischen den verschiedenen politischen Kräften Chiles« lautete eine Konstante der politischen Arbeit der SED. Wahrheitsgetreu muß man feststellen, daß diese Bemühungen nicht immer von Erfolg gekrönt waren. Aber auch jenen Chilenen, die sich später auf andere Positionen begeben haben, kommen nicht umhin anzuerkennen, daß ihnen in diesem sozialistischen Land stets Respekt und Achtung entgegengebracht wurde.

Das Ideal der sozialistischen Internationalität ist tief in die Gefühle der chilenischen Emigrantengemeinschaft in der DDR eingedrungen. Die Unterstützung der Chilenen für die Kämpfe anderer Völker und zur Überwindung von dramatischen Situationen in anderen Gesellschaften erwuchs aus der internationalen Solidarität, die das Leben in diesem Teil Deutschlands geprägt hat. Wir haben gelernt aus dem, was wir empfangen haben, wir haben gelernt zu geben. Wir haben uns den Solidaritätsaktionen für die arabischen Völker, damals besonders für den Libanon und das Volk Palästinas, angeschlossen. Von der DDR aus reiste eine umfangreiche Gruppe chilenischer Lehrer, die in der DDR lebten, zur solidarischen Unterstützung nach Mozambique, als die FRELIMO nach dem Zusammenbruch der portugiesischen Diktatur die Unabhängigkeit errang.

Ohne die Unterstützung der Regierung und der Bevölkerung der DDR wäre dieser Beitrag nicht möglich gewesen.

Bei jedem menschlichen Tun, in jeder menschlichen Beziehung gibt es Licht und Schatten.

Die Lage der DDR an der Grenze zwischen zwei sich bekämpfenden Gesellschaftssystemen wirkte sich auch auf das Leben der dort lebenden Chilenen aus.

Viele Chilenen empfanden die Beschränkung der Reisen aus der DDR in kapitalistische Länder als Belastung. Aufgrund der Probleme, die sich aus der Konfrontation der Gesellschaftssysteme und dem Kalten Krieg für das Leben in der DDR ergaben, waren den Bürgern der DDR diese Beschränkungen auferlegt worden. Als Funktionäre haben wir unseren chilenischen Mitbürgern erklärt, daß wir diese Beschränkung notwendigerweise anerkennen müßten, da wir es nicht für richtig hielten, für unsere Bürger im Exil Ausnahmen gegenüber der Bevölkerung, die uns aufgenommen hatte, zu fordern. Aber Tatsache ist auch, daß ein Teil der Funktionäre im Zusammenhang mit politischen Aufgaben überall hinreisen konnte – und das führte zu dauerhaften Spannungen.

Ich erinnere mich an unsere Kampagne unter der Überschrift »Operation Rückkehr«. Wir wollten die Diktatur zwingen, das Verbot der Heimkehr der im Exil Lebenden aufzuheben, denn wenn wir einen Paß beantragten, erhielten wir einen, in den ein »L« eingestempelt war, und das bedeutete: Einreise in Chile verboten. Wir entwarfen ein Plakat mit dem Bild vom Wiedersehen von Familienangehörigen, die lange getrennt gelebt hatten. Daraufhin erhielten wir einen freundlichen Hinweis, daß ein solches Plakat unter den gegenwärtigen Umständen in der DDR und angesichts der Teilung Deutschlands Probleme schaffen würde.

Die Freilassung von Jorge Montes im Austausch gegen eine in der DDR wegen Spionage für die USA zu lebenslanger Haft verurteilten Mediziner Adolf-Henning Frucht habe ich bereits erwähnt. Jorge war brutal gefoltert worden, er selbst hat das in seinem Buch »Das Licht zwischen den Schatten« beschrieben. Frucht war in der DDR-Haft gewiß nicht so behandelt worden.

Dieser Austausch, wie auch der von Luis Corvalán 1976 gegen Wladimir Bukowski, dem im Westen neben Solshenizyn und Sacharow am meisten gefeierten sowjetischen Dissidenten, wurde von Georges Marchais von der Französischen Kommunistischen Partei und anderen stark kritisiert. Auch unter den Chilenen kam es zu Diskussionen, insbesondere unter den nichtkommunistischen Kräften.

All das war untrennbarer Bestandteil der Konfrontation im sogenannten Kalten Krieg, der, wie wir wissen, nicht überall nur ein kalter Krieg war. In Chile jedenfalls nicht, denn die Reaktion ging mit Waffengewalt gegen das Volk vor. Das war heißer Krieg.

Diese Schattenseiten sind in den Zeiten der Rückwende auch verzerrt dargestellt worden. Ich habe Äußerungen von Landsleuten gelesen, denen in der DDR beinahe eine Ausnahmebehandlung zuteil geworden war, was ihre gewaltige Unterstützung anbetrifft, weil sie eifrigst nach kleinen Privilegien strebten. Sie haben ziemlich schamlos zu den propagandistischen Bemühungen des Westens beigetragen, die Geschichte umzuschreiben. Dieser Eifer wurde nach der Implosion des Sozialismus in Osteuropa forciert. Einer von ihnen, der fast fürstlich im Exil gelebt hat, veröffentlichte seine »Erfahrungen« unter dem Titel »Sterben in Berlin«. Das ganze Buch ist durchdrungen vom Geist eines Renegaten, der seine politischen Positionen aufgegeben hat. Jahre nach der Annexion der DDR kehrte er zeitweilig nach Berlin zurück. Am Ende seiner Tage kam er nicht umhin festzustellen, daß die Rückkehr zum Kapitalismus eine menschliche Katastrophe heraufbeschworen hat.

Ein Thema, über das tiefgründig nachgedacht werden sollte und das diesen echten oder bösartigen Dissonanzen zugrundeliegt, ist meines Erachtens die unvollständige Lösung des adäquaten Verhältnisses zwischen Sozialismus und Demokratie bei den ersten Erfahrungen des Aufbaus der neuen Gesellschaft, was wiederum untrennbar mit der Klassenauseinandersetzung im internationalen Rahmen zusammenhängt. Es ist ein Thema, das mit dem Kräfteverhältnis, mit dem Charakter des Staates und dem Klassenkampf als objektive Realität und mit anderen Problemen zu tun hat.

Wir müssen zugeben, daß wir mit diesen Analysen im Rückstand sind.

Wir Chilenen haben uns bemüht zu verstehen, warum wir nicht in der Lage waren, den Erfolg unseres revolutionären Prozesses zu sichern und die inneren und äußeren Manöver zum Sturz der Volksregierung abzuwehren. Man hat uns zu Recht gesagt, eine Revolution muß sich zu verteidigen wissen. Die Bemerkung enthielt die Kritik an der unzureichenden Fähigkeit, die offenen und vor allem die verdeckten Angriffe der reaktionären Kräfte abzuwehren, die über gewaltige Mittel zur Organisierung ihrer Wühltätigkeit verfügten: Sie stützten sich dabei auf die von der Volksregierung minutiös eingehaltenen demokratischen Rechte, um die Bedingungen für einen Militärputsch zu organisieren. Als Beispiele seien genannt der Mißbrauch der Pressefreiheit, um Unsicherheit und Mißtrauen zu verbreiten, der Boykott der Produktion und der Verteilung von Konsumgütern und die Konspiration in den Kasernen. Dem haben wir uns nicht entschlossen entgegengestellt. Wir verfügten auch nicht über ausreichende Kräfte dafür.

In vielen Teilen des Staatsapparats blieb die Kontrolle in den Händen von Mitgliedern der Opposition, und damit wurden adäquate Antworten verhindert. Und wenn es dringend wurde, fehlte es an der rechtmäßigen Gewalt. Hierzu müssen unerläßlich Überlegungen über die komplizierte Frage des Staates und seines Charakters als Aspekt des Klassenkampfes angestellt werden.

Unsere Genossen aus den ehemaligen sozialistischen Ländern stehen unseres Erachtens auch uns gegenüber in der Schuld. Sie müssen uns verständlich machen, was *wir* falsch oder ungenügend gemacht haben, und warum die vom Sozialismus geförderten menschlichen Werte keine aktive Beteiligung bei der Entwicklung und Verteidigung der sozialistischen Gesellschaft bewirkt haben. Für den Kapitalismus gilt: Je geringer die selbständige Mitwirkung der Massen, desto besser für das System. Und wenn sich die Massen im Streben nach ihren Rechten erheben und dabei das kapitalistische System in Gefahr bringen, dann zögert der Staat nicht, seine Macht – einschließlich bewaffneter Gewalt – einzusetzen, um die Rebellion des Volkes zu zerschlagen. Für den Sozialismus hingegen ist die aktive Mitwirkung der Massen die Grundvoraussetzung für seine Stärke. Entsprachen die von uns entwickelten Staatsformen diesem Erfordernis?

Die Frage der Kontrolle durch den Staat wurde in den sozialistischen Ländern gelöst. Aber die Erfahrung lehrt uns, daß das zur Verteidigung der Revolution offenkundig nicht ausreicht. Es ist eine notwendige, aber keine hinlängliche Voraussetzung. Ohne die aktive Unterstützung durch die Massen ist nichts gewährleistet. Diese Mitwirkung muß durch die sozialistische Demokratie erreicht werden, und deshalb müssen wir über deren Unzulänglichkeiten gründlich nachdenken.

Das ideologische Klima, in dem das geschieht, ist dafür nicht gerade günstig. Die Zeichen der Zeit sind stark geprägt von den Angriffen der bürgerlichen Geschichtsschreibung, die wie wahnsinnig daran arbeitet, die Geschichte umzuschreiben. Und in diesen Zusammenhang gehört auch die Tendenz, daß nicht gerade wenige Menschen, die einst Teil der revolutionären Bewegung waren, ihren Überzeugungen abschwören.

Die Frechheit, mit der versucht wird, die Erfahrungen der ersten Generation sozialistischer Gesellschaften zu kriminalisieren, ist grenzenlos. Die deutschen Leser sind zur Genüge damit konfrontiert. Ein nichtdeutsches Beispiel möge dazu dienen, die Extreme zu verdeutlichen.

Martin Amis, der sich selbst als Inspirator der Politik Tony Blairs bezeichnet, schrieb am 21. Januar 2004 in der italienischen *La Repubblica* über Lenin, er sei »von angeborener Dummheit [...], mit einer pedantischen, psychotischen, nihilistischen Intelligenz [...], ohne jegliche Moralvorstellungen«, um daraus zu schließen, daß »wir den Leninismus und Kommunismus mit genau der gleichen Kraft verurteilen müssen wie den Nazismus und Faschismus«. Amis teilte uns das in einem Moment mit, in dem die Schlächterei im Irak im Gange war (und noch immer ist) und der gewöhnliche Faschismus vielerorts erkennbar wird. Denn es trifft zu, was Brecht nach dem Sturz Hitlers feststellte: »Der Schoß ist fruchtbar noch, aus dem dies kroch«.

Das vorrangige Ziel des einseitigen Denkens besteht darin, eine Darstellung der gesamten Geschichte des Kommunismus des 20. Jahrhunderts als eine einzige Abfolge von Schrecken und politischen, sozialen, wirtschaftlichen und menschlichen Katastrophen zum »Gemeingut« zu machen, d. h. zu einer gefestigten, sich selbst erklärenden Wahrheit, die keiner Diskussion mehr bedarf. Aber dort bleibt der Angriff auf den Kommunismus nicht stehen. Das Ziel ist viel umfassender: Stigmatisierung jedes Prozesses einer Veränderung, nicht nur revolutionärer, sondern auch reformerischer Natur, der auch nur einen Millimeter vom in der unipolaren Welt der neoliberalen Globalisierung gesetzten Rahmen der gesellschaftlichen und Machtbeziehungen abweicht.

Die Verteidigung der historischen Wahrheit ist eine große Aufgabe und anspruchsvolle Herausforderung. Es geht nicht um die Sehnsucht nach einer nicht mehr existierenden Vergangenheit. Man braucht einen klaren Blick, um von Grund auf die Lehren einer Niederlage zu akzeptieren, die zweifellos das von den Kräften des Großkapitals mit blinder Wut angestrebte Ziel war. Sie waren erfolgreich, weil wir das Unsere nicht getan haben.

Das gilt für Chile wie für die sozialistischen Länder Europas.

Die Entlarvung der Geschichtsfälschungen ist vordringlich. Diese sind heute bereits wesentliches Element der herrschenden Denkweise geworden. Das ist ein untrennbarer Bestandteil des Kampfes der Ideen. Die Quelle unserer Kraft ist die Wahrheit mit allen ihren Licht- und Schattenseiten.

Die Bilanz der Beziehungen zwischen der DDR und dem Chile Salvador Allendes beweist, daß die Führung des Volkes des demokratischen Deutschland bei ihrem Handeln von edlen Zielen inspiriert war. Sie leistete nicht nur einen auf unsere Heimat begrenzten Beitrag: Es handelte sich um eine generelle Haltung gegenüber der gesamten Welt. Der Beitrag der sozialistischen Länder, und insbesondere der der DDR, zu den antikolonialen und antiimperialistischen Kämpfen ist eine unstreitbare Tatsache und durch keine Fälschung aus der Welt zu schaffen.

Ich habe von den Beschränkungen gesprochen, die die Chilenen *empfanden*. Gewiß, aber es waren keine Beschränkungen *für* Chilenen. Es war vielmehr Folge der Auseinandersetzung zwischen den Systemen. Man spürte, daß man in einer Ausnahmesituation lebte, unter einer ständigen Belagerung. Die Lage an der Grenze zwischen den beiden Systemen verschärfte die gesamte Problematik.

Als Carlos Altamirano aus seiner Wohnung in Berlin auszog, zog ich mit meiner Familie dort ein. Die Wohnungstür war durch eine Stahltür ersetzt worden wegen einer Attentatsgefahr. Eine Übertreibung? Wohl nicht. Die Pinochet-Diktatur ließ General Carlos Prats, Oberbefehlshaber der chilenischen Armee, in Buenos Aires ermorden. Sie ermordete Orlando Letelier, Verteidigungsminister der Volksregierung, in Washington. Sie versuchte Bernardo Leighton, einen Führer der Christdemokratischen Partei, in Rom umzubringen.

Solche extremen Sicherungsmaßnahmen hatten daher eine reale Grundlage.

Unter solchen Bedingungen reduzieren die im Interesse der Sicherung des Systems auferlegten Beschränkungen tatsächlich die Möglichkeiten der vollen Entfaltung einer demokratischen Mitwirkung. Das richtige Gleichgewicht zwischen legitimer Selbstverteidigung und voller Rechtsfreiheit herzustellen war eine schwierige und mit Sicherheit in den sozialistischen Ländern nicht gut gelöste Aufgabe. Auch unter der Volksregierung in Chile nicht, aber im umgekehrten Sinn: In unserem Fall konnten wir nicht einmal minimale Voraussetzungen für die Selbstverteidigung schaffen. Die Folgen waren schrecklich, und ihre Auswirkungen sind bis heute zu spüren. (In den Tagen, in denen ich diese Zeilen schreibe, wurde der *Bericht über Politische Haft und Folter* von über 100.000 Chilenen in tausend Folterzentralen in einem Land, das damals weniger als 12 Millionen Einwohner hatte und Teil der westlichen und christlichen Welt war, veröffentlicht.)

Der Beitrag der DDR zum Kampf um die Überwindung des Faschismus in Chile wog Beschränkungen bei weitem auf. Es besteht kein Zweifel, daß kein kapitalistisches Land im Kampf um die Demokratie in Chile soviel getan hat wie die UdSSR, Kuba und die DDR.

Hat die Regierung der alten BRD – ich meine die Regierung, nicht das Volk – eine Bilanz von solcher Bedeutung für die Demokratie vorzuweisen? Bei weitem nicht.

Ein Zentrum des chilenischen Faschismus mit ausgezeichneten Beziehungen zur bundesdeutschen Botschaft war die berüchtigte *Colonia Dignidad* mit ihren ausgedehnten Ländereien am Fuße der Cordilleren im mittleren Süden Chiles, in der politische Häftlinge der Diktatur gefoltert wurden und von denen viele dort zu Tode kamen. Die Chefs der Geheimdienste verfügten dort über luxuriöse Erholungsmöglichkeiten.

Ich zweifle nicht daran, daß dieses Buch, das die Wahrheit über geschichtliche Prozesse enthält, ein wertvoller Beitrag zur Erneuerung des Kampfes zur Errichtung einer Gesellschaft sein wird, in der

Walter Womacka, aus dem Zyklus »In Chile herrscht Ruhe«, 1973/74

der Mensch und nicht der Profit im Mittelpunkt der Bestrebungen der Staaten, solange man sie überhaupt noch braucht, steht.

Die Implosion des Sozialismus hat in der Welt eine Lage geschaffen, die die Menschheit in gewaltige Tragödien gestürzt hat. In der unipolaren Welt der neoliberalen Globalisierung hat der Kapitalismus seine Herrschaftsmethoden über Bord geworfen, die ihm der Sozialismus trotz seiner Unzulänglichkeiten und Fehler aufgezwungen hatte. Nachdem die Gefahr der Veränderung des Systems gebannt war, wurde der sogenannte »Wohlfahrtsstaat« überflüssig, und die zuvor durch die Existenz des Sozialismus gezügelte Gewalt als Herrschaftsinstrument hat sich zur Doktrin des Präventivkrieges ausgeweitet. Das haben wir im zerstörten Jugoslawien, in Afghanistan, im Irak gesehen.

Wir haben eine schwere Niederlage erlitten und harte Zeiten erlebt. Aber die Menschheit strebt noch immer nach den Werten, für die wir gekämpft haben, und früher oder später werden sie Wirklichkeit werden.

Daß das kapitalistische System nicht so bleiben kann und darf, ist so offensichtlich, daß ein Mann, der sich selbst als antisozialistisch bezeichnet, sich gezwungen sieht, folgendes zu schreiben: »Obwohl das irdische Ideal des Sozialismus und Kommunismus in sich zusammengebrochen ist, sind die Probleme, die dieses Ideal lösen wollte, noch da: die schamlose gesellschaftliche Nutzung der maßlosen Macht des Geldes, die in vielen Fällen den Lauf des Geschehens bestimmt. Und wenn die globale Lektion des 20. Jahrhunderts nicht zu einem ernsthaften Nachdenken führt, dann kann sich der gewaltige rote Wirbelsturm von Anfang bis Ende wiederholen.«

Das sagte Alexander Solshenizyn.

Aus diesem Zitat kann man mehr als eine Lehre ziehen, aber mit einer Korrektur.

Der Wirbelsturm wird gewaltig sein, aber nicht ausschließlich rot. Er wird grün sein wie die Umweltschützer, lila wie die Frauen, hellblau wie die Christen, grün wie die Moslems, schwarz wie Afrika, gelb wie Asien, kupferfarben wie Lateinamerika ... – letztlich ein großer Regenbogen, den wir zu einem einzigen Strahl bündeln müssen.

Santiago de Chile, November 2004

Deutschland und Chile heute

Von Frank Schumann

Allende war ein Antisemit und befürwortete die Euthanasie. Diese Behauptung wurde in Deutschland im Jahre 2005 in Umlauf gesetzt. Im 35. Jahr nach seiner Wahl zum Präsidenten Chiles.

Zufall?

Das Feuilleton griff begierig die denunziatorische Botschaft auf. Die *Frankfurter Allgemeine Sonntagszeitung* gleich zweimal. Am 8. Mai 2005 fragte sie scheinheilig: »War Allende ein Rassist?«, und zwei Wochen später ließ sie den Urheber der Nachricht unter der Überschrift »Die dunklen Schatten des Salvador Allende« wiederholen: »Der Sozialist war Rassist und hatte eugenische Pläne. Aber der Linken paßt die Wahrheit über ihre Lichtgestalt in Chile nicht ins Bild«.

Damit war der Grund genannt, weshalb man der »Entdeckung« solch große Aufmerksamkeit sowohl in der *FAS* wie auch in den anderen Blättern der gebildeten Stände schenkte.

Man zielte auf die politische Überzeugung des solcherart Diskreditierten. Dafür war er von Staatsterroristen 1973 physisch getötet worden. Nunmehr ging es um Rufmord an einer von ihm verkörperten und gelebten Haltung. Allende war Sozialist.

Als demokratisch gewählter Präsident Chiles rührte er an der kapitalistischen Basis seines Landes.

Das war sein »Fehler«. Deshalb mußte er damals weg.

Nun soll auch die Idee gekillt werden, weshalb er solches tat.

Hierzulande geschieht das seit dem Untergang der DDR. Die behauptete Nähe von Nazismus und Sozialismus gehört seit 1990 zum gängigen Kanon. Kurt Schumachers Satz von den rotlackierten Faschisten wurde vom Zeitgeist ebenso reaktiviert wie die aberwitzige Historiker-These, der Überfall Hitlerdeutschlands auf die Sowjetunion sei eine Präventivmaßnahme gewesen und Stalins Lager das Vorbild für Hitlers KZ.

Man spricht von zwei Diktaturen in Deutschland, die gleichermaßen irrtümliche wie verbrecherische Ausbrüche aus der deutschen demokratischen Geschichte darstellten: Deutschland war schon immer Rechtsstaat und Vorreiter bzw. Hort der Demokratie seit Friedrich dem Weisen – das Dritte Reich und die DDR hingegen ein einziger Betriebsunfall. Die Antipoden heißen Kontinuität und Chaos, Rechtsstaat und Unrechtsstaat, Demokratie und Diktatur.

Der Begriff »Demokratie« markiert die Grenze zwischen den »Anständigen« und den »Unanständigen«. Mit ihm grenzt man nicht nur ab, sondern mit Vorsatz auch aus. Vornehmlich jene, die die bestehenden kapitalistischen Macht- und Eigentumsverhältnisse infrage stellen und nach Alternativen suchen. (Also *nicht* die Nationalsozialisten, denn die rührten das Kapital bekanntlich nicht an.) In diesem Sinne benutzt wird das Wort »Demokratie« zur Waffe, zum Kampfbegriff. Wehrhafte Demokratie heißt demagogisch: der »Aufstand der Anständigen« gegen Rechts *und* gegen Links. Als seien die alle vom gleichen Stamme.

Auch Pinochet meinte bekanntlich, die »Demokratie« in Blut baden zu müssen. Also im Auftrag der herrschenden Kreise in Chile und anderswo das Volk gleichsam zu reinigen, zu säubern, von seinen idealistischen Illusionen und ihren Trägern zu befreien.

Diese Intention ist nicht neu.

Sie existiert seit der russischen Oktoberrevolution 1917.

Anton Ackermann (1905-1973) erinnerte am 28. Januar 1947 beispielsweise daran, daß es »eine alte Tradition der Reaktion und der Konterrevolution [sei], sich als Demokraten zu gebärden, wenn ihnen das nützlich erscheint. Sie hassen zwar die Freiheit des Volkes wie der Teufel das Weihwasser, aber wenn schon Demokratie sein muß, dann wenigstens die Demokratie für die dunklen Zwecke der Reaktion ausnutzen! So war es auch 1918, als die deutsche Monarchie zusammengebrochen war und die Reaktion versuchte, die Freiheit und insbesondere die Freiheit der Persönlichkeit für sich in Erbpacht zu nehmen, um daraus das Recht der Reaktion auf ungehemmte Wühlarbeit abzuleiten. Es gab und gibt kein Wort des Protestes aus diesem Lager, wenn Mörder von Arbeitern und Arbeiterführern freigesprochen werden, wenn schlimmste kriminelle Verbrechen der Reaktion und der Faschisten ungesühnt bleiben.

Aber wenn einmal Militaristen und Chauvinisten beim Kanthaken genommen und zur Verantwortung gezogen werden sollen, dann heult die ganze Meute auf und erklärt, daß das mit der Demokratie, mit der Menschlichkeit unvereinbar sei und dies die Freiheit der Persönlichkeit, diese gepriesene Freiheit, verletze. Die Erfahrung lehrt uns allerdings auch, daß die Reaktion, wenn sie wieder einmal Oberwasser bekommen sollte, keinen Moment zögern würde, uns von neuem zu zeigen, was ihr die Freiheit der Persönlichkeit in Wirklichkeit wert ist.«

Ackermann hatte zwischen 1933 und 1935 die illegale Berliner KPD im Widerstand gegen die Nazis angeführt, in Spanien gegen die Franco-Putschisten und später im Exil im Nationalkomitee »Freies Deutschland«, in der weltweiten Antihitlerkoalition, gegen Krieg und Faschismus gekämpft. Er galt in den 40er Jahren als der theoretische Kopf in der Troika mit Wilhelm Pieck und Walter Ulbricht, und die hier zitierte Äußerung machte er in einer Rede auf der ersten Kulturkonferenz der SED, die unter dem Thema stand »Die geistige Situation in der Gegenwart«.

Die Gegenwart war anderthalb Jahre nach dem letzten Schuß.

Und knapp zwei Jahre, nachdem die Feuer in den Krematorien von Auschwitz gelöscht worden waren und befreite KZ-Häftlinge und Zuchthäusler sich geschworen hatten: Niemals wieder! Nie wieder Krieg, nie wieder Faschismus. Von deutschem Boden darf nur noch Frieden ausgehen ...

Von dieser SED wird in diesem Buch wiederholt die Rede sein.

Und ein weiterer Zeuge, der eine sehr dezidierte Meinung zum demagogischen Umgang mit dem Begriff »Demokratie« hatte, soll an dieser Stelle zitiert werden. Es handelt sich um Prof. Dr. Heinrich Deiters (1887-1966), einen Hochschulpolitiker, der am 6. Mai 1948 auf dem 1. Kulturtag der SED in Berlin in einem frei gehaltenen Vortrag »Die kulturelle Einheit Deutschlands und die Intellektuellen« zu einem Exkurs ausholte, mit dem er Irritationen von West- und Ostdeutschen aufklären wollte: „Die Verwirrung in der Benutzung bestimmter Begriffe ist keine geographische Angelegenheit. So geht es auch mit dem Wort ›Demokratie‹ [...] Die Demokratie war ursprünglich der linke Flügel der bürgerlich-revolutionären Bewegung. Die Demokraten waren die Kleinbürger und Bauern, und es ist nun wichtig zu erkennen, daß diese Demokratie dann von dem bürgerlichen Liberalismus entschieden bekämpft wurde, u. a. mit dem bekannten Satz: Gegen Demokraten helfen nur Soldaten!

Dagegen hat diese kleinbürgerliche-bäuerliche Demokratie an vielen Stellen den Mutterboden abgegeben für die Entstehung einer selbständigen sozialistischen Arbeiterbewegung. Man kann das ja an dem Lebensgang Bebels und auch des älteren Liebknecht sehr wohl studieren […]

Wie ist es aber nun zu der Verdrehung dieses Wortes ›Demokratie‹ gekommen? Das ist eine einfache, und zwar historisch feststellbare Tatsache. Man hat das Wort ›Demokratie‹ in dem Sinne, wie es heute bei unseren Gegnern gebraucht wird, zum ersten Male gebraucht in den Jahren 1917 und 1918 in einem antisowjetischen Sinne.

Damals verstand man unter ›Demokratie‹ die Ablehnung des Rätesystems, und so ist es schließlich gekommen, daß die Großbourgeoisie sich dieses Wortes ›Demokratie‹ bediente, um damit eine Bundesgenossenschaft im kleinen Mittelstand, Stimmvieh und Unterstützung im kleinen Mittelstand zu bekommen. Das muß aufgeklärt werden, und dann wird sich herausstellen, daß eben der Mißbrauch, der mit diesem Wort ›Demokratie‹ getrieben wird, historisch nachweisbar ist.

Es handelt sich sozusagen um einen Anti-Begriff.«

Salvador Allende, so will also ein Historiker jetzt in seiner in einem chilenischen Archiv entdeckten Doktorarbeit aus dem Jahre 1933 festgestellt haben, war kein Demokrat, denn seine dort geäußerten Auffassungen deckten sich mit denen der deutschen Nationalsozialisten. Das jedenfalls behauptet Víctor Farías, der am Lateinamerika-Institut der Freien Universität Berlin Philosophie und Kulturgeschichte lehrt. Er fand in Santiago de Chile im Jahr 2000 Allendes 250 Seiten, die als verschollen galten: »Higiene Mental y Delincuencia« (»Psychohygiene und Verbrechen«). Die Arbeit regte ihn zu einem 116seitigem Buch an, das in Chile im März 2005 unter dem Titel »Salvador Allende – Antisemitismo y Eutanasia« erschien. Es habe laut *Frankfurter Allgemeine* »in wenigen Wochen die Bestsellerlisten des Landes erobert«.

In Chile schien man die Publikation dennoch kritisch und weniger euphorisch zu sehen. Die konservative *El Mercurio* kommentierte vorwurfsvoll: »Farías verschweigt den historischen Kontext.«

Und das Nachrichtenmagazin *Der Spiegel*, dem sonst für eine gute Pointe nichts heilig ist, zitierte den 89jährigen Victor Pey, einen Weggefährten Allendes, mit dem Satz: »Farías betreibt eine gigantische Geschichtsfälschung.« Er unterstelle Allende Zitate, »die in Wirklichkeit von anderen Forschern stammen. Allende war kein Rassist und kein Antisemit. Seine Mutter war Jüdin.« Was im Klartext bedeutet: Salvador Allende selbst war der Geburt nach Jude. (Kann ein Jude Antisemit sein?)

Gleichwohl zeitigte die propagandistische Inszenierung hierzulande die beabsichtigte Wirkung.

Berliner Bezirksverordnete der FDP trommelten aufgeregt gleich das Stadtbezirksparlament von Treptow-Köpenick zusammen. »Vor dem Hintergrund, daß in unserem Bezirk zwei Wohnviertel, zwei Straßen, eine Schule, eine Brücke, ein Einkaufszentrum, eine Skulptur und ein Bürgerverein den Namen Salvador Allendes tragen, darf nichts unter den Teppich gekehrt werden«, erklärte enerviert ein zeitungslesender Volksvertreter.

Solche Reflexe in der politischen Provinz sind gewünscht und gewollt. Es hat, wieder einmal, funktioniert. In diesem Falle also Allende. »In vielen Städten ist, zum Dauerverdruß Konservativer, der ›Revolutionär im Maßanzug‹ (Frankfurter Allgemeine) gegenwärtig«, beschrieb *Der Spiegel* den Unmut über die fortwirkende Erinnerung an Chiles ermordeten Präsidenten.

Gewiß tut man Farías Unrecht, nennt man ihn deshalb einen nützlichen Idioten, der die Propagandakanonen des Antisozialismus lud. Oder daß er, um als Buchautor wahrgenommen zu werden, die Provokation suchte. (Obgleich doch das Hamburger Nachrichtenmagazin genau dies, wenn auch ein wenig verklausuliert, mitteilte, als es über Farías urteilte: »Er hat den Habitus des Gelehrten, der es aber versteht, seine Thesen der öffentlichen Wirkung wegen kraftvoll zuzuspitzen.«)

Man kann es also »kraftvoll zuspitzen« oder auch einseitig betrachten nennen. Daß Farías das Zusammenwirken sehr verschiedener Faktoren, die am Ende den Strom der Geschichte darstellen, ausreichend bedachte, kann ihm gewiß nicht unterstellt werden.

Da gibt es beispielsweise den Fall des SS-Standartenführers Walter Rauff. Der Mitarbeiter im Reichssicherheitshauptamt war maßgeblich an der »Endlösung der Judenfrage« beteiligt. Die sogenannten Gaswagen, in denen vermutlich fast eine halbe Million Menschen ermordet wurden, hat Rauff entschieden »verbessert«. Er tauchte in Südamerika unter und in Chile wieder auf, wo er als Unternehmer reüssierte. Irgendwann wurde er aufgespürt, und Simon Wiesenthal richtete ein Schreiben an Präsident Allende, dieser möge Rauff an Israel oder die BRD ausliefern.

Die Antwort Allendes ist in diesem Buch dokumentiert.

Der Präsident verweist auf die Entscheidung des höchsten chilenischen Gerichts, das sich gesperrt hatte, und auf die Notwendigkeit, die deutsche Justiz möge einen Anlauf unternehmen.

Diese Reaktion interpretiert Farías als weiteres Indiz für die Nähe Allendes zum Faschismus.

Die vermeintliche Absage Allendes auf Wiesenthals verständliches Ansinnen gestattet viele Interpretationen. Doch ganz gewiß nicht die suggerierte.

Zumal, und darauf verweist Joan Garcés in einem Interview mit der *jungen Welt* am 28. Mai 2005, es noch einen zweiten Brief Wiesenthals gibt. Der Präsident der in Madrid ansässigen *Fundación Presidente Allende*, Rechtsanwalt und zwischen 1970 und 1973 persönlicher Berater Allendes, zitiert daraus den Satz: »Das edle Denken, das aus Ihrem sehr menschlichen Brief spricht, kann ich nur bewundern.« Das klinge schon ganz anders, kommentiert Garcés die Passage.

Wiesenthal selbst, der prominente Nazijäger, ging übrigens anderthalb Jahrzehnte später in seinem Buch »Recht, nicht Rache!« auf diese Geschichte ein. »Ich bat Allende, die Möglichkeit der Ausweisung Rauffs zu prüfen«, berichtet er. »Wir könnten möglicherweise in einem anderen Land mit einer günstigeren Gesetzgebung gegen ihn vorgehen. Aber bevor Allende auf meinen zweiten Brief antworten konnte, gab es einen Staatsstreich und Allende starb.«

Davon liest man bei Farías nichts.

Es lohnt der Mühe einer Beschäftigung mit Farías nicht, über den schon morgen vermutlich keiner mehr redet. Allenfalls vielleicht, wenn man sich auch seinen früheren Publikationen zuwenden wird. Joan Garcés und die Allende-Stiftung wollen jetzt auch die Authentizität der Dokumente in seinem Buch »Nazis in Chile« (»Los Nazis en Chile«, 2000) prüfen. Es seien »Unstimmigkeiten« aufgefallen, sagte Garcés.

Und ein deutscher Soziologe, der bis 1971 an der Katholischen Universität in Valparaíso mit Farías gearbeitet hat und diesem und seiner Familie nach dem Putsch außer Landes half und ihn in Berlin am Lateinamerikainstitut unterbrachte, dieser Urs Müller-Plantenberg, machte darauf aufmerksam, daß Farías vor einigen Jahren eine Dokumentensammlung zur Geschichte der Linken beim *Centro de Estudios Populares* (CEP) publiziert habe. Das CEP, das sollte man wissen, wurde 1980 von Exponenten der Pinochet-Diktatur als geistiges Zentrum, als rechter Think tank, gegründet …

Der Fall Farías und seine Wellen in den Medien offenbaren einmal mehr den keineswegs erlahmten Ehrgeiz der Herrschenden hierzulande, alles und jeden zu desavouieren, was links und sozialistisch ist. Natürlich existieren weder Aufträge noch Schlachtplan, und vermutlich empfindet es selbst mancher der Beteiligten als überzogen, unanständig und banal, wozu Allende herhalten muß. Doch auch in diesen Kreisen gilt, daß der Zweck noch immer die Mittel heiligt. So läßt man denn auf den Sack schlagen in der Erwartung, daß es den Esel treffe.

Man sollte darum genau hinschauen und bei »Enthüllungen« stets die Frage stellen, worin der Kern der Sache bestehen könnte. Was ist das Wesen der Erscheinung? Die Frage läßt sich in der Regel auch ohne Kenntnis des allerletzten Details beantworten, zumal der Ehrgeiz, jedem Ast nachzusteigen, dazu führen kann, die Übersicht zu verlieren.

Gleichwohl brauchen wir Fakten und Beweise. Wenn an ihre Stelle die Proganda tritt, geschieht das, was der westdeutsche Jurist Heinrich Hannover nach der Lektüre des Buches eines ostdeutschen Kollegen (Friedrich Wolff: »Einigkeit und Recht«) im Jahre 15 der deutschen Einheit selbstkritisch bekannte: »Man kann das Buch als Westdeutscher nur zutiefst beschämt und zornig lesen und muß sich immer wieder fragen: Wie können Politiker, Juristen und Medien seit Jahrzehnten den politischen Kampfbegriff ›Unrechtsstaat‹ auf die DDR münzen, ohne sich an die eigene Nase zu fassen, wenn sie unter permanenter Rechtsverletzung die Kommunistenverfolgung des Nazi-Staats mit ungebrochener Bösartigkeit fortsetzen? Was Friedrich Wolff an Beispielen für Unrechtsentscheidungen aus der bundesdeutschen gerichtlichen und verwaltungsrechtlichen Praxis anführt, geht weit über das hinaus, man man selbst als einigermaßen informierter Westdeutscher gewußt hat. Es entsteht das Gesamtbild einer Entrechtung und Unterwerfung der DDR-Bevölkerung, das Zweifel daran zuläßt, ob die heutigen Deutschen sich als Sieger gegenüber Besiegten wesentlich zivilisierter benehmen als die zu Hitlers Zeiten. Wolff zitiert den Ausspruch eines CDU-Abgeordneten: ›Wir werden sie nicht in Lager sperren, das haben wir nicht nötig. Wir drängen sie an den sozialen Rand.‹«

Das vorliegende Buch ist außerordentlich aktuell. Die Verbindung zwischen Chile und der DDR offenbart sich auch in der Analogie des gewaltsamen Endes beider Republiken.

Natürlich, hierzulande floß kein Blut – was nicht nur Wolf Biermann bedauerte (»An die Laterne!«). Das lief und läuft alles viel gesitteter, zivilisierter. Es gab und gibt keine Lager, keine Feme- und Terrorkommandos. Wir haben keine Nazi-Diktatur, sondern nur die Diktatur des Kapitals, die die bürgerlichen Freiheiten unverändert garantiert – was keineswegs geringgeschätzt sein soll.

Im »Kampf gegen den Terror« werden diese Freiheiten jedoch zunehmend eingeschränkt und aufgehoben: mit Videoüberwachung, großem Lauschangriff, Aufhebung des Bankgeheimnisses, Postkontrollen, Rasterfahndung usw.

Und über die erfolgreichen Anstrengungen, einige Millionen Menschen an den Rand zu drängen, wurde schon geschrieben.

Deutschland und Chile: Die Autoren werfen einen Blick zurück. Doch es bleibt nicht aus, daß man im Kontext die Gegenwart mitdenkt.

Die DDR und Chile entdecken sich

Von Karlheinz Möbus

Die Gestaltung der Beziehungen zu anderen Staaten war in den ersten beiden Jahrzehnten der DDR eines der schwierigsten Gebiete ihrer Politik. Mit der heuchlerischen Begründung, die Spaltung Deutschlands nicht zementieren zu wollen (die man ja selbst verursacht hatte), reklamierte die BRD einen Alleinvertretungsanspruch. Die Bundesrepublik wollte im Ausland als Sprecher und politischer Vertreter *aller* Deutschen handeln. Diese Vormundschaft galt insbesondere für die DDR-Bürger. Sie war ein Instrument im Kalten Krieg und hatte einen Namen: Hallstein-Doktrin. Diese drohte jedem Staat außenpolitische Sanktionen bis zum Abbruch der diplomatischen Beziehungen an, sofern dieser sich mit der DDR einließe.

Die Folge dieser erpesserischen Drohung: Die DDR unterhielt in den 50er und 60er Jahren lediglich mit den sozialistischen Ländern Europas und Asiens diplomatische Beziehungen. 1963 kam Kuba hinzu.

Unter diesen diskriminierenden Bedingungen war es für die Bürger der DDR sehr schwer, in Länder der westlichen Welt zu reisen. Ihre Pässe wurden oft nicht anerkannt und Einreisevisa verweigert. Noch schwieriger war es für DDR-Bürger, die dienstlich, d. h. im Auftrage der Regierung, von Betrieben oder Institutionen reisten. Aus Furcht vor eventuellen Repressalien durch die Bundesrepublik galt das Thema DDR selbst bei jenen Staaten als heikel, die sich eigentlich nicht von Bonn vorschreiben lassen wollten, wie sie mit den Deutschen aus der anderen Republik umgehen sollten. Deshalb wurde mit größter Vorsicht darauf geachtet, den Kontakten zu Universitäten, Produktionsbetrieben oder Außenhandelsunternehmen mehr oder minder privaten Charakter zu geben. Nichts sollte darauf hindeuten, daß man mit einer Einrichtung der DDR offizielle Verbindungen hatte und damit indirekt den Staat anerkannte, in dem diese sich befand.

Das war allerdings ein Bumerang.

Denn: Dadurch bekamen alle Kontakte, selbst die harmlosesten und wirklich rein privaten, eine politische Note. Sie stellten objektiv den Alleinvertretungsanspruch der Bundesrepublik infrage. Je größer die Neugier der Welt für »das andere Deutschland« wurde, desto absurder erschien die Hallstein-Doktrin. Sie wurde zu Beginn der 70er Jahre von der Brandt/Scheel-Regierung außer Kraft gesetzt.

In Lateinamerika war die DDR in den 50er Jahren weitgehend unbekannt. Vielerorts hatte man nicht einmal Kenntnis von der Spaltung Deutschlands und der Bildung zweier Staaten genommen. Und wo man davon gehört hatte, gab es oft Verwirrung: In der Terminologie der westlichen Welt wurde unterschieden zwischen »demokratischen« und »kommunistischen« Ländern. Nun aber führte diese DDR das Adjektiv »demokratisch« in ihrer Staatsbezeichnung.

Die Maßnahmen des Warschauer Paktes an seiner Westgrenze und um Westberlin am 13. August 1961 lösten eine weltweite propagandistische Kampagne des Westen aus. Namentlich die DDR wurde an den internationalen Pranger gestellt. Dadurch aber wurde die Existenz dieses Staates auch im letzten Winkel der Welt bekannt. Das hatten die kalten Krieger im Westen nicht bedacht. Ohne es zu wollen, war ihre Attacke zugleich Propaganda für diese zweite deutsche Republik. In politischen Kreisen wuchs das Interesse, diesen anderen deutschen Staat kennenzulernen.

In Lateinamerika – das Beispiel Kubas vor Augen – sah man darin auch eine Möglichkeit, der jahrzehntelangen Abhängigkeit von den USA entgegenzuwirken und eine größere Bewegungsfreiheit in der Außenpolitik zu gewinnen. Das zeigte sich in besonders auffälliger Weise in Chile.

Das Land steckte in den 60er Jahren in einer tiefen Krise. Immer mehr Chilenen suchten in der Welt nach Beispielen und Anregungen, um die sozialen Probleme lösen zu können. Chilenische Parlamentarier beider Kammern reisten nach Europa und besuchten erstmals auch sozialistische Länder. Dabei weckte die DDR besonderes Interesse. Dort gab es ein Mehrparteien-System und neben dem staatlichen auch einen privaten Sektor in der Wirtschaft. In dieser Hinsicht unterschied sich der deutsche Sozialismus von den Modellen in den anderen Staaten.

Nicht nur im bürgerlichen Lager, sondern auch bei der Mehrheit der chilenischen Linken waren die Existenz unterschiedlicher politischer Parteien sowie freie Wahlen die Grundprinzipien der Demokratie. Politische, ökonomische und soziale Veränderungen durften nur im Ergebnis demokratischer Mehrheitsentscheidungen vollzogen werden.

Die DDR kam nach Ansicht chilenischer linker Politiker ihren Vorstellungen eines demokratischen, sozialistischen Systems am nächsten.

Aber es kamen nicht nur Senatoren und Abgeordnete der Kommunistischen (CPC – *Partido Comunista de Chile*) und der Sozialistischen Partei (CPS – *Partido Socialista de Chile*), sondern in wachsender Zahl auch Abgeordnete der starken Christdemokratischen Partei PDC – *Partido Demócrato Cristiano*), der traditionsreichen Radikalen Partei (PR – *Partido Radical*) und anderer Gruppierungen.

Die erste Reise einer Delegation des chilenischen Parlaments zu Beginn der 60er Jahre hatte noch heftige Unmutsbekundungen in der BRD ausgelöst. Die von Armando Holzapfel (Radikale Partei) geleitete Abordnung wurde von einer heftigen Pressekampagne in der Bundesrepublik begleitet. Die Tageszeitung *Die Welt* höhnte: »Ein Holzäpfelchen rollt durch die Zone«.

Dies wiederum führte zu Verärgerung und Protesten in politischen Kreisen Chiles, was die Existenz der DDR auch im Lande bekanntmachte.

In der Folge dieser außenpolitischen Auseinandersetzung gründeten chilenische Parlamentarier eine Freundschaftsgesellschaft mit dem Namen »Kulturinstitut Chile-DDR«. Armando Holzapfel wurde zu ihrem Präsidenten gewählt, der Abgeordnete der Christdemokratischen Partei Fernando Buzeta zum Vizepräsidenten.

Eine der ersten und spektakulärsten Aktionen dieser Freundschaftsgesellschaft war die Forderung nach Anerkennung der DDR und die Aufnahme beider deutscher Staaten in die UNO. Die Erklärung wurde von 61 Senatoren und Abgeordneten unterzeichnet.

Die Wahl des führenden Mitgliedes der Sozialistischen Partei Chiles, Dr. Salvador Allende, zum Senatspräsidenten gab den parlamentarischen Beziehungen weiteren Auftrieb. Es kam zu einer Intensivierung des Delegations- und Erfahrungsaustausches. 1968 besuchte erneut eine Delegation beider Kammern des chilenischen Parlaments unter Leitung des Vizepräsidenten des Senats, Luis Fernando Luengo Escalona, die DDR.

Auch auf anderen Gebieten wurden Kontakte geknüpft. Rundfunk- und Fernsehstationen baten in der DDR um Film- und Tonmaterial, mit dem sie Sendungen gestalteten. Der chilenische Journalistenverband lud die DDR-Nachrichtenagentur ADN ein, einen ständigen Korrespondenten in der Hauptstadt Santiago zu installieren. Dieser nahm 1965 seine Arbeit auf. Zwar wurde er – mit Blick auf die Hallstein-Doktrin – nicht beim chilenischen Außenministerium akkrediert, jedoch wie ein offiziell Akkreditierter behandelt. Mit voller Bewegungsfreiheit, die er für seine Arbeit benötigte.

Universitäten der DDR und Chiles nahmen ebenfalls Vertragsbeziehungen auf. Deutsche Wissenschaftler übernahmen mehrjährige Gastprofessuren an der *Universidad de Chile* und an der *Technischen Universität* des Andenlandes. Immer öfter wurden auch Schauspieler, Musiker und Maler nach Chile eingeladen.

Mitte 1967 öffnete eine Handelsvertretung der DDR in Santiago. Die *Handelsmission der Deutschen Demokratischen Republik in der Republik Chile* wurde zunächst bei der Zentralbank Chiles registriert und nicht, wie allgemein üblich, im Außenministerium. Der Leiter der Vertretung war zwar vom Ministerium für Außenwirtschaft in Berlin ernannt worden, sein Stellvertreter jedoch war Mitarbeiter des Außenministeriums der DDR.

Zu jener Zeit bestand kein Handelsabkommen zwischen beiden Ländern. Die Regierung des christdemokratischen Präsidenten Eduardo Frei (1964-1970) fürchtete die Konsequenzen der Hallstein-Doktrin. Trotzdem entwickelten beide Staaten den Warenaustausch. 1964 führte Chile Waren für 400.000 Valutamark aus der DDR ein. Im Jahr darauf waren es bereits Erzeugnisse für 2,5 Millionen Mark, 1966 waren es 3,6 Millionen und im nächsten bereits Waren und Dienstleistungen für 4,7 Millionen Valutamark. Binnen vier Jahren hatte sich das Handelsvolumen also fast verzwölffacht.

Wichtigste Exportgüter der DDR waren Druck-, Büro-, Werkzeug- und Textilmaschinen sowie Instrumente der Feinmechanik/Optik und Paraffine.

Im Gegenzug importierte die DDR aus Chile Fischmehl, Linsen, Zitronen und Frischobst.

Parallel dazu kamen feste Beziehungen zwischen Parteien Chiles und der DDR, zwischen den Jugendorganisationen sowie den Gewerkschaften beider Länder zustande. Auch von diesen wurde die Normalisierung der Beziehungen zwischen beiden Staaten gefordert. Präsident und Vizepräsident der mächtigen Einheitsgewerkschaft CUT *(Central Unica de Trabajadores)* appellierten bei einer Audienz an Präsident Eduardo Frei, mit der DDR diplomatische Beziehungen aufzunehmen. Frei wich dieser Frage aus mit Hinweis auf mögliche politische und wirtschaftliche Sanktionen durch die Bundesrepublik Deutschland.

Er versprach allerdings den Ausbau der Beziehungen zur DDR unterhalb der Anerkennung und dem Austausch von Botschaftern.

Unabhängig vom Fehlen völkerrechtlicher Beziehungen zwischen beiden Staaten gab es also bereits vor dem Amtsantritt von Präsident Salvador Allende eine breite Palette vielfältiger Verbindungen zwischen Chile und der DDR.

Bei den Präsidentschaftswahlen im September 1970 errang mit Salvador Allende erstmals in der Geschichte Lateinamerikas ein Sozialist das höchste Amt im Staate. In seinem Wahlprogramm hatte er revolutionäre Veränderungen bei der politischen, wirtschaftlichen und sozialen Struktur des Landes versprochen. Damit wollte er »die Tür zum Sozialismus aufstoßen«.

Salvador Allende war der Kandidat der UP *(Unidad Popular)*. Das war ein breites Bündnis linker Parteien und Organisationen, dem die Sozialistische Partei, die Kommunisten, die Radikale Partei sowie die von der Christdemokratischen Partei abgespaltenen Linksparteien MAPU *(Movimiento de Accion Unitaria)*, MAPU-OC *(MAPU Obrero Campesino,* auch *MOC)* und IC *(Izquierda Cristiana,* Christliche Linke) angehörten. Das Regierungsprogramm der Unidad Popular sah die Verstaatlichung der Kupferbergwerke vor. Diese wurden seit Jahrzehnten von US-Konzernen ausgebeutet, ohne daß Chile davon etwas hatte. Obgleich formell der zweitgrößte Kupferproduzent der Welt, gehörte das Land dennoch zu den ärmsten der Erde.

Auch die Grundstoffindustrie und die großen Banken sollten in Staatseigentum übergehen und damit in den Dienst einer Wirtschaftspolitik gestellt werden, die ausschließlich den sozialen Bedürfnissen des chilenischen Volkes dient.

Durch Beschleunigung der bereits von der Vorgängerregierung beschlossenen Agrarreform sollte Zehntausenden landlosen Bauern ein Stück Land gegeben werden, um die grassierende Armut zu beseitigen.

Breite Sympathie im In- und Ausland fand ein »Sofortprogramm« der Allende-Regierung, das unter anderem die kostenlose Vergabe je eines halben Liters Milch pro Tag an Kinder unter 15 Jahren vorsah. Damit sollte ein erster wichtiger Schritt gegen die hohe Kindersterblichkeit getan werden. Zu den Plänen der neuen Regierung gehörten ebenfalls die Forcierung des Wohnungsbaus zur Beseitigung der Obdachlosigkeit sowie Maßnahmen zur Überwindung des Analphabetentums. Präsident Allende betonte in seinen Reden immer wieder, daß diese Maßnahmen nichts mit Sozialismus zu tun hätten und auch darum vorbehaltlos von allen Schichten des chilenischen Volkes getragen werden könnten, also auch von jenen, denen bereits der Begriff »Sozialismus« den Angstschweiß auf die Stirn trieb.

Allende schloß allerdings eine Orientierung auf den Sozialismus nicht aus, sofern die Unidad Popular bei künftigen freien und demokratischen Wahlen eine Mehrheit für eine sozialistische Orientierung erhalten würde.

Dieses Regierungsprogramm fand nicht zuletzt auch in der DDR große Zustimmung. Presse, Fernsehen und Rundfunk infor-

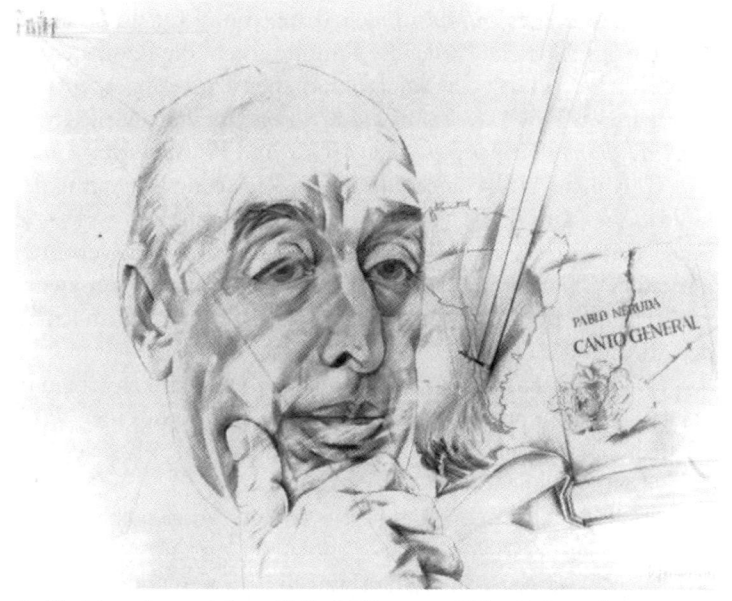

Pablo Neruda, aus dem Chile-Zyklus von Walter Womacka

mierten ausführlich über den Sieg Allendes und die Maßnahmen seiner Regierung. Chilenen wurden in die DDR eingeladen, um über den Wahlsieg Allendes und die daraus erwachsenden Hoffnungen breiter Teile des chilenischen Volkes zu berichten und die Pläne der neuen Regierung zu erläutern. Chilenische Folklore-Gruppen machten das Liedgut des Andenlandes in der DDR bekannt und weitere Werke des chilenischen Volksdichters und späteren Nobelpreisträgers Pablo Neruda wurden in deutscher Sprache veröffentlicht. Nerudas Popularität war in der DDR untrennbar mit dem Chile Allendes verbunden.

Für das Streben der DDR nach internationaler Anerkennung stellte dieser Wahlsieg der chilenischen Unidad Popular insofern einen Glücksfall dar, als es sich bei den Parteien der Unidad Popular um jene Kräfte handelte, die sich schon seit längerem für eine Öffnung gegenüber den sozialistischen Ländern ausgesprochen und die volle diplomatische Anerkennung der DDR gefordert hatten. Im Regierungsprogramm wurde eine unabhängige Außenpolitik angekündigt, zu der auch die Aufnahme diplomatischer Beziehungen zu Kuba, zur Volksrepublik China und zur DDR gehörte. Das eröffnete für die DDR die Chance, erstmals auf dem südamerikanischen Subkontinent als Staat präsent zu sein und nach Kuba mit einem weiteren lateinamerikanischen Land diplomatische Beziehungen aufzunehmen.

Schon die offizielle Einladung einer Regierungsdelegation zur Amtseinführung von Präsident Salvador Allende am 4. November 1970 stellte de facto eine Anerkennung der DDR dar. Die Abordnung wurde von Otto Gotsche, dem Sekretär des Staatsratsvorsitzenden Walter Ulbricht, geleitet.

Ulbrichts engster Mitarbeiter hoffte natürlich eine Vereinbarung über den Austausch von Botschaften mit nach Berlin nehmen zu können. Bei offiziellen Gesprächen mit dem neuen Außenminister, Clodomiro Almeyda, offenbarte die chilenische Regierung in dieser Frage Zurückhaltung, was einigermaßen überraschte. Almeyda erklärte den Grund: Der Wahlsieg Allendes und die im Regierungsprogramm angekündigte Verstaatlichung der Kupferminen und der Banken hätten in den USA großes Erschrecken ausgelöst. Man rechne mit politischen, ökonomischen und auch militärischen Störmanövern. Die angekündigte Aufnahme diplomatischer Beziehungen zu Kuba und zur Volksrepublik China werde die USA und ihre Verbündeten verärgern und zu einer erheblichen Abkühlung der Beziehungen führen. Deshalb wolle die Regierung Allende vermeiden, sich auch noch die Bundesrepublik Deutschland zum Gegner zu machen. Diese habe bekanntlich wiederholt gegen die Absicht Santiagos protestiert, die DDR anzuerkennen. Die chilenische Regierung bitte also um Verständnis dafür, wenn die Aufnahme diplomatischer Beziehungen nicht sofort erfolge, sondern erst in einigen Monaten, wenn sich die Welt an ein Chile unter Allende gewöhnt habe.

Almeyda ließ jedoch keinen Zweifel daran, daß die Aufnahme diplomatischer Beziehungen zur DDR beschlossene Sache sei, zumal sich Chile davon eine Belebung der Wirtschafts- und Handelsbeziehungen versprach. Die Zeit bis zur Eröffnung von Botschaften in Berlin und Santiago solle genutzt werden, um Vorschläge auszuarbeiten, auf welchen Gebieten die Zusammenarbeit entwickelt werden könnte.

Zu Beginn des Jahres 1971 signalisierte die chilenische Regierung, daß sie nunmehr zur Unterzeichnung der entsprechenden Vereinbarung bereit sei und schlug vor, dafür die bevorstehende Frühjahrsmesse in Leipzig zu nutzen. Diese würde von einer offiziellen Regierungsdelegation Chiles besucht werden. Mit der Ankündigung machte man deutlich, daß die Aufnahme diplomatischer Beziehungen mit Fragen der Wirtschaftsbeziehungen verknüpft war.

Die chilenische Delegation stand unter Leitung des Vizeaußenministers Alcides Leal; ihr gehörten vor allem Wirtschaftsexperten der Allende-Regierung an. Die Unterzeichnung des Vertrages über die Herstellung diplomatischer Beziehungen auf der Ebene von Botschaften erfolgte in den letzten Märztagen 1971 im Ministerium für Auswärtige Angelegenheiten der DDR. Allende ernannte Senator Carlos Contreras zum Botschafter. Der ehemalige KP-Generalsekretär war eine in ganz Chile geachtete Persönlichkeit.

Die DDR erhob den seit einigen Jahren als Leiter der DDR-Handelsvertretung in Santiago tätigen Mitarbeiter des MfAA, Harry Spindler, in den Rang eines Botschafters und entsandte weitere Mitarbeiter nach Santiago de Chile. Dabei handelte es sich vorwiegend um junge Kader, die zum ersten Male auf dem diplomatischen Parkett tätig wurden.

Für Chile besaß die völkerrechtliche Anerkennung der DDR politische Brisanz. Wie im Diplomatischen Corps in Santiago bekannt wurde, hatte Bonn versucht, die Reise der chilenischen Regierungsdelegation in die DDR noch in letzter Minute zu verhindern. Die Intervention begründete man mit eigenen Verhandlungen mit der DDR, die angeblich unmittelbar bevorstünden. Diese könnten durch den Vorstoß der Chilenen gestört werden.

Für die DDR bedeutete der Austausch von Botschaftern einen wichtigen Schritt auf dem Wege zur internationalen Anerkennung als souveräner und unabhängiger Staat. Dem Alleinvertretungsanspruch der Bundesrepublik war eine deutliche Absage erteilt worden. Insofern war der Botschafter-Austausch ein außenpolitischer Erfolg, der von der DDR durchaus auch als Akt der Freundschaft und Solidarität verstanden wurde. Diese Zuwendung wurde in der Folgezeit von der DDR zurückgegeben. Insofern besaßen die Beziehungen zwischen beiden Ländern und Völkern von Anfang an besonderen Charakter.

Zur Entwicklung der Beziehungen auf wirtschaftlichem, gesellschaftlichem und kulturell-wissenschaftlichem Gebiet wurden bereits zur Leipziger Frühjahrsmesse 1971 erste Verhandlungen geführt. Alcides Leal verwies vor allem auf neue Bedürfnisse und Vorhaben des Landes, die sich aus dem Regierungsprogramm ergaben. Die geplante Verstaatlichung der großen Kupferbergwerke, von Betrieben der Grundstoffindustrie und Banken zog Konsequenzen nach sich. Dafür wollte Chile Erfahrungen sozialistischer Länder, insbesondere der DDR, nutzen. Zumal, wie Leal sagte, eine wirtschaftliche Erpressung durch die USA und andere Länder durchaus ins Kalkül gezogen werden mußte. Das würde eventuell ökonomische Sofortmaßnahmen erforderlich machen.

Befürchtet wurden auch provokative Störungen bei der Lebensmittelversorgung. Wenn dann nicht rasch Hilfe käme, würde das neue Chile bald Geschichte sein.

Im Kampf gegen das Analphabetentum erbat man auch Unterstützung. Man beabsichtigte ein einheitliches nationales Bildungssystem zu schaffen, für das die DDR als Vorbild diente.

In den folgenden Wochen und Monaten wurden die Vorstellungen und Pläne auf beiden Seiten präzisiert. Die Erarbeitung eines Konzeptes war keineswegs unproblematisch. Auf chilenischer Seite bestand keine Klarheit darüber, wo die Prioritäten lagen und welche Schwerpunktaufgaben sich entwickeln würden. Auf der anderen, der DDR-Seite, setzten die ökonomischen und finanziellen Möglichkeiten deutlich Grenzen. Gleichwohl mobilisierte die DDR zusätzliche Reserven, um den Wünschen der chilenischen Seite entgegenzukommen.

Am 27. Juli 1971 wurden in Berlin ein Handels- sowie ein Abkommen über die wissenschaftlich-technische Zusammenarbeit unterzeichnet. Beide sollten vorerst eine Laufzeit von vier Jahren haben.

In Zusatzabkommen wurde die Zusammenarbeit auf dem Gebiet des Kupferabbaus und der -verarbeitung sowie die Zusammenarbeit auf den Gebieten der Landwirtschaft und der Ernährungswirtschaft vereinbart. Diese Zusatzabkommen sollten zunächst bis 1973 gelten. Es wurde die Bildung eines gemeinsamen Wirtschaftsausschusses beschlossen, der mindestens einmal im Jahr zusammentreten, die Erfüllung der Vereinbarungen kontrollieren und Vorschläge für die weitere wirtschaftliche Zusammenarbeit formulieren sollte. Diese Festlegungen wurden im Dezember 1971 für das Folgejahr präzisiert.

Die Hilfe der DDR für die Wirtschaftspolitik Chiles wurde damit zum Hauptinhalt der Beziehungen zwischen beiden Ländern. Für die neue chilenische Regierung sollte die rasche Qualifizierung ihrer Arbeit auf wirtschaftlichem Gebiet schon bald zu einer Überlebensfrage werden. Dazu wurden erfahrene Berater aus anderen Ländern benötigt.

In dieser Frage orientierte sich die chilenische Regierung in besonderem Maße auf die DDR und trug entsprechende Wünsche bzw. Vorschläge in den bilateralen Verhandlungen vor, die von der DDR positiv beantwortet wurden. Der Einsatz von DDR-Experten auf verschiedenen Gebieten in Chile, die Ausbildung von chilenischen Studenten und Fachschülern in der DDR sowie der Austausch von Studiendelegationen wurden in der Folgezeit zum wichtigsten Bestandteil der Beziehungen zwischen beiden Ländern. Als problematisch erwies sich allenfalls, daß Auswahl und Vorbereitung der DDR-Berater einige Zeit in Anspruch nahm: Sie mußten erst spanisch lernen. Die ersten 16 Experten reisten im ersten Halbjahr 1972 nach Chile. Sie wurden im Kupferbergbau, in der Zementproduktion, in Kohlebergwerken sowie in der Berufsbildung tätig. Zwei Berater wurden in den zentralen Planungsorganen ODEPLAN *(Oficina de Planificación Nacional)* und ODEPA *(Oficina de Planifacasión Agropecuania)* eingesetzt.

Das geschah auf staatlicher Ebene.

Parallel dazu gab es Kontakte zwischen der SED und der KP Chiles, die innerhalb der Unidad Popular die zweitstärkste Kraft und einige Minister im Wirtschaftsbereich stellte. Die SED entsandte entsprechend einer Bitte eine sechsköpfige Delegation, die vom stellvertretenden Finanzminister Ernst Höfner geleitet wurde. Sie bereiste sechs Monate das Land, recherchierte und analysierte in wichtigen Betriebe und Institutionen und erarbeitete Empfehlungen. Am Ende ihres Einsatzes war die Delegation bei Präsident Allende, dem sie ihre Schlußfolgerungen vortrug.

Bereits nach wenigen Monaten hatte sich gezeigt, daß die immer umfangreicher werdenden Vorhaben durch Kredite abgesichert werden mußten. Deshalb wurde während der Tagung der Gemischten Kommission im September 1972 in Berlin, an der auch Chiles Wirtschaftsminister Pedro Vuskovic teilnahm, ein Kreditabkommen unterzeichnet. Chile erhielt von der DDR einen Sofortkredit in Höhe von zwei Millionen US-Dollar, um Lebensmittel auf dem Weltmarkt kaufen zu können. Ferner bekam es einen ungebundenen Handelskredit über fünf Millionen Valuta-Mark sowie einen gebundenen Kredit in Höhe von 25 Millionen Valuta-Mark eingeräumt.

Im November 1972 wurde ein weiterer Kredit in Höhe von 15 Millionen Valuta-Mark und Anfang 1973 ein Fünf-Millionen-Dollar-Kredit vereinbart.

Die Kreditvergabe war in erster Linie politisch motiviert. Chile war unter Druck geraten, weil die USA auf dem internationalen Finanzmarkt einen Boykott durchgesetzt hatte. Auf diese Weise sollte die Regierung Allende aus dem Amt getrieben werden.

Auf der Grundlage dieses Kreditrahmens lieferte die DDR Traktoren und Landmaschinen, Saataufbereitungsanlagen, medizinisch-technische und Laborausrüstungen, Werkzeugmaschinen sowie Ausrüstungen für ein Feinmeßgerätewerk. Die technischen Ausrüstungen wurden von einem zum Teil sehr intensiven Kundendienst begleitet. So befanden sich beispielsweise mitunter gleichzeitig sechs Spezialisten des Traktorenwerkes Schönebeck in Chile.

Die Handelspolitische Abteilung (HPA) der Botschaft der DDR in Santiago de Chile trug dem Wachstum der Wirtschaftsbeziehungen Rechnung und wurde personell erweitert.

Mit ihrem Engagement in Chile ging die DDR weit über das

übliche Maß hinaus, das sie als Handelspartner von Staaten der sogenannten Dritten Welt sonst praktizierte. Die Sowjetunion und die anderen sozialistischen Staaten, Kuba ausgenommen, hingegen engagierten sich nicht über Gebühr.

Das änderte sich auch nicht, als 1972 die DDR weltweit anerkannt und 1973 in die UNO aufgenommen worden war. Das Chile der Unidad Popular blieb unverändert ein Schwerpunkt in der Außenpolitik Berlins.

Neben den ökonomischen Beziehungen erfuhren die Verbindungen auf nahezu allen Gebieten mit der Zeit einen Schub. Der Reiseverkehr zwischen beiden Ländern intensivierte sich, Vertreter der Regierungen, Parlamente und Parteien flogen über den Atlantik hinüber und herüber. Handelsschiffe der DDR liefen chilenische Häfen an. An den Hoch- und Fachschulen der DDR erhöhte sich die Zahl junger Chilenen kontinuierlich. Auf dem Feld der kulturellen und Wissenschaftsbeziehungen orientierte die DDR auf die Unterstützung der chilenischen Regierung bei der Entwicklung eines fortschrittlichen Bildungswesens. Zwischen mehreren Universitäten beider Länder wurden Verträge abgeschlossen und Wissenschaftler ausgetauscht. Auch im Gesundheitswesens begann sich eine Kooperation anzubahnen.

Die Entwicklung der vielfältigen Beziehungen wurde in der DDR von einer ausführlichen Berichterstattung in Presse, Rundfunk und Fernsehen begleitet. Die DDR-Bevölkerung nahm lebhaft Anteil an den gesellschaftlichen Veränderungen und begleitete diese mit Sympathie und tätiger Solidarität. Die größte Massenorganisation, der Freie Deutsche Gewerkschaftsbund (FDGB), das Solidaritätskomitees der DDR und andere Organisationen sammelten Spendenbeiträge. Die Freie Deutsche Jugend (FDJ) organisierte Kulturveranstaltungen mit chilenischen Künstlern. Sie alle sorgten auf diese Weise dafür, daß Chile im öffentlichen Bewußtsein der DDR-Bevölkerung einen herausragenden Platz gewann.

Die Welle der Verbundenheit und Solidarität nahm noch zu, als Ende 1972 Nachrichten über organisierte Aktionen gegen die Allende-Regierung um die Welt gingen. Transportunternehmen verweigerten die Beförderung von Lebensmitteln und Händler horteten sie, so daß sich die Versorgungslage zuspitzte. Dafür machte die gegnerische Propaganda die Regierung der Unidad Popular verantwortlich.

Die DDR schickte drei Frachter mit Lebensmitteln, die mit Spenden finanziert worden waren. Die Schiffe trafen im Sommer 1973 in Valparaíso und San Antonio ein, als sich in Berlin die Jugend der Welt zu ihrem X. Festival traf. Beauftragte der chilenischen Regierung legten in den Häfen fest, wohin die Solidaritätsgüter gehen sollten. Im Beisein von Präsident Allende und DDR-Botschafter Harry Spindler sowie Hunderten Hafenarbeitern wurden in Valparaíso die Schiffsladungen übergeben. Diese feierliche Zusammenkunft war nicht nur einer der schönsten Höhepunkte in den Beziehungen zwischen der DDR und Chile. Es sollte auch der letzte Akt gewesen sein. Am 11. September 1973 putschte das chilenische Militär unter General Pinochet und stürzte die Regierung der Unidad Popular. Präsident Allende verlor bei den Kämpfen im Regierungspalast sein Leben.

Das war das Ende des revolutionären Prozesses, der mit dem Amtsantritt Allendes Ende 1970 begonnen und wichtige Veränderungen in der ökonomischen und sozialen Struktur des Landes vollzogen hatte.

Der Putsch – der erste in der Geschichte Chiles übrigens – war von einheimischen Militärs und der US-Regierung gemeinsam vorbereitet und von der Führung der Christdemokratischen Partei Chiles aktiv unterstützt worden. Die nunmehr installierte Militärdiktatur sollte 16 Jahre dauern. In dieser Zeit wurden nahezu alle Veränderungen, die die Allende-Regierung durchgesetzt hatte, wieder rückgängig gemacht.

Die sozialistischen Staaten – China und Rumänien ausgenommen – brachen die diplomatischen Beziehungen zu Chile ab.

Dr. Friedel Trappen war erst wenige Wochen zuvor als Botschafter der DDR akkreditiert worden und übergab im chilenischen Außenministerium am 24. September 1973 eine Note zum Abbruch der Beziehungen.

Im Verlaufe der nächsten zwei Wochen verließen fast alle DDR-Diplomaten sowie die meisten Angestellten der Botschaft mit ihren Familienangehörigen das Land. In Santiago verblieb lediglich eine kleine Gruppe von Mitarbeitern.

Die Republik Finnland, in Santiago mit einem Geschäftsträger vertreten, übernahm auf Bitte der DDR über diese Gruppe die Schutzmachtfunktion. Wie das im einzelnen funktionierte, wird an anderer Stelle im Buch erzählt werden.

Gespräche bei Allende

Von Ernst Höfner

Beinahe sieben Monate war unsere Studiendelegation auf Einladung der Regierung Chiles durchs Land gefahren. Wir besuchten von den 25 Provinzen 21.

Im September 1972 waren wir von Vertretern der Regierung und der Parteiführung in Berlin verabschiedet worden. Schaut euch alles genau an, helft, wo ihr könnt, gebt Erfahrungen weiter, ohne als Oberlehrer zu erscheinen, hatte es geheißen.

Die DDR hatte sich bereits 23 Jahre behauptet. Alle Versuche des Westens, ihr das Lebenslicht auszublasen, waren erfolgreich abgewehrt worden. Die Entwicklung in allen Bereichen des gesellschaftlichen Lebens verlief alles in allem stetig. Das Nationaleinkommen und die Industrieproduktion stiegen jährlich um fünf bis sechs Prozent. Auch die Landwirtschaft verzeichnete hohe Zuwachsraten. Mehrmals konnte der staatlich festgelegte Lohn in der Industrie erhöht werden. Jährlich wurden bis zu 100.000 Wohnungen gebaut, etwa 30.000 Kindergartenplätze geschaffen und die Familien stark gefördert. Die medizinische Versorgung war gesichert. Niemand hungerte, es gab weder Obdach- noch Arbeitslose. Es galt eine zehnjährige Schulpflicht.

Das alles waren Fakten, die im fernen Chile mit Interesse zur Kenntnis genommen worden waren. Wie habt ihr das gemacht, lautete folglich die Frage. Nun sollten wir uns bei ihnen umschauen, um anschließend Hinweise geben zu können, wie man auch in Chile eine solche Entwicklung auf den Weg bringen könnte.

Wir fuhren von Nord nach Süd, besichtigten Großbetriebe und sprachen mit den Leitungen und den Beschäftigten. Wir lernten die Landwirtschaft und das Verkehrswesen kennen, debattierten mit Vorständen und Mitgliedern der Parteien der Unidad Popular über Leitungsprozesse in Wirtschaft, Wissenschaft und Finanzen und insbesondere über die Einbindung der Werktätigen in diese Prozesse und hörten uns ihre Vorstellungen an. Wir machten viele Notizen, diskutierten untereinander und zogen am Ende unsere Schlüsse, die wir auch den Chilenen glaubten mitteilen zu können.

Präsident Allende hatte über die Botschaft mitgeteilt, daß er uns treffen wolle und mit großem Interesse den Vorschlägen der deutschen Genossen entgegensehe. Am 14. März 1973 empfing er unsere Delegation in seinem Arbeitszimmer in der Moneda.

Allende begrüßte uns herzlich, Nachdem ich ihm als Leiter der Abordnung alle Begleiter vorgestellt hatte, begann er zunächst über die aktuelle Lage und die kommenden Vorhaben zu sprechen. Hauptaufgabe sei, die Macht vollständig zu erobern. Deshalb müsse die Volksmacht weiter entwickelt und die Regierung gestärkt werden. Die wirtschaftliche Entwicklung habe dem Wohle des Volkes zu dienen. Diese Absichten korrespondierten mit der aktuellen Lage im Lande, die sehr angespannt wäre. Es gab, was uns nicht verborgen blieb, große Probleme in der Produktion und bei der Versorgung. Es existierten Schwarzmarkt, Schmuggel und Spekulation, die sich nachteilig auf alle Bereiche des Lebens auswirkten.

Insbesondere seien die Unabhängigkeit und endgültige Freiheit des Vaterlandes zu gewährleisten und die imperialistische Blockade zu zerschlagen, erklärte Allende schließlich mit präsidialem Pathos.

Diese Aufgabe sei bereits in der Wahlplattform der Unidad

14. März 1973: Die Studiendelegation bei Allende. Von rechts nach links: Botschafter Harry Spindler, Dolmetscher Dr. Apel, Vize-Finanzminister Ernst Höfner, Präsident Salvador Allende, Prof. Gerhard Scholl, Plankommission, Dr. Emil Jarosch, Wirtschaftsrat Erfurt, und Jürgen Macht, Dolmetscher

> **EL PRESIDENTE ALMORZO CON DELEGACION DE RDA**
>
> Un almuerzo en el Palacio de Gobierno, ofreció ayer el Presidente de la República, Salvador Allende, a la delegación económica de Alemania Democrática, que se encuentra de visita en nuestro país Viceministro de Hacienda, Ernest Hoefner. La delegación, compuesta por expertos económicos, fue acompañada por el Embajador de la RDA en Chile, Harry Spindler, quien informó que la delegación permanecerá en Chile hasta mediados de la próxima semana. El grupo informó también acerca de los estudios que un grupo de esos profesionales realiza junto a peritos chilenos, acerca de la realidad de nuestro país.

> **SEPALO TODO**
>
> **Delegación RDA con Allende**
>
> Un informe detallado acerca de los estudios sobre la realidad económica de nuestro país, entregó ayer al Presidente Allende la delegación de expertos de la RDA, presidida por el Viceministro de Hacienda de ese país. En la entrevista estuvo presente el Embajador, Harry Spinder.

Das Treffen der DDR-Delegation mit Präsident Allende in der chilenischen Presse

Popular fomuliert worden. Nur wenn wir diese Aufgabenstellung erfüllen, können wir die überwiegende Mehrheit des Volkes gewinnen und in Richtung der neuen Gesellschaft, in Richtung einer wahren Demokratie, in Richtung Sozialismus marschieren – und zwar auf der Grundlage der Verfassung.

Allende beendete das offene, wenngleich kurze Gespräch mit einer Einladung zu einem Essen für den kommenden Tag. Doch er drohte mit heiterer Geste: »Sie werden allerdings kaum zum Essen kommen, weil ich viel von Ihnen hören möchte. Insbesondere Vorschläge zur Verbesserung des Lebens in Chile.«

Der Präsident hatte nicht nur uns eingeladen. Auch der Finanzminister und der Minister für Planung waren erschienen. Und eigentlich war nicht das Essen der Anlaß dieser Zusammenkunft, sondern unser Bericht. In einem mehrstündigen Vortrag konnten wir unsere Beobachtungen und Schlüsse vortragen. Die Ergebnisse unserer Untersuchungen hatten wir ins Spanische übertragen und schreiben lassen. So waren wir in der Lage, die Resultate von sieben Monaten angestrengter Arbeit nicht nur mündlich zu repetieren, sondern sie auch schriftlich vorzulegen.

Als wichtigste Grundlage werten wir den unter der UP-Regierung geschaffenen gesellschaftlichen Sektor der Produktion, in welchem immer mehr Arbeiter an der Leitung der Betriebe beteiligt wurden. Dieser Sektor wuchs in den beiden Jahren der UP-Regierung von 27 auf 210 Industriebetriebe. Weitere 91 Betriebe waren für die Verstaatlichung vorgesehen. Der Anteil des gesellschaftlichen Sektors an der gesamten industriellen Bruttoproduktion hatte sich damit auf 31,7 Prozent erhöht, unter Einbeziehung des Bergbaus sogar auf 50 Prozent.

Präsident Allende ergänzte: »Das Kupfer wurde nationalisiert. Heute kontrollieren wir das Kupfer, das 80 Prozent unseres Exports ausmacht. Ebenso haben wir den Salpeter, die Steinkohle und das Eisen nationalisiert, die früher von Betrieben, die mit ausländischem Kapital gesteuert wurden, exportiert worden sind.

Nach zwei Jahren Regierungszeit haben wir mehr Beschäftigte als je in der Geschichte unseres Landes. Die Arbeitslosenrate in Santiago ist auf drei Prozent im September des vergangenen Jahres gesunken. Diese Ergebnisse spiegeln sich auch in einer intensiven Umverteilung der Einkommen wider. Der Konsum der Arbeiter ist schnell gestiegen. Das Gesundheitswesen ist verbessert und erweitert worden. Einen halben Liter Milch für jedes Kind bedeutet eine geringere Kindersterblichkeit und weniger geistige Zurückgebliebenheit. Die Polikliniken in den Randgebieten der Städte erreichen inzwischen die ärmsten Gruppen der Bevölkerung. Es sind 30.000 Wohnungen übergeben worden und 65.000 befinden sich noch im Bau. Die Mindestaltersrenten und die Renten des Sozialversicherungsdienstes sind gestiegen.«

Auf dem Gebiet des gesellschaftlichen Sektors der Produktion in der Industrie, im reformierten Sektor der Landwirtschaft, durch die Verstaatlichung des Bankensystems, durch die Erhöhung der Kontrolle bei der Verteilung seien die ersten Anfänge einer neuen Wirtschaftsstruktur sichtbar. »Alle diese Veränderungen sind parallel zur Entwicklung des politischen Bewußtseins großer Teile der Volksmassen vonstatten gegangen. Es ist eine neue Welt, die da erscheint. Ein neues Chile wird vom Volke aufgebaut.«

Mit seinen Bemerkungen artikulierte Allende unüberhörbar Stolz auf das Erreichte. Er wurde erkennbar als »compañero presidente«, als Genosse Präsident der Armen, der einfachen Frauen und Männer des Volkes, die ihn ins Amt gewählt hatten.

Wir konnten ihm bestätigen, daß nach unserer Beobachtung der Einfluß der Parteien der UP innerhalb der Arbeiterklasse, in den Gewerkschaften und auch auf die Leitung der staatlichen Betriebe zugenommen habe. Das zeige sich vor allem in der wachsenden Einbeziehung der Werktätigen in Entscheidungsprozesse. Wir hatten hervorragende Beispiele für die Durchführung freiwilliger Arbeit, die schöpferische Mitarbeit durch Vorschläge zur Verbesserung der Produktion, die Herstellung von Ersatzteilen zur Einsparung von Devisen und vieles andere kennengelernt.

Die alte kapitalistische Welt, erwiderte der Präsident, versuche, die Gesetze des Marktes zu nutzen und die Planung der Wirtschaft zu torpedieren. Sie fördere Schwarzmarkt und Schmuggel.

Unsere Vorschläge fanden das Interesse und die Zustimmung des Präsidenten. Es sei notwendig, die Arbeitsprozesse bei optimaler Nutzung der zur Verfügung stehenden Grundmittel, Anlagen und Rohstoffe zuverlässig zu organisieren. In einigen Betrieben sind zwei oder drei Schichten möglich statt bisher einer. In keiner Produktionseinheit, ob staatlich, gemischt oder privat, sollten zusätzliche Investitionen gestattet werden, solange vorhandene Kapazitäten nicht voll genutzt würden.

Die Arbeiter kennen die Leistungsfähigkeit der Maschinen und Anlagen. Als ihnen die Aufgabe gestellt wurde, Devisen einzusparen, wurden viele Vorschläge gemacht, die Millionen Dollar einsparen halfen. Dieser Weg müsse fortgesetzt werden, rieten wir.

Es sei zweckmäßig, wenn die Arbeiter verschiedener Betriebe, vor allem gleicher Produktionszweige, Kontakte untereinander herstellten, Erfahrungen austauschten und Probleme gemeinsam lösten.

Moralische und materielle Stimuli würden helfen, die Initiativen der Arbeiter zu fördern und ihre Leistungen herauszufordern.

Insgesamt, so meinten wir, käme es darauf an, die Rentabilität der Betriebe zu erhöhen. Gegen die Auffassung, daß die Rentabilität lediglich eine Frage der Preise sei, müsse Front gemacht werden. Ohne in Abrede zu stellen, daß Preiskorrekturen in bestimmten Situationen unerläßlich wären, gehe es vor allem darum, die Selbstkosten zu senken und die Arbeitsproduktivität zu erhöhen.

Wir warnten davor, mehr Banknoten zu drucken. Geldemissionen allein lösten die Produktionsprobleme nicht. Mit frischem Geld könnten kurzfristig wohl Defizite ausgeglichen werden, gleichzeitig verstärke es jedoch die Gefahr der Inflation und untergrübe die Pro-

Walter Womacka, aus dem Zyklus »In Chile herrscht Ruhe«

duktionsstruktur. Es sei erforderlich, Quantität und Qualität der Produktion mit den Löhnen, der Kreditaufnahme, der Eigenfinanzierung und der Rentabilitätsentwicklung in Übereinstimmung zu bringen. Auf der Grundlage der Produktionsentwicklung könnten Löhne erhöht, Ausgaben für soziale Zwecke getätigt und ein sinnvoller Investitionsfonds geschaffen werden, der die erweiterte Reproduktion sowohl im Einzelbetrieb als auch in der gesamten Wirtschaft ermöglichte. Beschlüsse müßten verbindlich sein und darum erfüllt werden. Darum sollte täglich gekämpft werden. Auch die periodische Berichterstattung der Betriebsleiter vor den übergeordneten Leitungen und vor der Vollversammlung der Arbeiter im Betrieb sollte verstärkt Praxis werden.

Allende hörte sich unsere Ausführungen aufmerksam an und meinte: »Ich bin mir bewußt, daß Erfolge oder Rückschläge auf dem begonnenen Weg letztlich davon abhängen werden, wie die Arbeiterklasse in ihre neue, verantwortungsvolle Rolle als führende und vorwärtsstreibende Kraft der Revolution hineinwächst.«

Besonderes Interesse zeigte er an unseren Erfahrungen in der Planung einzelner Betrieb und der Volkswirtschaft als Ganzes. Er sei überzeugt, daß für die Steigerung der Produktion ein realer Plan außerordentlich wichtig ist. Jeder Betrieb und jedes Kollektiv müsse verbindliche und abrechenbare Aufgaben haben. In den Kupferminen El Teniente und Andina, im Steinkohlebergbau in Lota, in Textil-Progreso und anderen Betrieben habe man auf diese Weise bereits gute Ergebnisse erzielt.

Auch die Vorschläge und Bemerkungen zum Staatshaushalt und zur Entwicklung der Staatsfinanzen fanden seine Zustimmung.

Die Politik der UP zur Verbesserung der Lage großer Teile des Volkes hatte in der Tat zu einer wesentlichen Erhöhung des Defizits im Staatshaushalt geführt. Dieses Problem sei erkannt, sagte er. Um die Mehrausgaben auszugleichen, seien bereits entsprechende Gesetzentwürfe auf den Weg gebracht. Die Oberschichten sollten stärker zur Finanzierung gesamtgesellschaftlicher Aufgaben herangezogen werden. Das wolle man über Steuern erreichen. Im Gegenzug sollte die Steuerlast bei den unteren Schichten reduziert werden. Allerdings, so räumte Allende ein, werde diese Linie von der reaktionäre Mehrheit im Parlament entschieden abgelehnt.

Am Ende unser Zusammenkunft dankte uns der Präsident. »Das ist die realistischste Einschätzung, die ich je gehört habe. Bitte bestellen Sie an Ihre Partei und Regierung den herzlichsten Dank für diese Hilfe. Bestellen Sie an Ihre Familien von mir herzliche Grüße. Ich hoffe, wir werden uns wiedersehen.«

Impressionen aus Chile

Von Ernst Höfner

Es heißt nicht umsonst: Kennst du Chile, dann kennst du die ganze Welt. Das Land vereint alle Klimazonen, Landschaften, Naturschönheiten und -besonderheiten der Erde. Einer unserer Begleiter in Valdivia erzählte: »Der liebe Gott war mit der Erschaffung der Welt fast am Ende. Übrig geblieben war lediglich der lange, schmale Streifen von Chile. Einfallsreich, wie der liebe Gott nun einmal ist, hatte er eine Vielzahl von Schöpfungen hervorgebracht, die die Welt so interessant und abwechslungsreich machten. Er hatte Gebirge verschiedener Art, Seen, Wälder, Flüsse und Wüsten geschaffen. Nun war er mit seinem Latein am Ende. Er schämte sich etwas vor den Menschen, die dieses letztes Stück Erde besiedeln sollten. Da kam ihm ein Einfall: Ihr sollt das alles zusammen haben, wovon jedes Land nur bestimmte Teile hat, und er formte die übrig gebliebenen Teile seiner Schöpfungen zu einem Ganzen. So entstand Chile, ein wunderschönes Abbild der großen Welt.«

Das Land liegt an der Westküste Südamerikas und zieht sich wie eine lange Messerklinge von Peru bis Feuerland. Die östliche Grenze bildet die vulkanbestückte Kette der Anden. Nach Westen endet das Land am Pazifik mit seinen ungestümen Wellen, dem kalten Humboldtstrom und den tiefen Abgründen des Atacamagrabens.

Es reicht von den sturmgepeitschten Weiten Patagoniens im Süden, mit wildromantischen, vergletscherten Gebirgszügen, an die sich die Regenwälder in der malerischen Zone von Schmelzwasser gespeisten Binnenseen anschließen, bis zur landwirtschaftlich und klimatisch günstigen, dichtbesiedelten Region Mittelchiles mit der Hauptstadt Santiago und dem wichtigen Hafen Valparaíso.

Daran schließen Savannen und Steppen an, die allmählich in die Wüstenregion des Nordens bis zur Grenze an Peru und Bolivien übergehen. Hier liegen die großen Salpeter-, Salz- und Kupfervorkommen. Ein Drittel der Kupfervorräte der Welt befindet sich dort. Beachtliche Mengen der Weltproduktion von Fischmehl und Zellulose kommen aus der Region.

Im Norden Chiles: In Chuquicamata befindet sich der größte Kupfertagebau der Welt

Im Gegensatz zum Norden Chiles, der durch seine Superlative an Größenordnungen, räumlichen Entfernungen und Bodenschätzen beeindruckt, beginnt in Mittelchile eine ganz andere Welt. Hier gibt es das »grüne Gold« des Landes: Obst und Wein – und elektrische Energie, die von den aus den Kordilleren herabstürzenden Flüssen erzeugt wird.

Die Pazifikküste streckt sich über einige Tausend Kilometer. Daran knüpfen sich Ansprüche an Hoheitsgewässer, den Festlandsockel und auch auf Teile der Antarktis. Alles in allem ein beachtliches Potential für die Zukunft.

Im Süden besuchten wir das Zentrum des Steinkohlebergbaus in Lota-Schwager bei Concepción und die Bergarbeiterstädte Lota und Coronel. Wie lernten dort Arbeiter kennen, Techniker, Ingenieure und einen kommunistischen Generaldirektor. Wir sahen, wie die Kumpel hausten – und wie ihre einstigen Herren gelebt hatten. Wir wohnten zehn Tage im Gästehaus des ehemaligen Grubenbesitzers. Vor uns hatten bereits Fidel Castro und die Fliegerkosmonautin Valentina Tereschkowa sowie Königin Juliane der Niederlande dort genächtigt.

Wir fuhren weiter nach Valdivia. Dort fielen die Holzhäuser auf, wie wir sie aus dem Erzgebirge oder Thüringen kannten. Dafür gab es eine einfache Erklärung: Viele Einwanderer stammten von dort – insgesamt heißt es, daß zehn Prozent und mehr deutscher Abstammung sind. In Valdivía gehörte einst die Mehrzahl der hiesigen Industrie deutschen Immigranten. Es handelte sich meist um Betriebe der Holzverarbeitung, es gab eine Keramikfabrik und diverse Handwerksbetriebe. Die Brauerei, die erste übrigens in Südamerika, hatte Karl Anwander gegründet. Der gelernte Chemiker ließ sich um 1850 am Ort nieder. Offenkundig war er zuvor als Bürgermeister in Calau in der Niederlausitz gescheitert. Die Brauerei wurde 1960 bei einem Erdbeben zerstört, aber umgehend neu aufgebaut.

Danach ging es nach Lota. Ein Betreuer hatte uns in Santiago gewarnt: »Lota ist die häßlichste Stadt Chiles.« So unrecht hatte er nicht. Die Bergarbeiterstadt schien in Ruß und Unrat zu ersticken. Die Grubenarbeiter gehörten zu den ärmsten im Lande. Mit ihrer Arbeit hatten sie »Kohlekönige« gemacht, die jedoch gaben kaum etwas ab. Die Kohlekumpel vegetierten in erbärmlichen Wohnbaracken, zwischen denen Schweine und Ziegen herumliefen.

Wir sahen aber auch ein anderes Lota: ein herrliches Stück Erde – den Park auf einer Insel, mit einem wunderbaren Blick auf den Pazifik und uralten Bäumen. Diesen hatte ein Cousiño für seine seine Frau Isidora anlegen lassen. Seit der Regierungsübernahme durch die Unidad Popular verkehrten dort die Kohlearbeiter.

Wir sprachen mit den Bürgermeistern von Lota und Coronel. Sie berichteten stolz von den Veränderungen. In beiden Städte wurden jährlich 800 Neubauwohnungen gebaut. Der Eigenheimbau erfuhr besondere Förderung, die Stadt stellte Baumaterialien sowie Grund und Boden zur Verfügung.

Aber es zeigten sich auch typisch chilenische Probleme. Kohlearbeiter lebten traditionell in Holzhäusern, Ingenieure und Techniker in Steinhäusern. Die Kohlearbeiter selbst achteten sehr darauf, daß auch jetzt keiner gegen dieses ungeschriebene Gesetz verstieß. Der Generaldirektor einer Kohlegrube mit rund 15.000 Beschäftigten, bis vor einem halben Jahr selber noch Grubenarbeiter, hatte mit Frau und dreizehn Kindern in ein gemauertes Häuschen mit drei Zimmern ziehen müssen, was ihm sichtlich schwerfiel. Auch wegen der Diskussionen mit seinen Kumpels. Sie fragten ihn, ob er den Kopf verloren habe. Er solle nicht überheblich werden. Am Ende blieb ihm nichts anderes übrig, als wieder in sein Holzhaus zurückzukehren. In das Steinhaus zogen zwei Spezialisten aus der DDR ein.

Auch bei den Gehältern gab es die Tendenz zur Gleichmacherei. Stieg einer als Arbeiter auf, behielt er seinen Lohn. Der Generaldirektor beispielsweise bekam etwa 7.000 Escudo, was dem monatlichen Durchschnittseinkommen eines Grubenarbeiters entsprach.

Während der Rückfahrt wurden wir in Coronel mit der tatsächlichen politischen Lage im Lande konfrontiert. Vor einem Gebäude, an dem rote Fahnen wehten, hatten sich viele Menschen versammelt. Ein Redner – er kam von der MIR *(Movimiento de la Izquircda Revolucionaria)*, einer ultralinken Abspaltung der sozialistischen Partei – hielt eine flammende Rede. Im Haus befand sich eine Bäckerei. Der Betreiber hatte schlechtes Brot gebacken, worauf die MIR die Bäckerei besetzte. An der Hausfront brachten die Revoluzzer ein großes Plakat an, auf dem erklärt wurde, daß diese Bäckerei jetzt dem Volke gehöre. Darüber redete der Genosse – aber nicht, wer nun das Brot backen sollte.

Wie wir wiederholt feststellen mußten, handelte es sich bei dieser Aktion um kein Einzelbeispiel. Auf einer Beratung eines Produktionskomitees, an der wir teilnahmen, erklärte dessen Vorsitzender von der Radikalen Partei, ebenfalls UP, über die Angehörigen der Intelligenz: »Wir werden diese Leute, die allesamt Reaktionäre sind, aus dem Betrieb entfernen. Mit ihnen kann man prinzipiell nicht zusammenarbeiten.«

Tage später fuhren wir zum größten Stahlwerk Chiles, der »Pazifischen Stahlgesellschaft« in Huachipato. Dieser Betrieb wurde von Kräften der Opposition geleitet, von Christdemokraten und der Nationalpartei. Ihnen wurden wir als offizielle Regierungsdelegation der DDR vorgestellt. Es ging zunächst ganz offiziell zu: Begrüßung durch den Leiter des Betriebes, der uns seine Stellvertreter vorstellte: die Herren Friedländer und Haack. Beide sprachen deutsch.

Der Rundgang führte vorbei an der Schiffsanlegestelle, an der Erze, Kalk und andere Stoffe für die zwei Hochöfen gelöscht wurden, zum Herzstück des Betriebes: dem Stahlwerk. Angeschlossen waren ein Blockwalz- und ein Kaltwalzwerk, die mit hochmodernen Anlagen ausgerüstet waren. Zum Betrieb gehörte ferner ein komfortables Casino, das sich von seiner Ausstattung und Einrichtung mit modernen Hotels vergleichen ließ. Anschließend empfing uns der Betriebsleiter und fuhr mit uns in ein Gästehaus der chilenischen Marine, das in einem militärischen Sperrgebiet lag.

Am Nachmittag erfolgte eine ausführliche Beratung mit dem Mitbestimmungskomitee des Betriebes.

Bei der Zusammenkunft mit Bauarbeitern am folgenden Tage wurde uns das Erbe der Vergangenheit bewußt. 40 Prozent von ihnen waren Analphabeten. Das erschwert auch eine aktive Teilnahme am gesellschaftlichen Leben. (Wir fanden in *El Siglo*, der Zeitung der KP Chiles, eine Anzeige, mit der neue Inspektoren für die Volkskonrollausschüsse [DIRINCO – Dirección de Industria y de Commercio] gesucht wurden. Als Voraussetzungen waren genannt: eine klare politische Haltung – und die Fähigkeit zum Lesen und Schreiben.)

Ein weiteres interessantes Erlebnis stand uns bevor:

Der Gouverneur des Gebietes um den Osorno, dem vielleicht schönsten Vulkan Chiles, lud uns zu einer touristischen Rundreise ein. In seiner Begleitung fuhren wir zunächst durch Puerto Varas am Llanguihue See. Der Ort war festlich geschmückt, weil gerade das *Fest der Rosen* stattfand. Wir begegneten mehreren Kapellen, die deutsche Märsche spielten. Die Häuser mit Holzschindeln glichen denen, die uns aus der Heimat bekannt waren. Auch die Kirchen

Auf dem Osorno, dem schönsten Vulkan Chiles

Ein traditionelles Ochsengespann der Mapuche mit Rädern aus massivem Holz

erinnerten an Deutschland. An den Gaststätten stand meist in deutsch: »Apfelkuchen mit Sahne«.

In Ensenada trafen wir einen Herrn Hoffmann, der deutsch sprach und dem Vorstand der oppositionellen Nationalpartei Chiles (PN – *Partido Nacional de Chile*) angehörte. Er setzte sich erkennbar für die Erschließung neuer Erholungsgebiete in Chile ein und arbeitete dabei eng mit Regierungseinrichtungen zusammen. Er war eben ein chilenischer Patriot. Wir führten anregende Gespräche mit ihm und seinen Kollegen von den Touristikvereinigungen.

In Temuco, die Hauptstadt der Provinz Cautin, besuchten wir Ureinwohner des Landes: die Mapuche oder Arauker, wie viele Chilenen sagen. Ihr Nationalheld Lautaro führte den erfolgreichen Widerstand der Indianerstämme gegen die Spanier.

300.000 Mapuche leben in Chile, die meisten in der Provinz Cautin. Die Mehrzahl lebt als Kleinstbauern mit nicht mehr als anderthalb Hektar Land und noch so wie ihre Vorfahren vor Jahrhunderten. Sie pflegen ihre traditionellen Sitten und Gebräuche, bestellen den Acker mit einem einfachen Hakenpflug und mit Ochsengespannen.

Was dem spanischen Eroberer Pedro de Valdivia nicht gelang, erreichten seine Nachfahren, die Latifundistas, und deren Rechtsanwälte und die Polizei. Die Mapuche, die zwar eine eigene Sprache, aber keine eigene Schrift haben und in der Mehrzahl des Schreibens unkundig sind, wurden systematisch enteignet und betrogen. Sie lebten bis 1970 de facto rechtlos.

Im ausgestorben wirkenden Indianerviertel trafen wir einen vor einer Tür sitzenden Mann. Wir fragten, wo die anderen seien.

»A reunion«, antwortete er mit einem gewissen Grinsen. »Auf der Versammlung.«

Unter schattigen Obstbäumen trafen wir schließlich eine Gruppe Indianer mit Hunden. Nachdem ihnen wiederholt von unserer Begleitung versichert worden war, daß wir zwar aus Europa kämen, aber Freunde seien, legte sich das tiefwurzelnde Mißtrauen.

Zwei Mitarbeiter des Indianerinstituts, ein junger Rechtsanwalt und eine jüngere, energische Frau, erörterten mit ihnen im Auftrag der Regierung Eigentumsfragen. Die Mapuche sollten Land erhalten. Das schloß die Klärung der unrechtmäßigen Landnahme durch die Latifundienbesitzer ein.

Es war eine sehr lebhafte und streitbare Versammlung. Deutlich spürten wir das Vertrauen in die Unidad Popular, aber auch die Erwartungen, die man in die Allende-Politik setzte. Und man sprach über die neue Schule, die soeben übergeben worden war, was gleichfalls als Zeichen für die Absicht der UP gewertet wurde, die Indianer schrittweise und gleichberechtigt in die chilenische Gesellschaft zu integrieren.

Unweit von Concepcion wurden wir zu einem Fest auf die romantische Halbinsel San Vicente gebeten. Über einem offenen Feuer röstete bereits ein Hammel. Auf einer einsamen Höhe, an der Spitze der Halbinsel, standen einige Häuser. Davor lud ein aus Holz gezimmerter langer Tisch mit Bänken ein. Eine Pergola schützte uns vor der Sonne. An einem Baum hing das blutige Hammelfell, an einem anderen der Hammelkopf.

Es gab Jaibas. Die lebenden Krebse wurden in einen großen Wassertopf geschüttet, der über dem offenen Feuer kochte. Im Nu verfärbten sie sich rot. Danach türmte man sie vor uns zu Bergen auf. Unter der Schale verbarg sich ein köstliches, rosarotes Fleisch. Sie mußte man zuvor mit einem Hammer zertrümmern. So schlugen wir uns durch den Berg von Jaibas. Dazu tranken wir würzigen Rotwein. Feste zu feiern und gut zu essen und zu trinken – auch das macht Chile liebenswert.

Als Rohstoffspezialist in Chile

Von Dieter Wolf

Chile und die Unidad Popular traten nicht erst in mein Leben, als ich 1972 im Rahmen eines Abkommens über Wissenschaftlich-Technische Zusammenarbeit (WTZ) in Santiago für die staatliche chilenische Kupfergesellschaft zu arbeiten begann. Bereits 1966 wurde ich zum ersten Mal, wenn auch nur zufällig, Augenzeuge jenes politischen Prozesses, der nach der Präsidentschaftswahl von 1964 verstärkt zur programmatischen und organisatorischen Vereinigung der Linken in Chile führte. Meine Reise nach Bolivien, wo ich aufgrund eines Freundschaftsvertrages zwischen der Bergakademie Freiberg und der Universität Potosí eine Gastdozentur antreten wollte, endete im September 1966 unerwartet in Santiago, weil das dort im bolivianischen Konsulat hinterlegte Einreisevisum annulliert worden war. (Wie ich später erfuhr: auf Einspruch der BRD-Botschaft in La Paz – die Hallstein-Doktrin ließ grüßen). Da meine Reisekostenausstattung einen längeren Hotelaufenthalt nicht zuließ, war guter Rat teuer. So war ich dankbar, als mir durch Vermittlung des Kulturinstituts Chile-DDR Konstantin Jacoby in seinem Haus im Stadtteil Las Condes Quartier gewährte. Er war 1934 aus Nazideutschland emigriert, nun Professor an der Universidad de Santiago und politisch sehr engagiert.

Eines Abends lud er mich zu einer Zusammenkunft von Intellektuellen und Künstlern ein, bei der es um eine gemeinsame Politik der chilenischen Linken gehen sollte. Meine Spanischkenntnisse waren noch ziemlich schlecht, so daß ich nur wenig von der regen Diskussion verstand. Aber die Atmosphäre dieses Abends im Hause einer Künstlerin, mit chilenischer Küche und vino tinto, der temperamentvolle und auch bei offenkundigen Meinungsverschiedenheiten tolerante Umgang der Teilnehmer miteinander waren nach deutschen Gewohnheiten für eine hochpolitische Veranstaltung so außergewöhnlich, daß sie mir ebenso wie die gütige Hilfe und Fürsorge meines Gastgebers im Gedächtnis geblieben sind.

Daß ich an jenem Tage offenbar ganz nahe an einer der vielen Wurzeln der Unidad Popular war, habe ich erst einige Jahre später richtig begriffen. Von den sozialen und politischen Problemen, die sich in einem so reichen Land wie Chile auftürmten, gewann ich allerdings schon wenige Monate später tiefe Eindrücke, als ich von Bolivien aus die großen, von US-amerikanischen Gesellschaften betriebenen Zentren des Kupferbergbaus im chilenischen Norden kennenlernte.

1970 wieder in der DDR verbanden sich meine noch frischen Erinnerungen mit der großen Sympathie für das Experiment des chilenischen Weges zum Sozialismus. So zögerte ich keine Minute, als ich im Sommer 1971 gefragt wurde, ob ich bereit sei, für voraussichtlich zwei Jahre als Mineraloge in der chilenischen Bergbauindustrie zu arbeiten.

Es dauerte dann noch geraume Zeit, bis ich gemeinsam mit vier Kupfer-Experten aus dem VEB Mansfeld-Kombinat den Dienst bei der *Corporación Nacional del Cobre* (CODELCO) in Santiago antrat. Dieser Institution waren nach der im Juli 1971 einstimmig vom chilenischen Kongreß beschlossenen Nationalisierung des Kupferbergbaus die Eigentümerbefugnisse über die großen Bergbauunternehmen und damit die Verantwortung für deren Leitung, Koordinierung und Entwicklung übertragen worden.

Entsprechend den Wünschen der chilenischen Vertragspartner kamen wir fünf Fachleute an verschiedenen Stellen zum Einsatz. Einer ging in die Zentrale von CODELCO, ein anderer nach El Teniente, dem größten Untertage-Kupferbergwerk der Welt, und drei arbeiteten im *Centro de Investigación Minera y Metalúrgica*. Das CIMM war 1970 als wissenschaftlich-technisches Zentrum der Bergbauindustrie und Metallurgie gegründet worden. Ihm oblagen neben Grundlagen- und angewandter Forschung sowie wissenschaftlich-technischen Dienstleistungen für die Betriebe des Industriezweiges umfangreiche Aufgaben beim Technologietransfer und der Entwicklung des nationalen wissenschaftlichen und technologischen Potentials, um auch in dieser Hinsicht die Unabhängigkeit des Landes zu stärken. Bei Aufbau und Ausrüstung wurde das CIMM durch eine Donation der belgischen Regierung, durch das Projekt CHI-42 des Entwicklungsprogramms der UNO (UNDP) und durch bilaterale Verträge mit verschiedenen Ländern unterstützt. Daher arbeiteten dort Wissenschaftler aus Belgien, Kanada, Großbritannien, der UdSSR und nun auch aus der DDR zusammen mit ihren chilenischen Kollegen.

Allerdings verfügte das CIMM noch nicht über eine eigene Infrastruktur, so daß die Laboratorien und viele Mitarbeiter, darunter auch wir, in fachlich verwandten Departamentos der Universidad de Chile untergebracht wurden. Die Universität durfte uns dafür in vereinbartem Umfang für ihre Lehraufgaben einsetzen. Dadurch entstanden enge, für uns sehr interessante und nützliche Kontakte mit Fachkollegen und der Studentenschaft.

Die dezentrale Unterbringung des CIMM und die Lücken in der Ausrüstung der Labors brachten zwar eine Reihe von Erschwernissen mit sich, aber dessen ungeachtet stürzten wir uns sofort nach unserer Ankunft in die Arbeit.

Meine Aufgabe bestand darin, innerhalb der *División Caracterización de Materiales* durch die Qualifizierung von zwei jungen chilenischen Mitarbeitern eine Gruppe für Mineralogie und Mikroskopie aufzubauen und diese – »learning by doing« – sofort für konkrete Forschungsaufträge einzusetzen. Zu den wichtigsten Aufgaben gehörten Untersuchungen zur Verarbeitung der Kupfererze der Mine Exotica (heute mina Chuquicamata-Sur der CODELCO).

Diese hatte 1970 ihre Produktion aufgenommen, konnte aber wegen der komplizierten Zusammensetzung der Erze die geplante Effizienz der zur Kupfergewinnung eingesetzten Laugungsverfahren nicht erreichen. So suchten Mineralogen, Chemiker, Aufbereiter und Hydrometallurgen im CIMM und vor Ort gemeinsam nach den rohstoffbedingten Ursachen dieser Schwierigkeiten und nach Möglichkeiten, die Verarbeitungstechnologien entsprechend zu modifizieren. Das wurde von allen Beteiligten ohne Zweifel als eine sehr interessante und vielseitige berufliche Herausforderung angenommen, in der neben wissenschaftlichen und methodischen Erfahrungen auch Improvisationsvermögen und Kooperationsbereitschaft gefragt waren. Für uns als DDR-Bürger war es, über diesen technischen Inhalt unserer Mission hinaus und ohne daß darüber viele Worte gemacht wurden, gleichzeitig die politische Essenz unseres Einsatzes: dazu beizutragen, daß die Nationalisierung des Kupfers die wirtschaftliche Unabhängigkeit und Souveränität Chiles stärken und garantieren möge.

Obwohl es für uns als Gäste selbstverständlich war, am politischen Leben Chiles nicht aktiv teilzunehmen, konnte wohl keiner dem Geschehen im Lande gegenüber neutral oder gleichgültig bleiben. Unvergessen sind bis heute die farben- und lebensfrohen

Wandgemälde der Brigaden Ramona Parra als Ausdruck des Optimismus der Anhänger der UP, die als »neues chilenisches Lied« bald auch weltbekannte Musik der Gruppen Quilapayun, Inti-Illimani, Tiempo Nuevo, Aparcoa u. a., der solidarische Atem in ihren Konzerten oder in der Peña de los Parra.

Tiefe Eindrücke hinterließen auch die großen Demonstrationen der UP auf der Alameda, die wir mitunter von den Hochhäusern aus, in denen wir wohnten, verfolgen konnten. Sie spiegelten im chilenischen Winter 1971/72 und im nachfolgenden Frühjahr einerseits bereits sehr deutlich die politischen Spannungen wider, in die das Land zunehmend geriet, waren andererseits aber auch überzeugende Zeichen der Entschlossenheit der UP, ihr revolutionäres Programm durchzusetzen.

Eine besondere Rolle spielten dabei die Reden von Salvador Allende: Seine Fähigkeit, die Zuhörer zu fesseln, dabei ihren Bildungsstand und ihre spezifischen Interessen zu berücksichtigen, die politische Analyse des Augenblicks mit konkreten Fakten und Zahlen zu untermauern, Schwierigkeiten und Probleme deutlich anzusprechen und dennoch Zuversicht und Entschlossenheit auszustrahlen – all das waren Eigenschaften, die ihn im besten Sinne des Wortes zum Volkstribun machten und die mich umso mehr beeindruckten, als sie daheim in öffentlichen Reden schon lange Mangelware waren.

Für März 1973 standen turnusmäßig Neuwahlen für einen Teil des chilenischen Kongresses an. Die politische Opposition versuchte schon lange vorher und mit wachsender Schärfe, diesen Urnengang zum Sturz der UP-Regierung zu nutzen. Dazu waren alle Mittel recht. Es begann die Zeit der Streiks von Transport- und Busunternehmern, der Straßenblockaden, der künstlichen Lebensmittelverknappung und des Schwarzhandels.

Die Folgen wurden schnell für die Mehrheit der Bevölkerung wie auch für uns schmerzhaft spürbar. Wir mußten beobachten, daß die politischen Diskussionen im Kreise der chilenischen Kollegen, die früher selbst bei sehr gegensätzlichen Positionen tolerant und humorvoll miteinander umgegangen waren, immer härter wurden, was natürlich der bisherigen guten Arbeitsatmosphäre nicht zuträglich war. Um in den Debatten und Gesprächen nicht hilf- und sprachlos den kontroversen Informationen und Argumenten zuhören zu müssen, die eine absolut freie Presse jeden Tag aufs Neue ausschüttete, las ich regelmäßig und mit großem Zeitaufwand Zeitungen von beiden Seiten der Kluft, die die politischen Lager immer mehr trennte. Es war nicht einfach, sich ein halbwegs klares Bild von den tatsächlich ablaufenden Ereignissen und Prozessen zu verschaffen. Noch hofften die meisten Chilenen unter Berufung auf die demokratischen Traditionen ihres Landes auf einen friedlichen Ausweg aus der Krise.

Unter den von den Gegnern der UP als politische Waffe geschürten Versorgungsproblemen litt allmählich auch die Arbeitsintensität, denn die allgemein zugänglichen Quellen sprudelten oft nur noch sporadisch, so daß die Beschaffung selbst von Grundnahrungsmitteln zur Ganztagsarbeit wurde. Zwar erledigten das für uns tapfer und aufopferungsvoll unsere Ehefrauen, aber wir konnten uns gut vorstellen, was das für normale chilenische Familien bedeutete, die zudem noch stärker als wir die Folgen einer raschen Inflation auszuhalten hatten.

Über die wahren Ursachen dieser Zustände bestand für mich kein Zweifel, und ich fand mich durch folgende Episode bestätigt: Eines Tages erwähnte ich im kleinen Kreis, daß zu Hause der Zucker ausgegangen sei, worauf mich ein chilenischer Kollege, der durch Familienbande mit dem privaten Lebensmittelhandel verbunden war, fragte, wieviel Zucker ich denn haben möchte. Als ich ihm antwortete, daß mit ein bis zwei Pfund schon viel geholfen wäre, erntete ich Gelächter und die Auskunft, es müsse dann schon ein ganzer Sack sein.

Ich will nicht verschweigen, daß wir uns als fernab der Botschaft lebende und arbeitende Experten in jenen Wochen und Monaten oft sehr alleingelassen fühlten und den Eindruck gewannen, daß dort die Realitäten des Alltagslebens und die Konsequenzen für uns nur verzögert zur Kenntnis genommen wurden. Eine im chilenischen Winter 1973 darüber geführte Aussprache mit der Leitung der Auslandsvertretung konnte daran kaum noch etwas ändern.

Die politischen Auseinandersetzungen im Lande spitzten sich zu, faschistoide Gruppen griffen zunehmend zu gewalttätigen Mitteln, und linksextremistische Elemente der UP lieferten Vorwände für den Vorwurf, die Regierung sei dabei, die verfassungsgemäßen Wege zu verlassen.

Es war zu riskant, wie noch vor Monaten am Wochenende in die Umgebung von Santiago oder in fernere Gegenden des Landes zu fahren, um seine kontrastreichen Naturschönheiten kennenzulernen. Aber vor allem in der Hauptstadt litt das öffentliche Leben unter den immer dreisteren Destabilisierungsversuchen.

Ich erinnere mich an einen Kinobesuch, der durch die Sprengung einer Hochspannungsleitung urplötzlich in völliger Dunkelheit endete. Das Kino entließ uns zum Glück ohne Panik in die gespenstisch dunklen Straßenschluchten des Zentrums von Santiago. In unserem Hochhaus folgte ein langer, nur durch vereinzelte Kerzen beleuchteter Aufstieg in den 19. Stock und ein zwei- oder dreitägiges Warten, bis die Wasserversorgung wieder funktionierte.

Natürlich erfüllten solche Vorfälle zusammen mit den seit Monaten üblichen Boykotten und Streiks ihren Zweck: Sie verbreiteten Angst und Unsicherheit in der Bevölkerung. Noch deutlicher waren an Wände gemalte Parolen wie »Jakarta viene«, die unter Anspielung auf den Massenmord an Kommunisten in Indonesien Mitte der 60er Jahre kommendes Unheil ankündigten.

Zermürbend wurden die schon in normalen Zeiten chaotischen Verhältnisse im Busverkehr in Santiago. Von meiner Wohnung im zentral gelegenen San Borja bis zur Arbeitsstelle an der Plaza Ercilla mußte ich mindestens zwei Buslinien benutzen. Fiel eine von ihnen aus, blieb nur der fast einstündige Fußmarsch, eine vor allem im langen Sommer von Santiago schweißtreibende Angelegenheit, an die ich mich zusammen mit meinem Kollegen, einem der Kupferexperten der DDR, zunehmend gewöhnen mußte.

Auf diesem Weg durch bescheidene, eng bebaute Wohnviertel befanden wir uns auch am frühen, diesigen Morgen des 11. September 1973, als uns Anwohner zuriefen, daß sich die Armee gegen Allende erhoben habe. In die Wohnung zurückgekehrt hörten wir über Radio Magallanes Allendes Abschiedsworte und sahen am späten Vormittag aus unseren Fenstern die Sturzflüge der Jagdbomber auf die Moneda, von der sich schnell dunkle Rauchwolken über die graue Häusersilhouette der Innenstadt erhoben.

Kurz danach brachten uns Mitarbeiter der Auslandsvertretung aus unserem streng von Junta-Truppen kontrollierten Stadtviertel in die Residenz des Botschafters, wo wir mit unseren Familien die ersten Tage des Ausnahmezustandes relativ sicher verbrachten. Das in einer solchen Situation stärker als je zuvor spürbare Zusammengehörigkeitsgefühl, die umsichtige, ja mütterliche Fürsorge der Frau des Botschafters als Gastgeberin und der Mut ihrer chilenischen

Hausangestellten, die trotz der Bedrohungen und des Terrors auf den Straßen die Versorgung unserer Gruppe organisierten, halfen uns, allmählich die erlebten Ängste in den Griff zu bekommen.

Ich verließ den geschützten Ort zum ersten Mal drei oder vier Tage nach dem Putsch, um einen erst vor kurzem in Santiago tätig gewordenen Journalisten zu einer Pressekonferenz der Junta im Hotel Carrera-Sheraton unmittelbar neben der Moneda zu begleiten. Aus dem Präsidentenpalast stieg an einigen Stellen noch leichter Rauch, und in den über die anliegenden Straßen verteilten Trümmern und Spuren des Bombardements suchten Jungen, wie wir sie bisher als Bettler in den geschäftigen Straßen des Zentrums kannten, nach Geschossen und Patronenhülsen. Die Pressekonferenz fand nicht statt – noch hatten die Junta-Militärs offenbar »Wichtigeres« zu tun, als vor den Augen der Weltöffentlichkeit nach Rechtfertigung für ihren Verrat und ihre Verbrechen zu suchen.

Noch einmal kehrte ich zusammen mit meiner Frau für wenige Stunden in unsere Wohnung in einem der Hochhäuser von San Borja zurück. Auf der Wohnungstür stand mit Kreide geschrieben ein großes R für »Revisado«. Aber das Militär hatte die Wohnung nicht nur kontrolliert, sondern geplündert: Der Kühlschrank war leergeräumt, alle Schallplatten und Bücher verschwunden und vermutlich auf einem der großen Scheiterhaufen zwischen den Hochhäusern gelandet, mit denen die Junta wie ihre Geistesverwandten 40 Jahre zuvor in Deutschland ihre Vorstellungen vom »Kampf gegen den Marxismus« demonstrierte. Beim Einpacken unseres verbliebenen Eigentums stießen wir noch auf ein MPi-Geschoß, das die Außenwand der Wohnung durchschlagen hatte und in einer Schranktür stecken geblieben war. Wir hatten also Glück gehabt, daß wir bereits in Sicherheit waren, als die Junta-Soldaten auf der Suche nach »subversiven Elementen«, die sie in diesem Viertel unter den hier wohnenden zahlreichen Ausländern vermutete, ihre wütenden Razzien durchführte.

Am 26. September 1973 kehrten wir gemeinsam mit allen anderen WTZ-Spezialisten und einem großen Teil der Mitarbeiter der Auslandsvertretung in einer Chartermaschine der KLM wohlbehalten in die Heimat zurück – mit Chile im Herzen und um viele Erfahrungen reicher. Eine davon sagt mir auch heute, daß selbst blutige Niederlagen die Suche nach einer besseren und gerechteren Welt nicht aufhalten können.

CIA-Operation »Centauro«

Von Klaus Eichner

Seit Anfang der 60er Jahre kannte die Chile-Politik der USA ein Ziel: Salvador Allende von der Macht fernzuhalten. Der linke Senator hatte sich bereits 1958 und 1964 um die Präsidentschaft beworben.

Seit 1963 realisierte die CIA mehrere Programme, um mit verdeckten Operationen Einfluß auf die Entwicklung in Chile zu nehmen. Diese zielten allerdings nicht nur darauf, wie CIA-Direktor William Colby 1978 im *Spiegel* beschönigend erklärte, die »demokratischen Parteien der Mitte im Wahlkampf zu unterstützen«.

Der Staatsstreich, mit dem Allende 1973 gestürzt werden sollte, wurde bereits am 15. September 1970 geplant – also noch vor der Übernahme des Amtes. An jenem Tage frühstückten in Washington Donald Kendall, Mitglied des *Business Council of Latin America*, und der Verleger Augustin Edwards, Herausgeber von *El Mercurio* und Inhaber der Pepsi-Cola-Kette in Chile, mit dem Sicherheitsberater des US-Präsidenten, Henry Kissinger. Danach fand eine Beratung im Oval Office des Weißen Hauses statt. An dieser nahmen neben Kissinger Präsident Richard Nixon, Justizminister John Mitchell und CIA-Direktor Richard Helms teil. Von dieser Beratung ist ein Notizzettel des CIA-Direktors erhalten geblieben:

Vielleicht nur eine Chance von eins zu zehn, aber rettet Chile!
Die Ausgabe lohnt sich
Keine Risiken scheuen.
Keine Beteiligung der Botschaft.
10.000.000 Dollar verfügbar, wenn notwendig, mehr.
Ganztagsbeschäftigung - für den besten Mann, den wir haben.
Ablaufplan
Aufruhr in der Wirtschaft erzeugen.
48-Stunden-Aktionsplan.

Zu dieser Zusammenkunft sagte Richard Helms später vor dem Church-Untersuchungsausschuß über illegale Aktivitäten der CIA: »Wenn ich jemals einen Marschallstab im Tornister getragen habe, dann an jenem Tage, als ich das Oval Office verließ.«

Am Abend des gleichen Tages traf sich Richard Helms mit Kendall und Edwards erneut, die ihn noch einmal dringend ersuchten, die CIA möge die Amtsübernahme durch Allende verhindern.

Der CIA-Direktor stellte entsprechend der Weisung von Präsident Nixon eine Task Force unter Leitung seines Stellvertreters Karamessines zusammen, dem die erfahrensten und am besten ausgebildeten operativen Mitarbeiter der CIA zugeordnet wurden. In der Direktion für Operationen wurde ein *Sonderstab Chile* eingerichtet; Leiter wurde David Phillips.[1]

Die CIA-Residentur in Santiago erhielt Arbeitsaufgaben nach folgendem Drei-Punkte-Programm:

A) Informationen sammeln über Offiziere, die Neigungen zum Putsch erkennen lassen;

B) Putschklima schaffen durch Propaganda, Desinformation, Terroraktionen, die geeignet sind, die Linken zu provozieren und so einen Vorwand für einen Staatsstreich zu schaffen;

C) putschgeneigte Offiziere informieren, daß die US-Regierung ihnen volle Unterstützung beim Putsch zusichert, bis an die Grenze einer direkten militärischen Intervention der USA.

Ein solches Drehbuch paßt in jedes Lehrbuch über Staatsterrorismus.[2]

Kissinger* versuchte in der Folgezeit, die internationale Meinung zu beeinflussen. So erklärte er auf einer Pressekonferenz im September 1970, Allendes marxistische Regierung werde Argentinien, Bolivien und Peru infizieren. Er warne vor einem Dominoeffekt in Südamerika.

Kuba war für jede US-Administration ein Trauma. Insofern fürchtete sie Entwicklungen in Ländern ihres vermeintlichen »Hinterhofes«, die auf eine Abkehr von bedingungsloser Gefolgschaft hinauslaufen konnten. Sie wollte Herr im Hause bleiben und sah darum ihre »Lebensinteressen« bedroht oder gar verletzt, wenn sich ein Staat selbständig machen und aus der Umklammerung Washingtons lösen wollte. Daran hat sich bis auf den heutigen Tag nichts geändert. Im Gegenteil.

Vier Wochen nach jenem Treffen am 15. September 1970 im Oval Office berieten die Spitzen der Administration den Stand der

---

* Umgangston und Denkungsart, nicht zuletzt aber die im Weißen Haus vorherrschende Sicht auf andere Völker offenbarte beispielsweise auch ein erst am 2. Juli 2005 in den USA veröffentlichtes Gespräch zwischen Außenminister Kissinger und US-Präsident Nixon, das beide im November 1971 miteinander führten. Dort erklärte Dr. Henry Kissinger wörtlich: »Die Inder sind sowieso Arschlöcher. Sie fangen einen Krieg an da unten. Sie sind die aggressivsten verdammten Menschen in der Gegend.«

Vorbereitung eines Militärputsches. Darüber existiert ein »Memorandum über ein Gespräch zwischen Dr. Kissinger, Mr. Karamessines und General Haig im Weißen Haus am 15. Oktober 1970«. Das Dokument trägt den Sicherungsvermerk »EYES ONLY« und sah in seiner überlieferten Fassung so aus:

»1. ▆▆▆▆▆▆▆▆▆▆▆▆▆▆▆▆▆▆▆▆▆▆▆▆▆

2. Danach unterrichtete Mr. Karamessines […] mit etlichen Details über die allgemeine Situation in Chile aus Sicht der Möglichkeiten für einen Staatsstreich.

3. Uns steht eine Anzahl von Informationen zur Verfügung über die mögliche Unterstützung eines von General Viaux ausgelösten Putsches durch die chilenischen Militärs.

Wir haben auf der Grundlage unserer Analysen, die auf guten Informationen etlicher Quellen beruhen, die Position von General Viaux sehr sorgfältig beurteilt.

Unsere Schlußfolgerung ist klar: Viaux's Chancen stehen 1 zu 20, wenn nicht noch weniger, einen Putsch erfolgreich zu realisieren.

4. Es wurden die negativen Reaktionen – in Chile und international – eines fehlgeschlagenen Staatsstreiches diskutiert.

Dr. Kissinger unterbreitete eine Zusammenstellung der möglichen negativen Folgen. Seine Auffassungen stimmten ziemlich genau mit den Darlegungen von Mr. Karamessines überein.

5. Durch die Anwesenden wurde entschieden, daß die CIA an General Viaux eine Botschaft übermittelt, um ihn vor jeder überstürzten Aktion zu warnen.

Im Prinzip soll diese Botschaft enthalten:

›Wir haben Ihre Planungen beurteilt. Auf der Grundlage Ihrer und unserer Informationen sind wir zu dem Schluß gekommen, daß Ihre Planung für einen Umsturz zu diesem Zeitpunkt nicht erfolgreich sein kann.

Wenn Sie keinen Erfolg haben, dann beeinträchtigt das erheblich Ihre zukünftigen Möglichkeiten.

Schützen Sie Ihre Quellen.

Wir bleiben in Kontakt. Die Zeit wird kommen, daß Sie und Ihre Freunde wieder etwas unternehmen können. Sie werden weiterhin unsere Unterstützung haben.‹

6. Nach der Entscheidung, die Putschplanungen von General Viaux zumindest zeitweilig zurückzustellen, instruierte Dr. Kissinger Mr. Karamessines, die Quellen der CIA in Chile sorgfältig zu schützen, um die Voraussetzungen der CIA für Operationen gegen Allende auch für die Zukunft zu bewahren.

7. Dr. Kissinger sprach über seine Forderung, daß unsere Beziehungen zu den chilenischen Militärs auch zukünftig so geheim wie möglich zu halten seien.

Mr. Karamessines unterstrich nachdrücklich, daß die CIA alles erdenklich Mögliche in diesem Sinne unternommen habe.

Aber wir und auch andere haben bisher viele Gespräche mit einer Vielzahl von Personen geführt. Zum Beispiel können auch die Gespräche von Botschafter Korry mit zahlreichen Persönlichkeiten, in denen er auf einen Umsturz drängte, ›nicht wieder zurück in die Flasche gebracht werden‹.

8. Die Teilnehmer des Treffens entschieden auf Anregung von Dr. Kissinger, daß die CIA weiterhin Druck ausüben sollte auf alle bei Allende erkennbaren Schwachstellen – im Augenblick, nach dem 24. Oktober, nach dem 5. November und auch in Zukunft – bis zu jenem Zeitpunkt, da es einen weiteren Marschbefehl geben wird.

Mr. Karamessines bestätigte, daß die CIA so verfahren wird.«[3]

Zur Realisierung der Aufgabenstellung durch die US-Administration hatte die CIA relativ günstige Voraussetzungen. Sie verfügte über Einflußagenten in den Massenmedien, in politischen Parteien, Gewerkschaften, politischen Organisationen und vor allem in den Streitkräften und Sicherheitsdiensten.

In den zurückliegenden Jahren hatte die CIA eine größere Anzahl von Offizieren in Armee, Polizei und nicht zuletzt im Geheimdienst rekrutiert. Zwischen 1950 und 1968 waren 3.667 Chilenen zur Ausbildung an der Kriegsakademie (*U.S. School of the Americas*) in Fort Gulick in der Panamakanalzone, genannt *Die Schule der Mörder*. Auf diesem Wege hatten die amerikanischen Geheimdienste umfangreiche Personal-Dossiers anlegen können. Sie kannten diese Leute und pflegten die Kontakte.

Nunmehr mußten lediglich die entscheidenden operativen Kräfte in Stellung gebracht werden. Obwohl subversionserfahrene CIA-Kader bereits in Santiago waren, erfolgte kurz nach dem 15. Oktober 1970 ein kompletter Austausch der Führungskräfte.

Bis November 1970 war CIA-Resident (*Chief of Station – COS*) Henry D. Hecksher im Einsatz. Dieser rechnete zu den OSS-Veteranen und Mitbegründern der CIA. Im Juni 1953 beispielsweise war er Chef der CIA-Basis in Westberlin. Von ihm ist überliefert, daß er in der Nacht vom 16. zum 17. Juni 1953 in der CIA-Zentrale angefragt habe, ob er die Aufständischen in Ostberlin mit Waffen unterstützen dürfe. Anschließend erfolgte ein Einsatz in Guatemala, dort war er in die Vorbereitung des Staatsstreiches von 1954 einbezogen. Von 1958 bis 1961 diente er in Vientiane/Laos und von 1967 bis 1970 in Chile. Er war also *the right man on the right place*. Dennoch wurde er von der Leitung der Operationsabteilung der CIA abgezogen, weil es ihm offenkundig nicht gelang, US-Botschafter Edward Korry zu disziplinieren, was die einheitliche Strategie im Vorgehen vor Ort gefährdete.

Nachfolger als COS wurde Raymond Alfred Warren. Dieser brachte Erfahrungen u. a. aus der Gewerkschaftsarbeit mit, war kurze Zeit beim Geheimdienst der US-Air Force (1952/53) und wurde danach Lateinamerika-Spezialist der CIA. Bei operativen Einsätzen in Venezuela (1954), Chile (1955-59) und als COS in Kolumbien (1960-1965) sammelte er einschlägige Erfahrungen.

Botschafter Edward Korry wurde im Oktober 1971 zurückbeordert; er war offensichtlich auch nicht von Warren zu disziplinieren. Korry kritisierte die von der ITT inspirierte Unterstützung des konservativen Präsidentschaftskandidaten Allessandri, der ein eindeutig an den Unternehmerinteressen orientiertes Wahlprogramm vertrat. Damit polarisierte er die Chilenen und erhöhte objektiv Allendes Wahlchancen.

Korry wurde von Nathanal P. Davis abgelöst. Das war ein OSS-Veteran, der seit 1960 Erfahrungen bei seiner subversiven Arbeit in Lateinamerika erworben hatte. Seine Spezialisierung auf nachrichtendienstliche Führungsaufgaben erfolgte zwischen 1966 und 1968 als Mitarbeiter im Nationalen Sicherheitsrat (*National Security Council – NSC*).

Bei der unmittelbaren Vorbereitung des Putsches agierte im Hintergrund Generalleutnant Vernon A. Walters. Seine Terroristenlaufbahn begann 1947/48 im Bürgerkrieg in Griechenland, setzte sich fort 1950 im Koreakrieg als Assistent von William Averell Harrimann (1891-1986), bis dato Sonderbeauftragter für den Marshall-Plan. 1953 war er bei der Vorbereitung des Sturzes der Regierung Mossadegh im Iran beteiligt, 1960 koordinierte er als Militärattaché in Italien die Kampagnen gegen die bei Wahlen erfolgreiche IKP, 1964 war er der Drahtzieher eines blutigen Putsches in Brasilien. In seiner Autobiographie erinnerte er sich seines Einsatzes in Brasilien so: »Ein Regime, grundsätzlich unfreundlich gegenüber den Vereinigten Staaten gestimmt, wurde durch ein anderes ersetzt, das viel freundlicher zu den USA gestimmt war. Mancher mag das als schlecht betrachten. Ich tu das nicht. Ich bin überzeugt, daß, wenn die Revolution (sic!) nicht erfolgt wäre, Brasilien den Weg von Kuba gegangen wäre.« Walters wurde am 2. Mai 1972 stellvertretender Direktor der CIA; er amtierte als deren Direktor vom 3. Juli 1973 bis 3. September 1973 und schied am 7. Juli 1976 aus der CIA aus.

Der stellvertretende Direktor der CIA ist der Operativchef des Dienstes. Dieser bestätigt und leitet alle wichtigen Operationen, insbesondere die »verdeckten Aktionen«.

In Kenntnis dieser Zusammenhänge muß man also nüchtern einschätzen, daß Vernon Walters der Hauptverantwortliche der CIA für die Organisierung des Militärputsches in Chile war und damit eine Schlüsselfigur des Staatsstreiches. (Walters wurde im April 1989, damals 72jährig, Botschafter in der BRD.)[4]

Die Führungsrolle der US-Administration beim Putsch in Chile wird nicht zuletzt dadurch dokumentiert, daß 24 Stunden vor Beginn des Staatsstreiches eine Konferenz des Chile-Krisenstabes im Weißen Haus unter Leitung von Präsident Nixon tagte, an der auch Botschafter Nathaniel Davis teilnahm. Davis flog anschließend zurück nach Santiago de Chile.

Wenige Stunden später wurde die Moneda bombardiert.

Die Wirtschaftsbosse greifen ein

US-Konzerne besaßen starke Positionen in der Wirtschaft Chiles. Das betraf insbesondere die Kupferkonzerne Anaconda und Kennecott und den Kommunikationskonzern *International Telephone & Telegraph* (ITT).

Zur Koordinierung ihrer Aktivitäten schlossen sich Vertreter multinationaler Konzerne in einem *Business Council of Latin America* zusammen.

Parallel dazu war im Nationalen Sicherheitsrat (NSC) der USA ein Unterkomitee, der *Rat für internationale Wirtschaftspolitik,* tätig, dem auch Henry Kissinger angehörte.

1971 wurde dort der CIA-Mitarbeiter Dean Roesch Hinton Stellvertretender Direktor. Zuvor arbeitete dieser zwei Jahre an der US-Botschaft in Chile.

Beide Gremien favorisierten eine Strategie der »unsichtbaren Blockade«, die Chile in das politische und wirtschaftliche Chaos stürzen sollte, um auf diese Weise einen sichtbaren Vorwand für das »ordnende« Eingreifen des Militärs zu schaffen.

Am 10. April 1970 begannen die größten chilenischen Konzerne ihre Anti-Allende-Kampagne. Der Vorstandsvorsitzende von Anaconda, C. Jay Parkinson, stellte dafür als erste Rate 500.000 Dollar zur Verfügung.

Im Mai 1970 traf sich John A. McCone, der als Nachfolger von Allen Dulles von 1961 bis April 1965 Direktor der CIA war und danach Mitglied des Aufsichtsrates von ITT wurde, mit dem aktuellen Direktor der CIA, Richard Helms.

ITT-Präsident Harold S. Geneen bot am 16. Juli 1970 eine Million Dollar an, um den Sieg der Konservativen bei den Präsidentschaftswahlen abzusichern. Die Offerte machte er William V. Broe, dem Leiter der CIA-Abteilung *Westliche Hemisphäre* im Direktorat Operationen, zuständig für verdeckte Operationen in Lateinamerika. Kontaktpartner der ITT zur CIA wurde John A. McCone.

CIA-Abteilungsleiter William Broe traf sich im September/Oktober 1970 wiederholt mit leitenden Vertretern der ITT und einiger anderer Konzerne, die umfangreich in Chile investiert hatten, und besprach mit ihnen einen Vier-Punkte-Plan der wirtschaftlichen Sabotage.

Der Plan sah vor, die chilenische Wirtschaft bis zu einem Punkt zu schwächen, an dem das Militär zum Eingreifen gezwungen wurde, um die »Marxisten« zu vertreiben und die Regierungsgewalt zu übernehmen.

Dieses Szenario wurde bekanntlich im Jahre 1973 vollständig realisiert. Das Dokument von ITT liegt als Kopie in der Stiftung der Archive der Parteien und Massenorganisationen der DDR (SAPMO) unter der Signatur DY/30/vorl.SED/35353; es trägt den Vermerk: »Die Richtigkeit der vorstehenden Urkunde-Abschrift wird hiermit beglaubigt. Berlin, den 13. März 1974, Professor Dr. Friedrich Karl Kaul«.Das Papier hat folgenden Wortlaut:

18-Punkte Programm des konzentrierten Kampfes gegen die Unidad Popular, am 1. Oktober 1971 vom Chef des Washingtoner Büros der ITT, William P. Merriam, dem Sonderberater von US-Präsident Nixon, Peter G. Peterson, vorgelegt

Ich meine, es sollte darauf hingewiesen werden, daß die Situation in Chile von der gesamten Administration absolut mit Vorrang zu behandeln ist und daß insgeheim, aber wirksam alles getan werden sollte, um dafür zu sorgen, daß Allende die entscheidenden nächsten sechs Monate nicht übersteht.
Das Weiße Haus sollte innerhalb des Nationalen Sicherheitsrates einen Sonderstab einsetzen und auf Chile Druck ausüben.
Diese Gruppe könnte Maßnahmen ergreifen mit dem Ziel:

1. die Kreditbeschränkungen, wie sie von der Export-Import-Bank bereits verhängt wurden, bei den internationalen Banken aufrechtzuerhalten;
2. die großen amerikanischen Privatbanken insgeheim zu veranlassen, ebenso zu verfahren;
3. mit ausländischen Banken zu verhandeln, um sie ebenfalls zu Kreditrestriktionen zu bewegen;
4. Käufe aus Chile in den nächsten sechs Monaten aufzuschieben und die amerikanischen Kupfervorräte zu nutzen, statt von Chile zu kaufen;
5. für eine Verknappung des Dollars in Chile zu sorgen;
6. mit der CIA die Möglichkeiten zu diskutieren, wie sie den sechsmonatigen Druck unterstützen kann;

7. verläßliche Quellen innerhalb des chilenischen Militärs anzubohren und die Treibstofflieferungen für die Marine sowie die Benzinlieferungen für die Luftwaffe hinauszuzögern;
8. wahrscheinlich wird es erforderlich sein, den geschwächten Nachrichtenmedien Dollarhilfe zu gewähren, da dieser Sektor rapide verkümmert und »El Mercurio« im Nu ausgelöscht werden könnte;
9. Allendes UNCTAD-Pläne zu vereiteln;
10. Enteignungen und Verstaatlichungen amerikanischer Privatinvestitionen ohne volle und sofortige Entschädigung sind für die amerikanische Zahlungsbilanz von unmittelbarem Schaden. Dadurch wird das Gleichgewicht gestört und der Glaube an den Dollar gebrochen.
11. Die US-Regierung tut alles mögliche, um ihren Etat auszugleichen, den Dollar zu stärken und die Konkurrenzfähigkeit amerikanischer Produkte auf dem Weltmarkt zu bewahren. Dabei werden amerikanische Privatinvestitionen von einigen ausländischen Regierungen benachteiligt, obwohl diese gleichzeitig eine Vorzugsbehandlung auf unseren Märkten verlangen und bei den von Amerika unterstützten Banken »weiche Darlehen« beantragen.
12. Die Charta der Inter-American Development Bank (IADB). Paragraph 2-a-III sieht vor, daß Darlehen »zur Ergänzung von Privatinvestitionen« gewährt werden. Hier aber ist das Gegenteil der Fall: Die IADB-Darlehen verdrängen die Privatinvestitionen.
13. Die amerikanischen Hersteller sollten ihre Handfeuerwaffen- und Munitionslieferungen nach Chile einstellen oder aufschieben. Letzte Woche ging noch eine Remington-Lieferung an die (chilenische) Geheimpolizei.
14. Chiles jüngste Reisebeschränkungen schaden dem amerikanischen Handel. Die Chilenen sind in ganz Lateinamerika als die wohl reisefreudigste Nation bekannt. Hier sollten Vergeltungsmaßnahmen getroffen werden.
15. Die chilenischen Aktionen gegen die Nachrichtenagentur UPI sollten von der Inter-American Press Association und der amerikanischen Presse allgemein verurteilt werden. »El Mercurio« in Santiago hält sich noch am Leben und setzt seine Kritik an Allende fort. Für die Zeitung sollten gewisse Hilfsmaßnahmen erwogen werden.
In einem Gespräch mit Abteilungsleiter Charles A. Meyer und seinem Stab vom Außenministerium vor wenigen Tagen – am 28. September – erfuhren wir, daß bis zu eine Million Dollar allmonatlich aus dem Hilfsfonds nach Chile fließen. Wir sind der Meinung, daß diese Zah-

lungen amerikanischer Steuergelder an die marxistische Regierung eingestellt werden sollten.
16. Ferner wurde uns mitgeteilt, daß Gelder aus verschiedenen IADB-Hilfsprogrammen, die bisher nicht genutzt wurden, einem sogenannten Erdbeben-Fonds zugewiesen und Chile zur Verfügung gestellt worden sind. Angesichts des hohen amerikanischen IADB-Beitrags und der Tatsache, daß kein echter Notstand vorlag, hätte diese Maßnahme nicht erlaubt werden dürfen und sollte, wenn möglich, jetzt rückgängig gemacht werden.
17. Chiles Ausfuhren in die USA werden auf jährlich 154 Millionen Dollar geschätzt. Möglichst viele amerikanische Märkte sollten daher für Chile geschlossen werden. Ebenso sollten amerikanische Ausfuhren, die für Allende von besonderer Bedeutung sind, verzögert oder eingestellt werden.
18. Die Vereinigten Staaten sollten mit anderen Regierungen, deren Staatsbürger unter den chilenischen Marxisten leiden, über geeignete Maßnahmen beraten. Zu diesen Nationen gehören auch Länder, denen Chile Geld schuldet. Allendes Geldreserven schrumpfen rapide. Er hat bereits ein Moratorium für die Begleichung seiner Auslandsschulden beantragt.

Die CIA unternahm seit Februar 1973 eine Reihe von Maßnahmen, um die Zusammenarbeit mit ITT in bezug auf den Putsch zu vertuschen. Sie suchte Kontakt zu einigen ihr zugeneigten US-Senatoren, um zu verhindern, daß in den Ausschüssen zu konkrete Fragen gestellt werden bzw. daß bestimmte Informationen in die Öffentlichkeit gelangten.

Hauptziele waren zu erklären:

Es gab keine gemeinsamen Programme für abgestimmte Aktionen zwischen CIA und ITT, sondern nur Gedankenaustausch über Entwicklungsprobleme in Chile;

Es kam weder zu Finanzzuschüssen von der CIA zu ITT noch umgekehrt.

Wenn es doch zu unliebsamen Fragestellungen in den Ausschüssen kommen sollte, ziehen sich die CIA-Vertreter auf das sogenannte Exekutiv-Privileg zurück und verweigern die Aussage. D. h. sie berufen sich auf Weisungen des Präsidenten, seines Sicherheitsberaters oder des 40er Komitees ...

Dieser Vorschlag wurde von CIA-Direktor Richard Helms in

seiner Grundsatzerklärung über die CIA-Beziehungen mit ITT Chile am 21. Februar 1973 vor einem Unterausschuß bestätigt:

CIA-Angehörige haben Gespräche mit ITT-Vertretern im Zeitraum Juli bis Oktober 1970 über politische Entwicklungen in Chile geführt.
Das war die Fortsetzung einer langjährigen Politik der Pflege von Kontakten mit kompetenten Geschäftsleuten, Journalisten und Diplomaten, um Entwicklungsprobleme in bestimmten Regionen zu diskutieren.
In diesem Kontext war es normal, daß auch Vertreter von ITT und CIA ihre Ansichten über die Entwicklung in Chile austauschten. Dabei möchte ich bemerken, daß die CIA kein Monopol innerhalb der US-Regierung bezüglich der Kontakte zur ITT hatte – weder vor noch nach der Wahl Allendes. Andere Regierungsbehörden und -agenturen hatten gleichfalls solche Kontakte.
[…]

Chile bleibt eines der Hauptziele der Aufklärungsinteressen der USA. Deshalb habe ich nicht die Freiheit, Details über die technischen und personellen Aufklärungsaktivitäten hier darzulegen.
Trotzdem hoffe ich, daß meine Erläuterungen der Arbeit des Ausschusses dienlich sind. Thank you!

Finanzierung der Geheimoperationen der CIA

Die CIA-Intervention in Chile begann 1962 mit der Zuwendung von 50.000 Dollar an die Christlich Demokratische Partei.

1964 wurden drei Millionen Dollar für eine Medienkampagne bereitgestellt, mit der die »Furcht vor einer roten Diktatur« geschürt werden sollte. Das war etwa die Hälfte aller Wahlkampfkosten von Eduardo Frei, des Vorsitzenden der Christlich Demokratischen Partei.

Später, während der Präsidentschaft von Allende, gab die CIA über sechs Millionen Dollar für verdeckte Aktionen aus, darunter allein 1.665.000 für das Sprachrohr der Opposition, die großbürgerliche Zeitung *El Mercurio*. Im einzelnen gab die CIA in Chile von 1963 bis 1973 aus[5]:

Propaganda für Wahlen und andere Hilfen für politische Parteien:
8.000.000 Dollar
Herstellung und Verbreitung von Propaganda und Unterstützung der Massenmedien: 4.300.000 Dollar
Einflußnahme auf chilenische Institutionen (Gewerkschaften, Studenten, Bauern, Frauen) und Hilfen für Organisationen im privaten Sektor: 900.000 Dollar

Die direkte Vorbereitung des Putsches: Track I und Track II

Das sogenannte *40er Committee*, ein Organ des US-Präsidenten zur Bestätigung verdeckter Operationen, beschloß 1970 ein Programm für den Wahlkampf in Chile. Damit sollte ein Auseinanderfallen der Unidad Popular erreicht werden.

In einer massiven Propagandaschlacht wurde das Schreckgespenst eines »stalinistischen Infernos« beschworen. Die CIA-Residentur versorgte täglich die von Augustin Edwards herausgegebene Zeitung *El Mercurio* mit Texten und Infomationen, die die Kampagne anheizen sollten. Der Medienterror wurde noch einmal in der Zeit zwischen den Wahlen und der Entscheidung des chilenischen Kongresses über den Sieger der Wahlen verschärft.

Präsident Nixon erteilte CIA-Chef Helms nunmehr den Auftrag, den Militärputsch zu organisieren. Bereits am Tag nach der Bestätigung Allendes wurden dafür 350.000 Dollar als erste Rate von den bereits bewilligten 8 Millionen Dollar bereitgestellt.

Über die langfristige Vorbereitung des Staatsstreiches in Chile informiert eine interne Übersicht der CIA. Das Programm des Staatsterrorismus der USA, 1990 in den Vereinigten Staaten publiziert, trägt das Datum 20. Februar 1970[5a]:

1.

2. Die Hauptaktivität der CIA in Chile betraf die Auslösung von Diskreditierungs-Operationen gegen den Kandidaten Salvador Allende bei den Wahlen vom 04.09.1970, wobei jedoch keiner der beiden nichtmarxistischen Kandidaten von der CIA unterstützt wurde.

Die Operationen waren auf ein Propaganda-Programm orientiert, um das chilenische Volk aufmerksam zu machen auf die Gefahren eines marxistischen Regimes unter Allende.

Für diese Operation, die vom 40er Komitee bestätigt und mit dem Außenministerium koordiniert war, wurde eine Summe von 125.000 Dollar eingesetzt.

3. Ein zweiter Komplex von Aktivitäten betraf den Zeitraum zwischen dem 15. September 1970 (dem Wahlsieg von Allende) und seiner Bestätigung als Präsident durch das Parlament am 24. Oktober bzw. seiner Amtseinführung am 3. November 1970.

Dafür wurden weitere 153.000 Dollar eingesetzt, insbesondere zur Aktivierung verschiedener Gruppen, wie die Christlich Demokratischen Partei, die Streitkräfte und eine Anzahl unabhängiger Organisationen und Persönlichkeiten. […]

Der Punkt 4 und die gesamte Seite 3 dieser Anlage sind nicht freigegeben.[6]

Die CIA-Operation verlief in zwei Etappen. In einer ersten Phase (Deckbezeichnung *Track I*) bestand das Hauptinstrument im praktischen Einsatz aller bereits beschriebenen Methoden verdeckter Aktionen, um den Lauf der Ereignisse zu beeinflussen.

Der wesentliche Inhalt der zweiten Etappe (*Track II*) sollte darin bestehen, verstärkt weitere führende chilenische Militärs zu kontaktieren, um einen Staatsstreich zu unterstützen.

Die meisten der Track I-Aktivitäten einschließlich der Schmiergelder in Höhe von 250.000 Dollar für die Bestechung von chilenischen Kongreßabgeordneten wurden zur Unterstützung der erneuten Wiederwahl von Eduardo Frei geplant.

Das war nur unter Verletzung der chilenischen Verfassung möglich, weshalb Frei diese Überlegung ablehnte.

CIA-Gelder flossen in Propaganda-Aktionen, um Arbeiter und andere Gruppen zum Widerstand zu ermuntern. Unterstützt wurde vor allem die rechtsgerichtete paramilitärische Gruppe *Patria y Libertad*, die besonders provokative und gewalttätige Aktionen inszenierte.

Obwohl die CIA jede direkte Einbeziehung in den Militärputsch bis heute verneint, unterhielt sie nachweislich die ganze Zeit über Verbindungen zu den Verschwörern im chilenischen Militär. Die CIA behauptet zwar, diese Kontakte hätten nur der Informationsgewinnung gedient, sie gingen in Wirklichkeit jedoch weit darüber hinaus. Sie sprengten selbst den Rahmen des nationalen Interesses der USA, wie es in einer Gefährdungsanalyse der *Intelligence Community heißt*. Autoren waren Vertreter der CIA, des Außen- und des Verteidigungsministerium sowie des Weißen Hauses, die in einer *Interdepartmental Group for Inter-American Affairs* zusammengefaßt waren. Kurz nach den Wahlen vom September 1970 stellten sie nämlich fest, »daß die USA keine lebenswichtigen Interessen in Chile haben«.

Weiter meinten sie, »das internationale militärische Gleichgewicht würde nicht ernsthaft durch das Allende-Regime beeinflußt und ein Sieg Allendes den Frieden in der Region in keiner Weise bedrohen. Die Gruppe stellt jedoch fest, daß ein Sieg Allendes den Zusammenhalt in der Hemisphäre bedrohen und einen psychologischen Rückschlag für die USA sowie einen ernsthaften Vorteil für die marxistischen Ideen darstellen würde«.[7]

Präsident Nixon ignorierte nicht nur die Geheimdienst-Analytiker, er drängte auf Durchführung von Track II. Dabei unterließ er es, den Botschafter, das State Department und die Mitglieder des 40er Komitees zu informieren. Lediglich Sicherheitsberater Henry Kissinger erhielt Kenntnis.

Die CIA beteiligte sich später an der Zusammenstellung von Listen mit Personen, die verhaftet bzw. liquidiert werden sollten. Sie gewährte umfangreiche Hilfe beim Aufbau der chilenischen Geheimpolizei DINA *(Dirección de Información Nacional)*. Deren Leiter Manuel Contreras brüstete sich laut einem Bulletin des US-Außenministeriums, er sei ein »Busenfreund« General Vernon Walters, damals Stellvertretender CIA-Direktor.[8]

Nach dem 11. September 1973 ermordeten die Truppen Pinochets binnen weniger Monate Tausende Menschen. 60.000 Chilenen wurden inhaftiert und gefoltert, eine Million ins Exil getrieben.

Am 1. Oktober 1973 konstatierte Patrick Ryan, US-Marineattaché und Mitglied der *United States Military Group* in Chile, der Putsch wäre »fast perfekt« gewesen. Er wertete ihn als »großen Sieg für freie Männer mit Zielen, die dem Wohle Chiles dienten und nicht dem des eigennützigen Welt-Marxismus«.[9]

Walter Womacka, Bleistiftzeichnung, aus dem 1973/74 entstandenen Zyklus »In Chile herrscht Ruhe«

Die Blutspur der Operation »Centauro«

General René Schneider, Oberbefehlshaber des Heeres, hatte erklärt, daß er Allende als in freien, demokratischen Wahlen gewählten Präsidenten anerkenne. Deshalb geriet er auf die Abschußliste der Verschwörer. Ursprünglich sollte er entführt werden. Der erste Versuch am 19. Oktober 1970 schlug fehl, ebenso der zweite am Folgetag.

Am Morgen des 22. Oktober 1970 übergab die CIA über den US-Militärattaché Paul Wimert den Verschwörern Maschinenpistolen und Munition. Am gleichen Tag wurde Schneider auf seinem Weg zum Dienst überfallen und dabei tödlich verwundet.

Er verstarb am 24. Oktober, jenem Tag, als das chilenische Parlament die Wahl Salvador Allendes bestätigte.

Die *Washington Post* berichtete am 7. Juli 1975 über die Verwicklung der CIA in den Mordanschlag auf General Schneider. Unter Berufung auf »informierte Quellen« stellte das Blatt fest, die CIA hätte Schneider auf ihre weltweite Feindliste von Personen gesetzt, die sich nach ihrer Auffassung »feindlich gegenüber USA-Interessen« verhielten.[10]

Somit bestätigt die *Washington Post* überdies, daß unter der operativen Leitung des stellvertretenden CIA-Direktors Vernon Walters in der CIA »Feindlisten« existierten, was immer bestritten worden war. 1975 wiesen mehrere Untersuchungsausschüsse des US-Kongresses im Detail nach, daß die CIA an der Ermordung führender Politiker oder Staatsmänner bzw. an Mordversuchen beteiligt war. Auf ihren Listen standen neben anderen Patrice Lumumba, Salvador Allende und Fidel Castro.

Im September 1974 wurden General a. D. Carlos Prats, Oberbefehlshaber des Heeres, Nachfolger von Schneider und Vorgänger von Pinochet, und seine Ehefrau Sofia Cuthbert in Buenos Aires Opfer eines Sprengstoffattentats. (Prats war nach dem Staatsstreich nach Argentinien geflüchtet.) Zum Anschlag bekannte sich die *Antikommunistische Argentinischen Allianz* (»Triple A«), die nachweislich von der CIA gesteuert wurde.[11] Im Jahre 2000 verurteilte ein argentinisches Gericht den DINA-Agenten Enrique Arancibia Clavel wegen dieses Doppelmordes zu einer lebenslangen Freiheitsstrafe.[12]

Zwei Jahre nach dem Attentat auf General Prats, am 21. September 1976, starben der frühere chilenische Außen- bzw. Verteidigungsminister Orlando Letelier und seine Sekretärin Ronni Moffit bei einem Bombenanschlag in Washington.

Die Planung auch dieses Attentats erfolgte durch den Leiter des chilenischen Geheimdienstes DINA, Manuel Contreras, einem Verwandten Pinochets. Auch hier hatten die CIA und Vernon Walters ihre Finger im Spiel.

1995 wurden der Ex-Geheimdienstchef General Manuel Contreras und sein Vize, Brigadier Pedro Espinoza, in Chile zu sieben bzw. sechs Jahren Haft verurteilt.

Contreras war bereits in Italien und Argentinien in Abwesenheit verurteilt worden. 2003 wurde er in Chile neuerlich wegen eines Mordanschlages zu zwölf Jahren Haft verurteilt, 2004 erhielt er wegen Entführung und Ermordung der Journalistin Diana Aron im Jahre 1974 noch einmal 15 Jahre.

Das Wirken solcher Verbrecher erschöpfte sich nicht in dem blutigen Putsch in Chile. Auf Initiative Pinochets schufen sie eine Organisation der südamerikanischen Militärdiktaturen unter der Bezeichnung »Operation Condor«

Das Konzept für diese Terrororganisation stellte Contreras auf einer Konferenz in Santiago de Chile Ende November 1975 vor. An dieser Zusammenkunft nahmen Geheimdienstvertreter aller südamerikanischen Militärdiktaturen, der Länder des »Cono Sur«, teil. Die *Frankfurter Allgemeine Zeitung* informierte, daß Vernon Walters, der Ziehvater von Contreras, im August 1975 von diesem Projekt Kenntnis hatte. Die enge Verbindung zwischen Contreras und Walters läßt vermuten, daß da noch mehr war als nur Kenntnisnahme.

»Condor« sollte die politischen Gegner dieser Diktaturen im Exil erfassen und liquidieren. Diese Maßnahmen trugen die Bezeichnung »Krieg gegen den Terrorismus«.

Die gemeinsame Datenbank wurde mit technischer Unterstützung des FBI und der CIA aufgebaut, wobei auch Daten der amerikanischen Geheimdienste und des BND eingespeist wurden.

In der dritten Phase der Operation sollten die politischen Gegner weltweit verfolgt und ausgeschaltet werden. Erst als sich Mordpläne auch gegen US-Politiker richteten (Senator Edward Koch sollte beseitigt werden, da er die Streichung der Militärhilfe an diese Staaten forderte), setzten die USA ein Stoppzeichen. Sie informierten europäische Regierungen über Anschläge, die auf deren Territorien geplant wurden.

Die Auswirkungen der »Operation Condor« beschäftigen bis heute die Gerichte. Im Februar 2005 wurden zwei ehemalige Innenminister des Pinochet-Regimes, die Generale i. R. Enrique Montero Marx und Raúl Benavides, angeklagt. Sie wurden wegen der Verschleppung und mutmaßlichen Ermordung von 20 Regimegegnern im Rahmen der »Operation Condor« verurteilt.

Nach den dem Gericht vorliegenden Angaben waren zwischen 1974 und 1975 in Chile insgesamt 119 Menschen verschleppt worden, die seither als als verschwunden gelten.

1 Vgl. Thomas Powers, CIA, Hoffmann und Campe, 1980, S. 371
2 Vgl. CIA-Kabel 611 und 762 vom 7. und 14. Oktober 1970 – zitiert im Mord-Report, I. u. H. Schäfer; Ossietzky- Sonderheft
3 Vgl. www.cia.gov/notices: Memorandum of Conversation; Dr. Kissinger, Mr. Karamessines, Gen. Haig at the WH; created 10/15/1970
4 Vgl. dazu: Eichner/Langrock: Der Drahtzieher: Vernon Walters – Ein Geheimdienstgeneral des Kalten Krieges; Berlin, 2005
5 Aus: Senatsbericht, Bd. 7 Covert Action, 1975; zitiert bei Charles D. Ameringer: US Foreign Intelligence, The Secret Side of American History; Lexington Books, 1990, S. 261
5a Gus Hall, Generalsekretär der KP der USA, prophezeite am 29. Oktober 1970 in New York auf einer Kundgebung: »Washington ist das Zentrum – das Weltzentrum – der Konterrevolution […] Die CIA hat ihre spezielle Chile-Abteilung, und es geht, offen gesagt, nicht darum, ob sie versuchen wird, das Wahlmandat in Chile zunichte zu machen, sondern darum, wie und wann sie es versuchen wird […]
Es ist eine Einheitsfront-Bewegung für revolutionäre Veränderungen. Und deshalb sind die Wahlen in Chile ein revolutionäres, demokratisches Mandat des Volkes, hinter dem die Macht der organisierten Massen steht. Das ist es, was in den Reihen der herrschenden Klassen ein Gefühl der Panik ausgelöst hat. Aus diesem Grunde denken die herrschenden Kreise in Amerika an einen Militärputsch – eine Konterrevolution aus dem Gewehrlauf. Die herrschenden Kreise haben nichts gegen politische Veränderungen, solange die Herrschaft der kapitalistischen Klasse bestehen bleibt. Sie haben nichts gegen sozialistische Parteien […], die nur dem Namen nach sozialistisch sind, denn die Klassenherrschaft bleibt unangetastet. Doch in Chile ist es anders. Denn das Mandat lautet auf die Veränderung jener Klassenherrschaft.« (SAPMO DY 30/IV A2/20/716)
6 Charles D. Ameringer: U.S. Foreign Intelligence; The Secret Side of American History; Lexington Books, 1990, S. 260f.
7 Vgl. Charles D. Ameringer: U.S. Foreign Intelligence; Lexington Books, 1990, S. 264
8 Vgl. Hippler, Jochen: Der Botschafter; in Spoo, Eckart (Hrsg.): Die Amerikaner in der Bundesrepublik; Köln, 1989, S. 137
9 Vgl. Situation Report, Navy Section, United States Military Group, Valparaiso, Chile, 1.Oktober 1973; www.gwu.edu/~nsarchiv/NSAEBB/NSAEBB8/ch21-01.htm
10 Vgl. »Neues Deutschland« (ND), 8.7.1975: »CIA ließ General Schneider töten«
11 Vgl. ND vom 1.10.1974
12 Vgl. ND vom 24.11.2000
13 Vgl. Manuskript: Westdeutscher Rundfunk Köln, Redaktion MONITOR, Sendung vom 28. März 1989: »Ein Mann fürs Grobe: Der neue US-Botschafter in Bonn«
14 Vgl. Covert Action Bulletin Nummer 26, Sommer 1986, S. 5f. u. a. unter Berufung auf einen Artikel der »Boston Globe« vom 29.8.1982: »Vernon Walters and the Death of Orlando Letelier«
15 Vgl. ND vom 19.5.2004: »Ex-Geheimdienstchef Contreras verurteilt«
16 Vgl. FAZ vom 14.7.2001: »In den Krallen des Condor«
17 Vgl. John Dinges: The Condor Years: How Pinochet and His Allies Brought Terrorism to Three Continents; The New Press; New York, 2004; rezensiert in »junge Welt« vom 3.6.2004, S. 14
18 Vgl. ND vom 21.2.2005, dpa-Meldung

Top-Information aus Pullach

Von Alfred und Ludwig Spuhler

Die politische Entwicklung in Lateinamerika, das viele Jahrzehnte als der Hinterhof der USA galt, beobachteten wir seit dem Sieg der kubanischen Revolution im Jahre 1959 mit besonderem Interesse. Auf dem Erdteil waren seit 1930 – mit aktiver Unterstützung der USA – 40 bürgerlich-demokratische Regierungen gestürzt worden.

Unsere Aufmerksamkeit galt vor allem der im Dezember 1969 in Chile aus sechs Parteien gebildeten Unidad Popular, die für die Präsidentschaftswahlen im September 1970 als gemeinsamen Kandidaten Dr. Salvador Allende nominiert hatte. Mit 36,3 % der Stimmen gewann der Sozialist die Wahl. Im Oktober 1970 proklamierte ihn der chilenische Kongreß zum Präsidenten – mit den Stimmen vieler oppositioneller Christdemokraten.

Das Programm der neuen Regierung, der auch vier Arbeiter als Minister angehörten, weckte auch bei uns große Hoffnungen. Erstmals in der Welt war es auf parlamentarisch-demokratischem Wege gelungen, eine Regierung zu formieren, die sich eine gerechte und sozialistische Entwicklung auf die Fahnen geschrieben hatte.

Die Ermordung General Schneiders im Oktober 1970 werteten wir als ein ernstes Zeichen, daß die Reaktion diese Entwicklung nicht hinnehmen würde. General Schneider hatte mit Hinweis auf die traditionelle Loyalität des chilenischen Militärs sich aggressiven Kräften verweigert, Allende zu verhindern und die demokratischen Grundregeln außer Kraft zu setzen.

Ich *(Alfred Spuhler – d. Hrsg.)* war damals beim BND tätig und bekam in der Folgezeit Informationen aus unseren Quellen in Chile auf den Tisch, daß die Militärs auf einen Sturz der Allende-Regierung hinarbeiteten. Unsere Partnerdienste berichteten ähnliches. Die Nachrichten verdichteten sich laufend.

In der zweiten August-Hälfte 1973 kam eine Nachricht »aus sicherer Quelle« auf meinen Tisch, die für die Bundesregierung in Bonn bestimmt war. Ohne Angabe eines Termins hieß es darin, daß in Chile ein Militärputsch unmittelbar bevorstünde.

Diese Information rief bei mir und Ludwig Entsetzen hervor.

Wir forderten bei der Zentrale der HVA in der DDR-Hauptstadt sofort einen Instrukteur an. Berlin reagierte umgehend.

Kurz darauf wurde die von Ludwig fototechnisch bearbeitete Information in unserem Treffquartier in den Tiroler Bergen an unseren Verbindungsmann übergeben, der sie über eine Eilverbindung der Zentrale in Berlin zustellte. Dort lag sie Ende August vor.

Unsere Intentionen waren eindeutig. Wir wollten verhindern, daß die demokratisch gewählte Regierung in Chile hinweggefegt würde und die Reaktion triumphierte. Mit der Weitergabe dieser Information hofften wir, daß auf diese Weise rechtzeitig und vorbeugend reagiert werden könnte.

Wie wir später erfuhren, wurden Allende und Corvalan Anfang September 1973 über Parteikanäle durch die DDR über den Inhalt unserer Information in Kenntnis gesetzt.

Allende glaubte jedoch an die Verfassungstreue der Militärs.

Die Tatsachen, daß im Generalstab die Mehrheit gegen die Regierung der Unidad Popular stand, daß Hinweise auf die Pläne der CIA vorlagen und der Marineadjutant Allendes, Kapitän Araya, ermordet worden war, ließen allerdings Zweifel an der Verfassungstreue aufkommen. Allende und Corvalan sahen das offenkundig nicht so. Sie schätzten die Lage falsch ein und wurden in gewisser Weise vom Putsch am 11. September überrascht.

Der ursprüngliche Plan der CIA und Pinochets sah den Staatsstreich in der ersten Septemberwoche vor. Allende sollte in jener Zeit in Algier weilen, um an einer Konferenz der blockfreien Staaten teilzunehmen. Wegen der angespannten innenpolitischen Situation in Chile sagte der Präsident jedoch seine Teilnahme ab. Daraufhin legten die Putschisten den Termin fest: 11. September.

Ergänzung des Herausgebers

Daß der BND Kenntnis von den Putschplänen hatte, wurde erst mit der Verhaftung der Brüder Spuhler im November 1989 publik.

Ob diese Informationen über die beabsichtigte gewaltsame Beseitigung der chilenischen Regierung und des demokratisch gewählten Präsidenten Allende jedoch vom Bundesnachrichtendienst an die Bonner Regierung weitergegeben wurde, ist bis heute nicht bekannt.

Willy Brandt, der zu jenem Zeitpunkt die sozialliberale Koalitionsregierung führte, hätte möglicherweise Allende informiert: Dieser war immerhin Vorsitzender der Sozialistischen Partei, mithin einer mit der SPD befreundeten Partei. Da wäre es wohl selbstverständlich gewesen, den chilenischen Genossen einen Hinweis zu geben.

Das Verhältnis zwischen Brandt und BND war gestört, er maß den Informationen aus Pullach keine oder wenig Bedeutung bei. Die Annahme, daß Willy Brandt nicht informiert worden war, wurde von Egon Bahr bestätigt. Und in einem Gespräch im »Kölner Stadtanzeiger« am 15. Februar 1981 erklärte Brandt seine Ablehnung des US-Engagements: »Wir haben damals in gehöriger Form der amerikanischen Regierung gesagt, daß wir die Operation der CIA zur Beseitigung des Präsidenten nicht für richtig halten.«

Allerdings ist die Aussage zu vage, um auf den Zeitpunkt der Unmutsbekundung schließen zu können. Hatte man das *vor* oder erst *nach* dem 11. September gesagt? Und falls es vor dem Putsch geschah: Tat man es in Kenntnis der BND-Information oder aus dem Wissen, daß die CIA grundsätzlich ihre Finger in derartigen Staatsstreichen hatte?

Auf der anderen Seite: Mitglieder der Bundesregierung und die Oppositionsparteien CDU/CSU standen der Entwicklung in Chile seit 1970 kritisch bis feindlich gegenüber. Ähnlich ablehnend verhielten sich große Teile der Wirtschaft und nicht wenige politische Organisationen der Bundesrepublik.

Insofern ist die Wahrscheinlichkeit groß, daß auf der politischen Ebene aus Bonn 1973 keine Warnungen in Richtung Santiago de Chile gegangen sind.

Die DDR-Vertretung unter der Schutzmacht Finnland

Von Arnold Voigt

Die hier vorgelegten Aufzeichnungen erheben nicht den Anspruch auf Vollständigkeit und schon gar nicht den einer historischen Dokumentation oder wissenschaftlichen Abhandlung, wiewohl es sich dabei um eine in den DDR-Außenbeziehungen einzigartige Situation gehandelt hat.

Obwohl sich viele Ereignisse dieser Zeit fest in das Gedächtnis eingebrannt haben, wachsen die Lücken – Ergebnis eines nunmehr über 30jährigen Zeitablaufs. Ich habe diese Ereignisse als Protagonist miterlebt und als Leiter der »Restgruppe« bis Juli 1976 mitgestaltet. Als Mitglieder der »Restgruppe« wurden umgangssprachlich jene Mitarbeiter aus der DDR bezeichnet, die unter der Obhut der Botschaft der Republik Finnland in Chile tätig waren.

Eine Gruppe von DDR-Bürgern – ausgesuchte Reisekader – wurden unter dem Zwang der Ereignisse in Chile dem Geschäftsträger eines kleinen kapitalistischen Landes unterstellt, hatten dessen Weisungen zu befolgen und eng mit ihm zu kooperieren: ein eben nicht alltägliches Verhältnis, das letztlich aber gut und erfolgreich funktionierte. Wie kam es dazu?

Zur Vorgeschichte

Der Putsch fand nicht nur Zustimmung bei den reaktionären Regimes Lateinamerikas, sondern auch in weiten Teilen der kapitalistischen Welt. Allerdings geriet die Militärjunta schon nach relativ kurzer Zeit unter enormen internationalen Druck. Die Orgie der Gewalt, die das Land erschütterte, konnte man nicht hinnehmen, wenn andererseits die Einhaltung der Menschenrechte und der Demokratie weltweit eingefordert wurde. Pinochet ließ Parteien und Gewerkschaften verbieten und Tausende von politischen Gegnern in KZ sperren, foltern und ermorden. Das provozierte internationale Proteste nicht nur von Menschenrechtsorganisationen,

Kirchen und Gewerkschaften, sondern auch die UNO, nationale Parlamente und Regierungen erhoben weltweit ihre Stimmen. Es entstand eine internationale Solidaritätsbewegung, wie es sie breiter vorher nicht gegeben hatte. In der offiziellen Politik blieb es aber zunächst bei verbalen Protesten, die – abhängig von der politischen Orientierung der jeweiligen Regierung – unterschiedlich deutlich ausfielen.

Die Staaten des Warschauer Paktes brachen – mit Ausnahme Rumäniens – am 24. September 1973 ihre diplomatischen Beziehungen zur Junta-Regierung ab (die offizielle Bezeichnung lautete »Unterbrechung«).

Die Junta ihrerseits hatte alle Beziehungen zu Kuba und zur KDVR aufgekündigt. Ob sie einen ähnlichen Schritt in bezug auf die anderen sozialistischen Länder beabsichtigte und diese ihr nur zuvor gekommen waren, ist müßig zu erörtern. Meines Erachtens war das eher nicht zu erwarten gewesen.

Großes internationales Aufsehen erregte der Versuch der chilenischen Militärs, die Botschaft Kubas, auf das sich ihr besonderer Haß richtete, zu stürmen. Vor allem dem selbstlosen und mutigen Eingreifen des schwedischen Botschafters Edelstam ist es geschuldet, daß diese Attacke und ein Blutvergießen verhindert wurden. Damit war auch das erste Schutzmachtverhältnis begründet: Die schwedische Regierung unter Olof Palme stellte die kubanische Botschaft und deren Personal unter den Schutz ihrer diplomatischen Vertretung in Santiago de Chile.

Die Möglichkeit, daß ein Land nach dem Abbruch der diplomatischen Beziehungen seine Interessen, einschließlich des Schutzes der Botschaft und ihres Personals, durch ein anderes Land wahrnehmen lassen kann, ist durch die Wiener Konvention geregelt. Es ist eine völkerrechtlich sanktionierte und gängige Praxis.

Nicht so für die DDR, deren Diplomaten ja gerade erst das (westliche) internationale Parkett betreten hatten.

Auch wenn die UdSSR als östliche Führungsmacht in der Regel auf konzertierte außenpolitische Aktionen Wert legte, blieb es in diesem Fall jedem Land selbst überlassen, an wen es ein Schutzmachtersuchen richtete.

Einig war man sich in zwei Punkten:

Es sollte nicht Rumänien sein, das eigenmächtig die Beziehungen zu Chile fortsetzte. Und es sollten Staaten sein, die sich im Kalten Krieg der politischen Blöcke neutral verhalten hatten. So fiel die Wahl der UdSSR und der CSSR auf Indien, Ungarn unterstellte sich der Obhut Österreichs, das auch die bulgarischen Interessen übernahm, und Polen wählte die Schweiz. Dem damaligen DDR-Botschafter in Finnland, Oelßner, dem hervorragende Beziehungen zum finnischen Präsidenten, Urho Kekkonen, nachgesagt wurden, ist sicherlich der sich als glücklich erweisende Umstand zu danken, daß die DDR-Interessen von Finnland als Schutzmacht wahrgenommen wurden.

Zu den Schutzmachtvertretern

Finnland war in Santiago zwar mit einer Botschaft vertreten, jedoch nur in Zweitakkreditierung, der Botschafter selbst residierte in Buenos Aires. Das im Zentrum Santiagos gelegene relativ kleine Botschaftsbüro wurde lediglich von einem Geschäftsträger geleitet, dem ein Konsul und eine Sekretärin zur Seite standen.

Der Geschäftsträger – ein Sozialdemokrat, von Haus aus Journalist – und sein Konsul, Sohn eines nach Argentinien emigrierten Mannerheim-Offiziers, führten mit ihren Familien in Santiago ein relativ geruhsames Dasein. Der eine pflegte vornehmlich politische, journalistische und touristische Kontakte, dem anderen oblagen die geringen konsularischen Aufgaben und die Anbahnung von Geschäften.

Das änderte sich nun schlagartig.

Die Übertragung der Verantwortung für die im September 1973 noch relativ große »DDR-Restgruppe« und für die weiteren (zu keinem Zeitpunkt klar definierten und abgegrenzten) DDR-Interessen riß sie aus ihrer vertrauten Beschaulichkeit. Das erklärte auch die sichtbare »Begeisterung«, mit der sie sich ihren neuen Aufgaben stellten. Entsprechend kühl und distanziert begannen unsere Beziehungen.

In dem Maße, wie sich für die Finnen die ihnen zunächst gigantisch erscheinende neue Aufgabenstellung auf tägliche Routine reduzierte (Noten an das chilenische Außenministerium, Kurierpost etc.) sahen sie auch, daß ihre Schutzbefohlenen aus der DDR selbständig arbeiteten, viele Probleme eigenständig und initiativreich lösten (auch schon deshalb, um sich von den Finnen möglichst wenig in die Karten schauen zu lassen), verbesserten sich die Beziehungen.

Wahrscheinlich hat dazu auch so manches Ping-Pong- oder Volleyball-Match beigetragen. Bei schwierigen Problemen half ein einsamer Spaziergang auf dem San Cristobal oder ein gemeinsames Essen mit chilenischem Rotwein.

Zu keinem Zeitpunkt fühlten wir uns von unseren finnischen »Vorgesetzten« gegängelt oder bevormundet, kein Besuch z. B. im ehemaligen DDR-Botschaftsgebäude erfolgte ohne vorherige Avisierung, Chiffrierräume, Keller und Wohnungen blieben tabu. Die Handelsaktivitäten und der Kundendienst, die Kontakte zur Staatlichen Entwicklungsbehörde CORFO *(Corporación de Fomento de la Producción)*, zum Banco Central, zu chilenischen Betrieben und Handelsvertretern erfolgten ohne jegliche Einmischung seitens der finnischen Vertreter.

Im Zuge der vertrauensvoller werdenden Beziehungen gab es kaum eine von der finnischen Botschaft getragene Veranstaltung, zu der der DDR-Konsul, Horst Richel, und ich nicht eingeladen worden wären. Immer öfter waren wir auch Begleiter des finnischen Geschäftsträgers und des Konsuls bei Anlässen in den Botschaften und Residenzen der anderen nordischen Länder und z. B. auch bei der Internationalen Flüchtlingsorganisation CIME *(Comité Intergubernamental de Migraciones Externas)* oder der Regionalen Wirtschaftskommission der UNO für Lateinamerika CEPAL *(Comisión Económica para América Latina)*. Das eröffnete beträchtliche Spielräume für Gespräche, Kontakte und Informationen.

Das Eis schmilzt

Drei Ereignisse ließen die anfängliche Distanz nachweislich schwinden. Da war zunächst der Besuch einer finnischen Parlamentarierdelegation im Oktober 1973 in Santiago, der auch der Vorsitzende der KP Finnlands, Osmo Kock, angehörte. Wir gaben in der ehemaligen Residenz des DDR-Botschafters einen Empfang, bei dem es zu interessanten Gesprächen und einem offenen Meinungsaustausch kam. Das war der gelungene Einstand der »DDR-Restgruppe« auf dem diplomatischen Parkett.

Da war zweitens die Aufnahme einer großen Gruppe von verfolgten Chilenen, die sich in die Residenz des finnischen Geschäftsträgers geflüchtet hatten. Wir brachten sie im Schulgebäude der ehemaligen DDR-Botschaft unter und boten den Finnen an, dieses

Haus an Stelle des beengten und verkehrsmäßig schwer erreichbaren Büros an der Plaza de Armas als finnische Botschaft zu nutzen. So prangte nach kurzer Zeit das Schild *Embajada de la República de Finlandia* am ehemaligen DDR-Schulgebäude – fünf Fußminuten von unserem Büro entfernt. Diese räumliche Nähe verkürzte nicht nur die Kommunikationswege, sondern führte auch zu mehr persönlicher Nähe zwischen uns und den Finnen.

Das dritte Ereignis, das uns näher brachte, war der Empfang des finnischen Geschäftsträgers anläßlich des Nationalfeiertages der Republik Finnland am 6. Dezember 1973 auf der »Neubrandenburg«, die zu jener Zeit im Hafen von Valparaíso festgemacht hatte. Die Idee, das DDR-Schiff dafür zu nutzen, stammte von Kapitän Gittel, er sprach das den Finnen sehr vertraute Schwedisch und vertrat die Interessen der Deutschen Seereederei (DSR) in Chile.

Gittel erwies sich einmal mehr als ein mit allen Wassern gewaschener Seemann. Er war an der Ausschleusung Altamiranos beteiligt, worüber noch berichtet wird, wie auch an Verhandlungen, die der DDR am Ende über 300.000 Dollar sparten.

Über diese Summe erhielten wir nach dem Auslaufen von drei DDR-Schiffen eine Rechnung für Hafenliegegebühren – ein Vorgang, der an zynischer Dreistigkeit kaum zu überbieten war. Die DDR brachte für über 50 Millionen Mark Solidaritätsgüter nach Chile, transportierte sie kostenlos auf ihren eigenen Schiffen und in eigenen Containern, dann verzögerten die Junta-Behörden wochenlang die Heimreise der Schiffe, die sie erst erlaubten, nachdem sie sich der Solidaritätsgüter widerrechtlich bemächtigt hatten, und zum Schluß wurden für die langen Liegezeiten auch noch Hafengebühren gefordert!

Inzwischen hatten wir in Erfahrung gebracht, daß die chilenische Kriegsmarine Container auch für die Überstellung von Gefangenen auf die KZ-Insel Quiriquina und wahrscheinlich auch für den Transport von Gefolterten und Ermordeteten benutzt hatte. Auch in den inzwischen zurückgegebenen DSR-Containern waren Blutspuren entdeckt worden.

Mit diesem Wissen ging Gittel zur Hafenbehörde und drohte, den Skandal auf einer internationalen Pressekonferenz öffentlich zu machen, wenn die Forderung nicht zurückgenommen werden würde. Er hatte damit Erfolg.

Der Empfang auf der »Neubrandenburg«, zu dem neben der kleinen Kolonie finnischer Bürger auch Vertreter der anderen nordischen Länder sowie ein großer Teil der Schiffsbesatzung und der »DDR-Restgruppe« eingeladen worden waren, bedeutete den endgültigen Durchbruch bei der Entwicklung unserer Beziehungen zu den Finnen, die von diesem Zeitpunkt an nicht nur effektiv, sondern auch herzlich und freundschaftlich weitergeführt wurden.

Mit der »Neubrandenburg« hatte es ein besonderes Bewandtnis. Offiziell bestand ihr Auftrag darin, 4.000 Tonnen Kupfer, die von der DDR bereits bezahlt worden waren, an Bord zu nehmen. Das war aber nur ein willkommener Vorwand. Die Entscheidung, dieses Schiff nach Chile zu entsenden, fiel in Berlin, als der Möglichkeit, die in der DDR-Vertretung untergetauchten »Gäste« legal außer Landes zu bringen, kaum eine reale Chance eingeräumt wurde. Außerdem zog man in Erwägung, einige prominente KP-Führer, die in Botschaften westeuropäischer Länder Zuflucht gefunden hatten, aus Chile herauszubringen und so die internationalen Front des Kampfes gegen die Junta zu stärken.

So kam es dazu, daß die »Neubrandenburg« nach entsprechenden technischen Vorbereitungen (Einbau von sicheren Verstecken und personellen Doubles für auszuschleusende Chilenen) aus der

Die »Neubrandenburg« in Valparaíso. An Bord waren geheime Verstecke zum Ausschleusen von Flüchtlingen eingerichtet worden

Kuba-Route der DSR herausgenommen und über den Panama-Kanal nach Valparaíso geleitet wurde.

Diese in Berlin Anfang Oktober 1973 getroffene Entscheidung wurde jedoch von der Entwicklung in Chile eingeholt und überrollt. In der Zwischenzeit war Altamirano auf dem Landweg sicher ausgeschleust und den westeuropäischen Botschaften ein De-facto-Asylrecht zugestanden worden, so daß eine legale Ausreise von Asylierten in greifbare Nähe rückte.

Zum anderen weigerten sich inzwischen einige der asylierten KP-Führer, das Land illegal zu verlassen. Die untergetauchte Leitung der Partei versprach sich von der Anwesenheit ihrer Genossen in den Botschaften westeuropäischer Länder, daß deren Regierungen deshalb ihren Druck auf die Junta verstärken würden.

Eine notwendige Anmerkung

Die Bewertung der Beziehungen zwischen den Vertretern der finnischen Botschaft und denen der »DDR-Restgruppe« ausschließlich unter dem Opportunitätskriterium ihres Nutzens für die strategische Aufgabenstellung der DDR-Chilegruppe wird dem komplexen Charakter dieses Verhältnisses nicht gerecht. Hier hatte sich – zwar anfänglich zäh und nur allmählich – eine echte Notgemeinschaft herausgebildet, die in den wesentlichen Dingen an einem Strang zog.

War deshalb das Verschweigen der Altamirano-Aktion und des zeitweisen Aufenthalts anderer »Gäste« in den DDR-Gebäuden sowie die Ausnutzung des diplomatischen Schutzes Finnlands für konspirative Verbindungen zum chilenischen Widerstand ein Vertrauensbruch? Die Antwort heißt: formell ja. Unter den gegebenen Bedingungen blieb mir damals jedoch kaum eine andere Wahl: Die Interessen- und Sicherheitslage ließ keine andere Entscheidung zu und verbot die Einweihung der Finnen ausdrücklich. Bei dem enormen Risiko, das allein die Altamirano-Aktion in sich barg, wäre es geradezu selbstmörderisch gewesen, die Mitwisserkette noch weiter zu verlängern.

Meine persönliche Rechtfertigung resultiert auch aus einer gewissen Nähe, ja Seelenverwandtschaft, zu Tapani Brotherus, dem finnischen Geschäftsträger. Trotz aller ideologischen Differenzen, die uns trennten, wußte ich ihn beim Verfolgen humanitärer Ziele, bei der Rettung verfolgter Chilenen, in der gesamten Asylantenfrage, ja, auch bei der Unterstützung des chilenischen Widerstandes auf unserer Seite. Wahrscheinlich hätte er, in der Lage seines DDR-Partners, nicht anders gehandelt. Insofern hält sich der mögliche Vorwurf eines Vertrauensbruches in vertretbaren Grenzen.

Wenn ich im Nachhinein über diese Situation nachdenke, so bin ich mir fast sicher, daß Tapani mit einer solchen Verhaltensweise unsererseits wahrscheinlich auch gerechnet hat, sie in seinem Innersten auch billigte, andererseits allerdings ganz froh darüber war, daß er offiziell davon nichts zu wissen brauchte.

Anfänglichliche Distanz und spätere Freundschaft bildeten sicherlich eine ganz wichtige Ebene unserer Beziehungen – die Notwendigkeit, Menschenleben zu retten sowie den Anforderungen der internationalen Politik unter den damals äußerst komplizierten Bedingungen Chiles gerecht werden zu müssen, setzte unserem Verhältnis jedoch auch neue Maßstäbe.

Was die Konfliktträchtigkeit dieser Dinge für die übergeordneten politischen Beziehungen zwischen der DDR und Finnland anbelangt, so bewahrt uns der vielleicht etwas salomonische Rückzug auf den Richterspruch der Geschichte vor weiteren Skrupeln.

Bei der Bewertung dieser Dinge mag auch ein ganz spezielles Ereignis in nicht unerheblichem Maße hilfreich sein: Von Ende September bis Anfang Dezember 1973 verging kaum eine Woche, in der ich den finnischen Geschäftsträger nicht zum Flughafen begleitete. Zumeist wegen der Kurierpost oder um die Aus- bzw. Einreise von DDR-Bürgern abzusichern. Ein Teil der Strecke führte am Fluß Mapocho entlang.

Uns fiel auf, daß sich an seinen Ufern an mehreren Stellen Trauben von Menschen gebildet hatten, die wie gebannt auf den Fluß starrten. Bei der zweiten oder dritten Fahrt hielten wir an, um ebenfalls einen Blick zu riskieren. Nachdem wir uns einen Weg durch die verzweifelt dreinschauenden und zum Teil weinenden Menschen gebahnt hatten, bot sich uns ein erschütternder Anblick: Auf den Sandbänken im Fluß hatte das Wasser die Körper toter Menschen angespült, an der einen Stelle waren es fünf, an einer anderen sieben oder acht, an der dritten noch mehr.

Wir haben nie wieder angehalten, aber die Menschenansammlungen am Mapocho sahen wir bis in den Dezember hinein. Obwohl die Junta-Medien von den Toten als Ergebnis »nächtlicher krimineller Bandenkriege« sprachen, verhinderte die Polizei offensichtlich aus Abschreckungsgründen oft tagelang ihre Bergung.

Das waren Momente, die prägten und tiefe Spuren hinterließen – bei Deutschen und bei Finnen!

Die DDR-Botschaft nach dem Putsch

Die Kolonie der DDR-Bürger setzte sich überwiegend aus dem Botschaftspersonal, Korrespondenten des *Allgemeinen Deutschen Nachrichtendienstes* (ADN) und von *Radio Berlin International* (RBI), dem Personal der *Technisch-Kommerziellen Büros* (TKB), in denen Mitarbeiter der Außenhandelsbetriebe arbeiteten, Experten, Technikern und Dienstreisenden zusammen. Sie alle hatten den Putsch relativ unbeschadet überstanden. Gleichwohl stellten die Vorgänge für alle eine extreme psychischen Belastungen dar. Dennoch gab es keine Fälle von Panik oder Hysterie. Das fürsorgliche Miteinander und die Disziplin hielten die Gemeinschaft zusammen.

Am 11. September hatten alle ihre Wohnungen verlassen müssen und waren in der Botschaft, der Residenz und im TKB-Gebäude konzentriert worden. Ein *intermed-*Techniker war von einem chilenischen Handelsvertreter aus Valdivia nach Santiago geholt worden, ein in Coya unter Hausarrest gestellter DDR-Kupferexperten wurde vom Konsul und mir aus seiner mißlichen Lage befreit.

Wir fuhren mit zwei Autos und hatten je zwei Ersatzreifen dabei, denn die Staßen waren mitunter mit Nägeln übersät, die derart gebogen und angespitzt waren, daß sie jeden Reifen, der sie überfuhr, perforierten. Im Volksmund hießen sie *Miguelitos*, benannt nach Miguel Enriquez, dem Führer des *Movimiento de la Izquierda Revolucionaria* (MIR), der Bewegung der Revolutionären Linken. Doch die Reifentöter unterschieden nicht zwischen Fahrzeugen der Verbündeten und der Feinde.

So verließen wir wenige Tage nach dem Putsch zum ersten Mal Santiago. Durch die südlichen Arbeitervororte, die noch deutliche Spuren der Kämpfe aufwiesen, ging die Fahrt über die etwa 200 km entfernte Provinzhauptstadt Rancagua nach Coya. Dort war der Experte im Camp einer großen Kupfermine interniert, zusammen mit einem sowjetischen Ingenieur. Der erste Versuch, unseren Mann freizubekommen, schlug fehl, da der diensthabende Offizier einen schriftlichen Befehl des Militärgouverneurs verlangte, der seinen Sitz in Rancagua hatte. So fuhren wir in die Stadt zurück, fragten uns zu der noch kriegsmäßig befestigten und streng bewachten Kaserne durch. Man führte uns ohne Probleme zum Gouverneur. Oberstleutnant Christian Ackerknecht begrüßte uns jovial in seinem mit einem Rommel-Porträt und dem Bild der väterlichen Brauerei in Valdivia geschmückten Dienstzimmer. Ohne zu zögern fertigte er einen Passierschein aus – und eine Sondergenehmigung zur Betankung unserer Fahrzeuge, denn Benzin war rationiert.

Die Situation spitzte sich erst zu, als der Konsul darum ersuchte, auch den sowjetischen Ingenieur mitnehmen zu dürfen, was von Ackerknecht barsch mit den Worten abgewiesen wurde: »Was geht Sie der an, die Russen sollen sich gefälligst selbst um ihre Leute kümmern.«

Wir kehrten nach Coya zurück, luden unseren Mann ein und mußten uns sehr beeilen, um noch vor Beginn der Ausgangssperre wieder in Santiago zu sein.

Christian Ackerknecht, der an der Führungsakademie der Bundeswehr in Hamburg ausgebildet worden war, verkörperte jenen Typ von Deutschchilenen, die sich bedingungslos an die Seite der Putschisten gestellt hatten. Ackerknecht, der unter Pinochet rasch Karriere machte, brüstete sich nach dem Putsch damit, daß er bereits Tage vor dem Staatsstreich in seinem Befehlsbereich mit dem UP-Regime ein Ende gemacht und die mit der UP sympathisierenden Soldaten und Offiziere und UP-Funktionäre ausgeschaltet habe. Er war der Intimfeind seines Vorgängers im Amt des Gouverneurs, Vladimir Chávez, der sich in die DDR–Botschaft geflüchtet hatte.

Exemplarisch für eine andere Haltung von Deutschen in Chile steht der Name des Bischofs der Evangelisch–Lutherischen Kirche in Chile, Helmut Frenz, der sich unter Einsatz seiner ganzen Person und seines Amtes unerschrocken für von der Junta Verfolgte einsetzte und vielen half. Er war ein Freund des schwedischen Botschafters Edelstam. In Erinnerung bleibt mir die ergreifende Predigt, mit der Frenz die Haltung Edelstams auf einem Gottesdienst zur Verabschiedung des schwedischen Botschafters würdigte.

Doch auch Frenz wurden sehr bald die Grenzen für Menschlichkeit und christlicher Nächstenliebe aufgezeigt, und zwar von einem Großteil seiner eigenen deutschchilenischen Gemeindemitglieder, die gegen ihn ein Kesseltreiben entfachten, was letztlich zu seiner Ausweisung durch die Junta-Behörden führte. In der BRD leitete er später die deutsche Sektion von *amnesty international*.

Während sich ein Teil der katholischen Kirchenfürsten auf die Seite der Putschisten geschlagen hatte, den Putsch unterstützte und z. T. mit vorbereiten half, gab es auch auf allen Ebenen der Kirchenhierarchie Priester wie etwa den Weihbischof von Santiago, Ariztía, der mit seinem *Komitee der Zusammenarbeit für den Frieden* vielen Verfolgten und ihren Familien materiellen, juristischen und seelischen Beistand angedeihen ließen – nicht selten unter Einsatz des Lebens. Die Arbeit des Komitees wurde später von der *Vicaría de Solidaridad* fortgesetzt. Ermuntert und gestützt wurden diese Aktivitäten chilenischer Kirchenvertreter auch durch die juntakritische Haltung des Primas der katholischen Kirche Chiles, Kardinal Raúl Silva Enriquez.

Zum Zeitpunkt des Putsches befanden sich drei DDR-Schiffe, noch beladen mit Solidaritätsgütern für UP-Chile, in den Häfen von Valparaíso und San Antonio, darunter ein Ausbildungsschiff der DSR mit 150 Lehrlingen an Bord. Diese Schiffe wurden lange Zeit festgehalten, wiederholt besetzt und durchsucht. Dabei kam es zu gewaltsamen Übergriffen gegen Besatzungsmitglieder. Einer der Kapitäne wurde mißhandelt, weil er sich weigerte, den Schiffssafe zu öffnen. Erst nach Übergabe der Solidaritätsgüter an die Juntabehörden durften die Schiffe die chilenischen Gewässer verlassen.

Gewaltsamen Übergriffen ausgesetzt waren auch vier Kundendiensttechniker, die beim Betreten ihres Hauses von der Militärpolizei verhaftet, in die Militärakademie verschleppt und mißhandelt wurden. Mit dem Hinweis, es habe eine Verwechslung vorgelegen, wurden sie am nächsten Tag nach Intervention des DDR-Konsuls wieder entlassen.

Diese Übergriffe fanden sich einige Tage später in der Begründung für die Unterbrechung der diplomatischen Beziehungen zu Junta-Chile durch die DDR. Sie waren sicherlich nicht ausschlaggebend für diese Entscheidung, aber unterstrichen die Notwendigkeit dieses Schrittes.

Die Mitteilung von der Unterbrechung der Beziehungen markierte das abrupte Ende des Prozesses einer gewissen Normalisierung in der Lage der DDR-Kolonie (einer sehr eingeschränkten Normalisierung unter den deprimierenden äußeren Bedingungen, des psychischen Drucks und der Sorge um die chilenischen Freunde, sowie der Ungewißheit um die eigenen Situation).

Inzwischen gab es kaum noch Kampfhandlungen. Nächtliche Scharmützel waren mehr auf die Nervosität der übermüdeten und sich nicht selten selbst beschießenden Junta-Soldaten und -Polizisten zurückzuführen, denn auf bewaffneten Widerstand.

Die Ausgangssperre wurde etappenweise verkürzt und blieb letztlich auf die Nachtstunden beschränkt. Die Fernsprechleitungen, die zu keinem Zeitpunkt unterbrochen waren, wurden nicht nur zwischen Santiago und Berlin wieder intensiver genutzt, auch unsere Handelsvertreter und chilenische Freunde meldeten sich. Vor allem die Handelsvertreter signalisierten ein gewisses Interesse zumindest der CORFO an der Weiterführung der Handelsbeziehungen mit DDR-Betrieben. Es kam zu ersten Kontakten.

Den DDR-Bürgern war es erlaubt worden, ihre Wohnungen aufzusuchen und wieder Einkäufe zu tätigen. Die Botschaft und ihr erweitertes Personal, vor allem der Handelsbereich, hatten sich mit der bestehenden Situation arrangiert und waren bereit, ihre Arbeit unter den neuen Bedingungen fortzusetzen

Damit war jetzt Schluß. Die Mitteilung von der Unterbrechung der diplomatischen Beziehungen markierte das Ende dieser Phase. Erst von diesem Augenblick an waren die Aktivitäten der Botschaft von einer gewissen Hektik gekennzeichnet. Die Zeit bis zur Abreise der ersten Gruppe von DDR-Bürgern mit dem Botschafter, den meisten Diplomaten sowie Familien mit Kindern (eine zweite Gruppe folgte wenige Tage später), war ausgefüllt mit Kofferpacken sowie dem Sortieren und dem Vernichten der Akten. Noch lange nach der Abreise der Diplomaten erinnerte eine dicke, über das ganze Botschaftsgelände und die Autos verteilte Ascheschicht an diese letzte Aktivität des Botschaftspersonals.

Zurück blieb eine »Restgruppe«. Dieser gehörten an: Günter Küpper, der Verwaltungsleiter der Botschaft, Dieter Liebert, der für die Chiffrierung verantwortlich war, sowie Arnold und Gertrud Voigt. Meine Frau übernahm später das TKB von *intermed*. Ich hatte bis dahin den Bereich Grundsatzfragen in der Handelspolitischen Abteilung (HPA) der Botschaft geleitet.

Für die Tätigkeit an der DDR-Botschaft in Chile war ich von meinem Institut (Ökonomik der Entwicklungsländer an der Hochschule für Ökonomie Berlin) für drei bis fünf Jahre an das Ministerium für Außenhandel der DDR (MAH) ausgeliehen worden, da für die vielen Auslandsvertretungen, die zu Beginn der 70er Jahre zu besetzen waren, nicht genügend Kader vorhanden waren.

Um die zunächst auf wenige Wochen befristeten Aufgaben eines Leiters der »Restgruppe« erfüllen zu können, hätte meine bisherige Qualifikation (Außenhändler, promoviert, gute Landes- und Sprachkenntnisse) sicherlich ausreichen müssen. Angesichts des Umfangs und des Charakter der Aufgaben, denen ich mich dann wirklich zu stellen hatte, habe ich es bedauert, über keine Ausbildung (und Erfahrungen) in Diplomatie und in nachrichtendienstlicher Tätigkeit zu verfügen. Mit gesundem Menschenverstand und Lernfähigkeit sind viele Probleme zu lösen, aber wenn man die DINA zum Gegner hatte, war *trial and error* kein probates Lernprinzip.

Ähnlich erging es auch dem Konsul, Horst Richel, der bis Anfang 1975 in Chile blieb. Er war zuvor Richter am Kreisgericht in Heiligenstadt. Handelsrat Fritz Günther (bis Ende 1973 in Chile) war Doktor der Philosophie an der Universität Jena. In Crash-Kursen waren sie zwar auf den diplomatischen Dienst vorbereitet worden, mußten sich nun aber wie ich neuen Herausforderungen stellen. Ihre Menschenkenntnis, ihr Sachverstand und ihre große Einsatzbereitschaft waren für unsere Arbeit eine wertvolle Hilfe.

Der letzte diplomatische Akt der Botschafter der sozialistischen Länder war die Übergabe der Note, die die Unterbrechung der Beziehungen zum Inhalt hatte, an das Junta-Außenministerium. Im Abstand von 30 Minuten fuhren sie vor und überreichten das entscheidende Dokument. Der erst wenige Wochen zuvor in sein Amt berufene DDR-Botschafte Friedel Trappen trug dem chilenischen Außenminister den Text der in Berlin verfaßten Note vor. Ich stand neben ihm und erinnere mich noch an die Worte von Vizeadmiral Ismail Huerta: »Herr Botschafter, ich bedaure es sehr, daß wir uns nicht unter günstigeren Umständen kennenlernen konnten.«

War das Diplomatie, Heuchelei oder schon Zynismus?

Zur Arbeit der »DDR-Restgruppe«

Der Umfang der sich abzeichnenden Aufgaben, aber auch die bereits erwähnten Signale der chilenischen Handelsvertreter zur Fortführung von Handelsbeziehungen veranlaßten die DDR-Seite, neben der formellen »Restgruppe« eine größere Zahl von weiteren

Mitarbeitern in Santiago zu belassen. Neben dem bereits erwähnten Konsul, dessen Frau Sonja und dem Handelsrat waren das das *ADN*-Korrespondentenehepaar Doris und Ulli Kohls, der *RBI*-Korrespondent Dr. Jürgen Scheich, der LIMEX-Beauftragte Horst Hampel, der Mitarbeiter der HPA Helmut Kirsch, der Beauftragte der DSR Rudolf Gittel mit dem als Dolmetscher fungierenden Experten Gerhard Silbernagel sowie den Kundendiensttechnikern des Landmaschinenkombinats Neustadt Fechner, Schöttle, Knorrn und Tielscher. Im Laufe der Jahre wechselte diese Besatzung mehrfach und wurde immer mehr reduziert.

So zählte die »Restgruppe« Ende September 1973 anderthalb Dutzend DDR-Bürger, zu denen sich im Laufe des Oktober zwei als Handelsvertreter getarnte Offiziere des MfS mit besonderen Aufträgen gesellten. Die Einreise nach Chile gelang zu dieser Zeit auch dem früheren Botschaftsdolmetscher Paul Ruschin, der den Schwiegersohn Erich Honeckers ausfindig machen und in die Botschaft bringen sollte. Dazu kamen fünf chilenische Mitarbeiter, die in dieser schwierigen Zeit ihren DDR-Kollegen die Treue hielten und sie loyal und tatkräftig unterstützten. Komplettiert wurde die Besatzung durch eine wechselnde Zahl von »Gästen«, die sich in die DDR-Botschaft flüchten.

Für die Unterbrechung der diplomatischen Beziehungen gab es in den bisherigen Außenbeziehungen der DDR keinen Präzedenzfall und damit auch kein Drehbuch für die Arbeitsweise einer »Restgruppe«. Das hätte auch gar nicht funktioniert, da sich die Rahmenbedingungen fast täglich veränderten und man unmöglich für alle zu erwartenden Szenarien einen vorbereiteten und praktikablen Plan in der Schublade haben konnte. In einem geordneten Botschaftsbetrieb existieren natürlich Pläne, die bei Standardnotfällen (Naturkatastrophen, Unfällen, kriminellen Delikten und selbst bei militärischen Ereignissen) normalerweise auch greifen. Insofern traf der Putsch die DDR-Botschaft nicht unvorbereitet: Die Konzentrierung der DDR-Bürger in geschützten Räumen innerhalb weniger Stunden verlief reibungslos, es gab ausreichende Reserven an Lebensmitteln und Gegenständen des täglichen Bedarfs, es existierten klare Verhaltensregeln für die DDR-Bürger und Vorkehrungen für ihre Sicherheit.

Anders gestaltete sich die Situation bei der »Restgruppe«, für die lediglich zwei Orientierungen galten. Sie lauteten: Unterlaßt alles, was eure Sicherheit gefährdet, und versucht, Schaden vom DDR-Eigentum abzuwenden. Und: Haltet aus und durch – in drei bis vier Wochen, spätestens zu Weihnachten seid ihr wieder zu Hause.

Für alles andere waren vor allem Eigeninitiative und Flexibilität gefordert – und die Bereitschaft, fast täglich bis an die Grenzen der psychischen und physischen Belastbarkeit zu gehen (das galt zumindest für die ersten Monate).

Unter dem Zwang des Faktischen kristallisierten sich für die »Restgruppe« Aufgabenstellungen heraus, deren Prioritäten sich mit den Veränderungen der Rahmenbedingungen auch im zeitlichen Ablauf permanent verlagerten.

Dazu gehörten die Räumung der Wohnungen und die Zusammenführung aller Möbel, Autos etc. auf dem Botschaftsgelände sowie die Vorbereitung ihres späteren Verkaufs, das Verpacken und Versenden der persönlichen Habe der während des Putsches abwesenden Urlauber. Wir hatten die Kontakte zu den Dienststellen in der DDR zu halten und sie mit Informationen zu versorgen. Wir kümmerten uns um die Besatzungen der drei in chilenischen Häfen festgehaltenen Schiffe ebenso wie um ausländische Flüchtlinge, die in Lagern von CIME auf ihre Ausreise in die DDR hofften. Eine spezifische Aufgabe, die uns zunehmend forderte, stellte die Betreuung der Chilenen dar, die sich in unsere Botschaft geflüchtet hatte und der später beträchtlich anschwellenden Zahl politischen Asylbewerber.

Zu den konsularischen Aufgaben gehörte auch die Betreuung von DDR-Bürgern, etwa Ehepartnern von Chilenen. Wir sorgten dafür, daß die Handelsbeziehungen nicht gänzlich abrissen und der Kundendienst für Industrieanlagen und -ausrüstungen, die wir geliefert und installiert hatten, gesichert blieb.

Und nicht zuletzt mußten wir uns um die Gestaltung eines einvernehmlichen Verhältnisses zu unserer Schutzmacht und deren Vertretern vor Ort bemühen, woraus sich ebenfalls verschiedene Aufgaben und Verpflichtungen ergaben.

Alle diese Aufgaben waren fast gleichzeitig in Angriff zu nehmen. Das schuf – wie konnte es anders sein – Probleme, zumal die Weisungen, die aus Berlin kamen, nicht nur knapp, sondern zum Teil auch widersprüchlich waren.

Während das MAH z. B. die Beibehaltung von zwölf komplett eingerichteten Wohnungen und einer entsprechende Zahl von Fahrzeugen forderte, ordnete das Außenministerium (MfAA) die Vorbereitung des baldigen Verkaufs aller Gebäude, Einrichtungen und Fahrzeuge an.

Eine rasche Entscheidung – oft genug in Berlin angemahnt – verlangten auch die Aufnahmegesuche von ausländischen Flüchtlingen, zu deren Beantwortung uns fast täglich die CIME-Vertreterin in Santiago, eine gleichermaßen sympathische wie energische Gräfin aus Dänemark, drängte. Die Allende-Regierung hatte Hunderten von in den lateinamerikanischen Nachbarländern Verfolgten (vor allem Bolivianern, Urugayern und Brasilianern) Zuflucht und Arbeitsmöglichkeiten gewährt. Nach dem Putsch konnten diese Menschen nicht in ihre Heimatländer zurückkehren. Um sie vor der Zwangsabschiebung oder Verhaftung durch die Juntabehörden zu bewahren, hatte sich CIME ihrer angenommen und sie in rasch improvisierten Lagern unter zum Teil äußerst prekären Bedingungen untergebracht. Für sie mußten Länder gefunden werden, die bereit waren, sie aufzunehmen. Ein Favorit auf der Wunschliste dieser Flüchtlinge war die DDR.

Wegen dieser und einer Vielzahl anderer Fragen wandte ich mich an Friedel Trappen, der nach seiner Rückkehr in der Abteilung Internationale Verbindungen im ZK der SED als stellvertretender Leiter für Chile verantwortlich war. Er leitete meinen Brief an den dafür zuständigen Sekretär des ZK, Hermann Axen, weiter. Die Antwort war ein Telegramm Axens: »Entscheiden Sie die in Ihrem Brief aufgeworfenen Fragen in eigener politischer Verantwortung.«

Wir haben diese Mitteilung zu keinem Zeitpunkt als einen Freibrief aufgefaßt und hatten wohl verstanden, daß die Betonung Axens weniger auf dem Wort »eigener«, sondern mehr auf »Verantwortung« lag. Und so verfuhren wir nun: verantwortlich und in Kenntnis der Lage. Damit hatten wir eine klare Orientierung und den Eindruck, daß sich auch daheim die Dinge ordneten. Das war vor allem Friedel Trappen zu danken, der auch in der Folgezeit seine schützende und helfende Hand über die »Restgruppe« in Chile hielt.

Im Laufe der folgenden Wochen nahm auch die strategische Orientierung für die Tätigkeit der »Restgruppe« in Chile immer deutlichere Konturen an. Größe und Struktur sowie die Aufrechterhaltung minimaler Handelsaktivitäten waren das Ergebnis eines im Grunde spontanen Prozesses – gleichzeitig aber auch unabdingbare Voraussetzung dafür, daß die DDR-Führung nach Heranreifen der nötigen objektiven Bedingungen in Chile und im internationalen Maßstab entscheiden konnte, sich in dem bekannten Maße in der Asylantenfrage zu engagieren und dem Wunsch des inneren Widerstandes nachzukommen, über die DDR-Vertretung einen stabilen Verbindungskanal zur Außenwelt zu etablieren. Das wiederum erforderte ein längerfristige Präsenz der DDR in Chile, legitimiert durch ein vertretbares Maß an Handelsaktivitäten.

Das Bewußtsein um dieses – natürlich mit politischen Risiken behafteten – Junktim und die Arbeit an seiner ständigen Aufrechterhaltung drückten dem weiteren Vorgehen der DDR in Chile ihren Stempel auf. Dieser Aufgabenstellung hatte die »Restgruppe« alles andere unterzuordnen: die Beziehungen zu den Finnen ebenso wie die Handelsbeziehungen. Allen Beteiligten wurde damit auch klar, daß wir nicht in wenigen Wochen abreisen würden wie ursprünglich angenommen, sondern daß wir uns für länger einzurichten hatten und daß es Sinn machte, weiter in Chile auszuharren.

Wichtig für die Moral der »Restgruppe« waren die Wirkungen der erfolgreichen Ausschleusung Altamiranos. Sie versetzte die ganze Gruppe in Hochstimmung, denn trotz größter Geheimhaltung hatten natürlich alle Wind davon bekommen, verbunden mit einem gewissen Umschwung in der Gefühlswelt jedes Einzelnen. Unter die Gefühle von ohnmächtiger Wut und großer Hilflosigkeit, mit der wir DDR-Bürger von unserem »goldenen Käfig« aus die schrecklichen Ereignisse in Chile verfolgten, mischte sich nun auch ein Triumphgefühl: Die übermächtigen, sich arrogant gebenden Militärs waren doch verwundbar! Solche Erfolge schweißten zusammen, gaben Selbstvertrauen und setzten neue Kräfte frei.

Mit der Altamirano-Aktion sind jedoch auch andere Gefühle verbunden. Für mich drängt sich in gewissem Sinne der Vergleich mit einem Pyrrhussieg auf. Ich frage mich nicht selten, ob die an die Ausschleusung des Generalsekretärs der Sozialistischen Partei Chiles geknüpften hohen politischen Erwartungen – Stärkung und Koordinierung des internationalen Widerstandes gegen das Juntaregime – erfüllt worden sind, ob sein Auftreten im Ausland in den Jahren nach dem Putsch immer mit diesem Anspruch vereinbar war. Zweifel sind angebracht, obwohl letztlich nur den Menschen in Chile das Recht zusteht, auf diese Fragen eine Antwort zu geben.

Es bleibt die Tatsache zu konstatieren, daß die in Santiago operierenden Mitarbeiter des MfS und ihre Helfer ein extrem hohes Risiko auf sich genommen hatten – über die möglichen Konsequenzen eines Fehlschlagens dieser Aktion gaben sich alle Beteiligten keinen Illusionen hin.

Indirekt ist auch der Leidensweg von Samuel Riquelme, Funktionär der KP Chiles und stellvertretender Direktor der chilenischen Kriminalpolizei, mit der Altamirano-Aktion verknüpft. Die Anwesenheit des Generalsekretärs der SP im Gebäude der ehemaligen DDR-Botschaft war damit verbunden, daß aus Berlin die rigorose Order kam, bis zur Lösung des Altamirano-Problems keine weiteren »Gäste« aufzunehmen, es sei denn, es handle sich um einen extremen Notfall und auch dann nur nach vorheriger Zustimmung durch die Zentrale.

Nahezu zeitgleich ließ Samuel Riquelme durch einen Vertrauten signalisieren, daß er von uns aufgenommen werden möchte: die DINA sei ihm dicht auf den Fersen. Die Zustimmung aus Berlin kam schon wenige Stunden später, aber zu spät. Die Lage Samuels war inzwischen unhaltbar geworden, so daß er versuchte, in eine lateinamerikanische Botschaft zu flüchten. Dabei wurde er verhaftet, grausam gefoltert und für Jahre eingekerkert. Später fanden er und seine Familie Aufnahme in der DDR.

Selbst wenn uns für diesen Vorfall die Hauptverantwortung trifft – mit etwas mehr Mut, Entschlußkraft und weniger preußischem Gehorsam hätten wir Samuel dieses Schicksal ersparen können –, belastet er aus meiner Sicht nicht unerheblich die erfolgreiche Altamirano-Ausschleusung und ist der schmerzlichste Posten in der Bilanz der »DDR-Restgruppe« in Chile.

Zur der heiklen Handels- und Umschuldungsproblematik

Grundlage der Wirtschaftsbeziehungen war ein umfangreiches Vertragswerk, dessen Kernstück ein Kreditabkommen bildete, das im September 1972 im Zusammenhang mit der Leipziger Messe chilenischerseits von Wirtschaftsminister Pedro Vúskovic unterzeichnet worden war. Danach erhielt Chile von der DDR Kredite im Gesamtwert von mehr als 40 Millionen Dollar zu sehr günstigen Bedingungen.

Die Auslastung dieses Kreditrahmens belief sich zum Zeitpunkt des Putsches auf ca. 30 Millionen Dollar, materialisiert vor allem durch (sehr kundendienstintensive) Lieferungen von Traktoren, Landmaschinen, Saatgutaufbereitungsanlagen, medizinisch-technischen und Laborausrüstungen, Werkzeugmaschinen und Ausrüstungen für ein Feinmeßgerätewerk.

Bereits kurze Zeit nach dem Putsch ließ die Junta ihr Außenministerium erklären, daß Chile seinen Schuldenverpflichtungen allen Gläubigern gegenüber nachkommen werde, explizit auch gegenüber den sozialistischen Ländern, wenn diese ihrerseits ihre vertraglichen Verpflichtungen erfüllten. Das hieße also: Die DDR mußte den Kundendienst und die Ersatzteilversorgung für die gelieferten Waren und Ausrüstungen fortsetzen.

Berlin enschied sich zur Fortsetzung des Kundendienstes, stoppte aber alle Warenlieferungen und schloß keine neuen Verträge mehr ab.

Die Tatsache, daß auch Jahre nach dem Putsch in Chile gelegentlich noch Pneumant-Reifen und andere Produkte mit DDR-Ursprung auftauchten, können nicht als Beleg für eine prinzipiell andere, doppelbödige Haltung der DDR gewertet werden, für solche Lieferungen gibt es auf dem Weltmarkt vielfältige und verschlungene Wege.

Die Größe der »Restgruppe« mußte den Junta-Behörden auf die Dauer natürlich suspekt sein – gelegentliche Anfragen über Noten des Außenministeriums an die finnische Botschaft belegen das. Bis weit in die 80er Jahre hinein gab es zu keinem Zeitpunkt Druck zur Reduzierung der Gruppe. Die einzige direkte und rigorose Aufforderung, alle Tätigkeiten einzustellen und binnen einer bestimmten Frist das Land zu verlassen, wurde gegenüber dem ADN-Korrespondenten-Ehepaar ausgesprochen. Man sah beide Journalisten offensichtlich als Hauptquelle der in der DDR besonders »verleumderischen« Berichterstattung über die Verhältnisse in Chile. Damit endeten für Doris und Ulli Kohls viele Jahre journalistischen Schaffens in Chile, das geprägt war von hoher Einsatzbereitschaft, Mut und großer Professionalität.

Ein gewisser Druck – für die DDR-Seite sehr problematisch – wurde mit der an sich berechtigten Forderung nach Reziprozität ausgeübt. D. h. nichts anderes, als daß die DDR der chilenischen Seite das Recht hätte einräumen müssen, in Berlin ebenfalls eine »Handelsgruppe« – mit welchem Status auch immer (gedacht war an eine Vertretung der Kammer für Außenhandel) zu etablieren.

Dieses Damokles-Schwert schwebte ständig über unseren Köpfen, ohne daß es die Junta fallen ließ.

Im Dezember 1973 entsandte die Junta den CORFO-Funktionär Manuel Blanco zu Sondierungsgesprächen nach Berlin. Er kam dort fast gemeinsam mit der ersten Gruppe von politischen Asylierten aus Chile an, also auf einem Höhepunkt der DDR-Solidaritätskampagne mit den verfolgten chilenischen Patrioten. Alle Medien berichteten täglich über die Grausamkeiten der Junta. Zu offiziellen Gesprächen wurde Blanco nicht empfangen, mit seiner Betreuung war ein Praktikant aus dem MAH betraut worden.

Entsprechend war die Reaktion nach seiner Rückkehr. Man bestellte mich sofort in die CORFO ein, und Blanco schleuderte mir die Worte ins Gesicht: »Wenn es nach mir ginge, würde ich Ihre Vertretung sofort schließen. Sie ist sowieso nur ein Spionagenest, von dem aus die Welt mit gefälschten Informationen über mein Land versorgt wird – aber leider scheinen Sie gute Freunde hier zu haben!« Wen auch immer er gemeint haben mag – zumindest war einer unserer chilenischen Handelsvertreter ein ehemaliger U-Boot-kommandant, ein Kapitän zur See a. D., der beste Kontakte zu den Militärs hatte.

Damit war für längere Zeit auch das leidliche Thema der Reziprozität vom Tisch.

Was die Umschuldung anbelangte, so kam es zunächst zu keinerlei Aktivitäten. Die chilenische Seite beharrte auf Verhandlung des gesamten Paketes auf Regierungsebene, was von der DDR strikt abgelehnt wurde. Nachdem auch der Versuch, die DDR-Forderungen unter Inkaufnahme beträchtlicher Abschläge auf den internationalen Finanzmärkten (und damit unter Umgehung von Verhandlungen mit der Junta) zu verkaufen, nicht die erwarteten Erfolge zeitigte, schlugen die Experten aus dem Lateinamerika-Bereich des MAH vor, die Gesamtschuld zu parzellieren und auf Unternehmensebene zu verhandeln. Dieser Vorschlag wurde akzeptiert.

Hilfreich bei dieser Entscheidung war die Tatsache, daß mit Alvaro Bardón ein Pragmatiker zum Präsidenten der Zentralbank berufen worden war. Wir kannten uns aus gemeinsamer Tätigkeit am Ökonomie-Institut der Universidad de Chile. Nach zwei längeren Gesprächen mit ihm wurden nicht nur die bis dato gesperrten Dollar-Konten der DDR-Botschaft freigegeben, es kam auch bei der Umschuldungsfrage Bewegung in die erstarrten Fronten. Das war sicherlich nicht das Resultat eines Gefälligkeitsdienstes unter ehemaligen Kollegen, sondern des Drucks, den der *Pariser Club* (P. C.) auf Chile ausübte und konkrete Ergebnisse in den Umschuldungsverhandlungen mit den Gläubigern einforderte. (Der Pariser Club ist eine informelle Vereinigung westlicher Gläubigerregierungen zur Koordinierung und Durchführung von Umschuldungsverhandlungen gegenüber Regierungen von Entwicklungsländern. Im P. C. werden nur staatliche und staatlich garantierte Kredite umgeschuldet. An den Verhandlungen nehmen das französische Finanzministerium als Verhandlungsführer, Regierungsvertreter der Kreditgeber- und Kreditnehmerländer sowie Vertreter internationaler Finanzorganisationen teil. Die im P. C. getroffenen Vereinbarungen sind Rahmenbedingungen, die durch bilaterale Verhandlungen konkretisiert werden.)

Dieser Prozeß setzte sich in zähen Verhandlungen fort und führte am 14. Juli 1976 mit meiner Unterschrift unter ein Pilotabkommen zwischen der CORFO und dem Kombinat Carl Zeiss Jena zu einem ersten Ergebnis. Er endete damit, daß letztlich alle DDR-Forderungen einschließlich der Zinsen beglichen wurden.

Die DDR-Vertretung in Chile als Asyl für politisch Verfolgte

In lateinamerikanischen Staaten waren Militärputsche und die Verfolgung politischer Gegner sowie das Bestreben dieser Verfolgten, sich durch das Asyl dem Zugriff der Militärs zu entziehen, nichts Ungewöhnliches. Das Asyl war fast schon zu einem Ritual geworden, von dem die gerade von der Macht geputschten Fraktionen der zumeist herrschenden Oberschichten regen Gebrauch machten und das durch völkerrechtlich verbindliche Verträge absicherten. Es ging lange Zeit vorrangig um den Machtwechsel, nicht so sehr um die Vernichtung der Gegner, deren physische Unversehrtheit über das Asyl respektiert wurde – in der nächsten Runde im ewigen Machtgerangel konnten die derzeitigen Sieger ja selbst bald wieder zu den Unterlegenen gehören. Als Vehikel, das diesem Anliegen sehr gut gerecht wurde, diente die Institution des politischen Asyls.

Spätestens mit dem Putsch vom 11. September 1973 in Chile hatten die militärischen Umstürze und damit auch das Asyl eine neue Qualität erreicht.

Den chilenischen Putschisten ging es nicht darum, den vor der

Allende-Regierung bestehenden Status quo zu restaurieren, sie verfolgten ein viel weiter gestecktes Ziel: die Ausrottung des Marxismus in Chile mit allen seinen Wurzeln, beispielgebend für die gesamte Hemisphäre.

Entsprechend systematisch, umfassend und konsequent war das Vorgehen der Junta: Verfolgung aller linken und liberalen Kräfte mit unmenschlicher Grausamkeit (getreu dem Spruch Pinochets: Die Demokratie muß gelegentlich im Blut gebadet werden). Es ging nicht schlechthin um die Verfolgung aller realen und potentiellen politischen Gegner, sondern um ihre Vernichtung, ihre definitive Ausschaltung als gesellschaftlicher Kraft. Durch den brutalen Terror sollte der Rest der Chilenen so eingeschüchtert werden, daß ihm für alle Zeiten die Neigung zu marxistischen Experimenten verging.

Eine Terrorwelle unvorstellbaren Ausmaßes erfaßte das wegen seiner demokratischen Traditionen in der ganzen Welt gerühmte Chile. Für die Verfolgten gab es kaum natürliche Fluchtwege ins Ausland: Da war im Westen der Pazifik mit seinen unendlichen Weiten, im Norden die Atacamawüste, im Osten die mehr als 6.000 m hohen Anden mit wenigen streng bewachten Paßstraßen und Trampelpfaden. Was blieb, war die Fluchtmöglichkeit in die Botschaften anderer lateinamerikanischer Länder, darauf vertrauend, daß auch dieses Mal das Asyl Sicherheit bringen möge. Trotz strengster Bewachung füllten sich innerhalb weniger Tage vor allem die Botschaften von Honduras, Venezuela, Argentinien und Mexiko und anderer lateinamerikanischer Länder mit Hunderten von Flüchtlingen. In einigen total überfüllten Gebäuden (Honduras) drohte die Situation außer Kontrolle zu geraten. Die Lage der dort auf engstem Raum zusammengepferchten Menschen, ihre Verpflegungs-, Hygiene-, Gesundheits- und Unterbringungsverhältnisse wurden von Tag zu Tag unerträglicher. Die DDR-Vertretung half mit Lebensmitteln, Betten und Geld.

Den Botschaften der europäischen Staaten, auch denen der sozialistischen Länder, waren mangels internationaler Asylverträge offiziell die Hände gebunden, trotzdem schauten sie nicht tatenlos zu. Wie die meisten anderen Vertretungen gewährte auch die DDR-Botschaft noch am Putschtag einigen gefährdeten Chilenen Zuflucht. In den Folgetagen kamen weitere hinzu, andere verließen die Vertretung wieder, weil für sie eine andere Unterbringungsmöglichkeit gefunden worden war.

Die beiden prominentesten Gäste der ersten Tage waren der Gouverneur der Provinz O'Higgins, Vladimir Chávez, sowie der bekannte Journalist Miguel Angel Varas. Sie verbrachten einige Zeit in der DDR-Botschaft. Später wurden sie der Botschaft der BRD überantwortet, deren internationales Gewicht und damit deren Chancen, für die beiden prominenten Verfolgten eine Ausreisegenehmigung zu erhalten, als bedeutend höher eingeschätzt wurden.

Die westeuropäischen Botschaften zeigten sich zunächst unentschlossen, da sie offenbar das Beispiel des ungarischen Kardinals József Mindszenty im Hinterkopf hatten, der nach den Ereignissen von 1956 fünfzehn Jahre in der USA-Botschaft in Budapest zubrachte.

Trotzdem öffneten die westeuropäischen Länder – mit Frankreich, Holland und Schweden als Vorreiter – die Tore ihrer Botschaften Der Zustrom schwoll derart an, daß sich auch dort innerhalb weniger Wochen Hunderte Menschen aufhielten. So wurden vollendete Tatsachen geschaffen, welche die Junta nicht ignorieren konnte.

Offensichtlich hatte sie nicht damit gerechnet, daß die internationalen Proteste eine solche Massivität annehmen würden. Die Junta fühlte sich so in die Enge getrieben, daß sie den westeuropäischen Botschaften – als Versuch eines Befreiungsschlages – ein De-facto-Asylrecht gewährte. Was von der Junta zunächst als ein einmaliger Akt, als einmaliges Entgegenkommen angekündigt worden war, wurde in der Praxis zu einem Recht für viele Monate.

In jenen Tagen hatte der finnische Geschäftsträger in einer öffentlichen Äußerung zu verstehen gegeben, daß sein Land bereit wäre, Verfolgte aufzunehmen. Schon in der darauffolgenden Nacht überstieg eine größere Gruppe von Schutzsuchenden den Zaun der finnischen Residenz. Das stellte die Familie des Geschäftsträgers vor ein unlösbares Problem, für das mit Unterstützung der »DDR-Restgruppe« jedoch schnell Abhilfe gefunden wurde, indem sie, wie bereits bekannt, das Schulgebäude der ehemaligen DDR-Botschaft als Asyl zur Verfügung stellte.

Für die DDR- wie auch für die finnischen Vertreter war damit eine völlig neue Situation entstanden: Die Anwesenheit der Chilenen, die in der DDR-Botschaft Aufnahme gefunden hatten, konnte nun endlich legalisiert werden, und für beide Seiten ergab sich die Möglichkeit, ihre Wartelisten »abzuarbeiten«. Sowohl die finnische wie auch die DDR-Vertretung hatte bislang viele Aufnahmegesuche von bedrohten Chilenen abschlägig bescheiden müssen, weil die Chance, sie je außer Landes bringen zu können, als minimal eingeschätzt wurde.

So konnten im Schulgebäude binnen weniger Tage Dutzende Menschen untergebracht werden. Matratzen, Bettwäsche und Geschirr waren aus den geräumten Wohnungen der abgereisten DDR-Bürger im Überfluß vorhanden, die Verpflegung bezahlte die DDR-Regierung. Die materielle (und oft auch die seelische) Betreuung der Gäste oblag der »DDR-Restgruppe«, die zwei ihrer Mitarbeiter ständig im Schulgebäude postierte. Später, als die Schule zur finnischen Botschaft wurde, beteiligten sich auch die Finnen an der Betreuungsmission. Die chilenischen »Gäste« – noch besaßen sie ja nicht den Asyliertenstatus – machten den Betreuern die Arbeit leicht. Sie wählten sich eine Leitung, die die Lösung der inneren Probleme wie Ordnung, Sauberkeit, Kochen und sportliche Betätigung (erleichtert durch die Weitläufigkeit des Schulgeländes) in die eigenen Hände nahm. Alle Beteiligten waren bemüht, das Beste aus dieser äußerst komplizierten Situation zu machen – und das gelang im Wesentlichen auch.

In der ersten Fluchtwelle kamen in der Regel die in einem gewissen Sinne Privilegierten (so makaber dieses Wort auch klingen mag), d. h. vor allem solche Verfolgte, die sich zum Zeitpunkt des Putsches in der Hauptstadt Santiago oder in ihrer näheren Umgebung aufhielten. Es kamen Persönlichkeiten des öffentlichen Lebens aus Politik, Kultur, Wirtschaft und Wissenschaften, die bereits zuvor über gewisse Drähte zu ausländischen Vertretungen verfügt hatten. Dieser Weg blieb anderen Verfolgten, etwa dem Gewerkschafter aus Concepción, dem kommunistischen oder sozialistischen Bergarbeiter aus Lota oder Calama lange Zeit versperrt oder war ihm nicht einmal bekannt. Erst später gelangten auch Personen aus der Provinz auf oft abenteuerlichen und immer gefährlichen Wegen in die Reichweite einer ausländischen Botschaft. Viele von ihnen kamen aus Junta-Kerkern, waren am Ende ihrer Kraft und sahen ihre letzte Chance in der Flucht ins Ausland.

In die Botschaften kamen viele Menschen, die einfach keinen Ausweg mehr wußten, die für sich und ihre Familien in Junta-Chile keine lebenswerte Perspektive sahen. In der zynischen und menschenverachtenden Sprache der Junta-Medien hießen diese Asylanten »Touristen«, also Reisende, die man nicht aufhalten wollte.

Die meisten Gäste kamen aus eigenem Anrieb zu uns oder nach einem Kontakt über einen Verwandten oder Bekannten, andere mit Hilfe ihrer Parteien, vor allem der KP, der einzigen politischen Widerstandsformation, deren Strukturen und Verbindungen nach dem Putsch noch einigermaßen funktionierten, obwohl innerhalb von 24 Monaten dreimal fast ihre komplette Führung den Junta-Schergen zum Opfer fiel. Der eine oder andere wurde auch in unseren CD-Fahrzeugen in die Botschaft gebracht.

Dort und im Gebäude der Schule fanden im November 1973 mehr als 60 Personen Zuflucht, darunter einige der von der Junta am meisten Gesuchten. Die Liste mit den Namen und Fotos der *peces gordos*, der dicken Fische, wie es im Junta-Jargon hieß, wurde wiederholt veröffentlicht. Die Nummer 1 auf dieser Liste war der Generalsekretär der Sozialistischen Partei Chiles, Carlos Altamirano. Seine Anwesenheit erfüllte die Mitarbeiter der »Restgruppe« zwar mit großem Stolz, aber auch mit wachsender Besorgnis.

Auf einer Pressekonferenz nach Altamirano befragt, äußerte sich ein hoher DINA-Offizier sinngemäß: Wir werden ihn solange jagen, bis wir ihn gefunden haben und wenn wir ihn aus der päpstlichen Nuntiatur, aus der USA-Botschaft oder aus einem Versteck zehn Meter unter der Erde hervorholen müßten.

Weitere prominente Gäste waren Dr. Juan Carlos Concha, unter Allende Gesundheitsminister, Hugo Fazio, Präsident der Zentralbank, Alejandro Rojas, Vorsitzender des kommunistischen Studentenverbandes, und eine große Gruppe von Parlamentariern mit dem Senator Alejandro Toro, den Abgeordneten Luis Guastavino, Carlos Andrade, Orél Viciani, Julio Campos und anderen.

Unter den Gästen befand sich auch Roberto Yanez, der Schwiegersohn Erich Honeckers. Die Chilenen (wie auch die Finnen) wußten von dieser Verbindung nichts. Daher konnte er unbehelligt mit der ersten Gruppe von Asylierten ausreisen.

In der DDR-Botschaft bzw. in der Residenz hielten sich zeitweise auch Jorge Insunza auf, der der Inlandsleitung der KP Chiles angehörte sowie der Verantwortliche der KP für die Finanzen und für die Wirtschaftsbetriebe der Partei, Luis Canales.

Insunza wurde mit logistischer Unterstützung der DDR-Vertretung von seinen eigenen Genossen außer Landes gebracht, Luis Canales kehrte in die Illegalität zurück und gelangte später ebenfalls auf verschlungenen Wegen ins Ausland.

Für den lange Zeit relativ leichten Zugang zu den DDR-Gebäuden spielte das anfänglich recht lockere Wachregime eine große Rolle. Die hermetische Abriegelung aller diplomatischen Vertretungen, wie sie unmittelbar nach dem Putsch praktiziert worden war, konnte von den Junta-Behörden nicht lange durchgehalten werden. Sie blieb auf die lateinamerikanischen Botschaften beschränkt, während sie bei den europäischen Vertretungen, auch denen der sozialistischen Länder, zeitweise oder sogar gänzlich aufgehoben wurde. Aber man konnte nicht sicher sein, daß nicht plötzlich, oft nur für kurzer Zeit, Wachen aufzogen. Das bedeutete dann für jeden, der unsere Gebäude betreten oder verlassen wollte, daß er den Paß vorzeigen und den Kofferraum des Autos öffnen mußte. Ein in den kalten chilenischen Nächten verabreichter heißer Tee oder Kaffee oder so manche Flasche Radeberger Bier weichten das Wachregime gelegentlich auf, so daß die Kontrolle nicht selten auf ein respektvolles Salutieren beschränkt blieb.

Das änderte sich grundlegend, als von der finnischen Botschaft die Namenslisten der Asylsuchenden beim chilenischen Außenministerium eingereicht und der Asylort mit Straße und Hausnummer benannt wurde. Sofort zogen vor den entsprechenden Gebäuden Polizeiwachen auf.

Im Zusammenhang mit dem Wachregime kam es zu manch grotesker Begebenheit, wie im Falle einer jungen Asylantin, der durch einen vereiterten Zahn eine Blutvergiftung drohte. Dr. Concha konnte nicht mehr helfen, die Behandlung mußte in einer Klinik erfolgen. Die finnische Botschaft verständigte das chilenische Außenministerium, dieses stellte einen Passierschein aus und beauftragte eine spezielle Polizeieinheit, die Patientin mit einer Motorradstreife zur zahnärztlichen Behandlung und wieder zurückzubringen. Ein finnischer Diplomat durfte sie dabei in seinem Fahrzeug begleiten.

Damit sollte demonstriert werden, daß sich die Junta in der Asylfrage korrekt verhielt – selbst im Verhältnis zu Ländern wie Finnland, mit denen es kein Asylabkommen gab. Zur gleichen Zeit wurden in bekannten Folterstätten wie der berüchtigten Villa Grimaldi oder in Tres Alamos andere chilenische Patrioten mißhandelt und gequält.

Die Übergabe der Namenslisten im Außenministerium war mit der Zusage Finnlands verbunden, die genannten Personen aufzunehmen. Das war die Voraussetzung dafür, daß eine Ausreisegenehmigung erteilt wurde. Ein solcher *salvo conducto* konnte nur verweigert werden, wenn eine Anklage wegen eines kriminellen Deliktes vorlag.

Daher versuchte die Junta, die politischen Flüchtlinge zu kriminalisieren. Aus dem Zentralbankpräsidenten Fazio machte sie einen Dollarbetrüger und aus dem Abgeordneten Guastavino einen Schwarzhändler von Nobelkarossen. Dem Studentenführer Rojas wurde vorgeworfen, er habe Gold verschoben.

Ihren Weg in die DDR fand auch eine ganze Reihe von Asylierten aus anderen Botschaften, die bei uns um Aufnahme nachsuchten. Selbst der Botschafter des nikaraguanischen Diktators Somoza wurde in der DDR-Vertretung vorstellig, um die Einreise eines seiner Asylierten in die DDR zu beantragen.

Die letzten Asylierten verließen unsere Vertretung Mitte 1974. Die meisten von ihnen fanden in der DDR eine neue Heimat.

Als meine Frau und ich im Juli 1976 unseren Einsatz in Chile beendeten, war die »Restgruppe« bereits auf vier Familien reduziert worden. Ihre Tätigkeit wurde – mit einer Unterbrechung – bis zur Wende fortgesetzt, zum Schluß unter dem Schutz der rumänischen Botschaft, da die Finnen ihre Vertretung in Santiago aufgelöst hatten und ihre Interessen von der Botschaft in Argentinien wahrnehmen ließen.

Altamiranos Ausschleusung

Von Rudolf Herz

Ungefähr zwei Wochen nach dem Putsch erschien Guillermo Altamirano in der DDR-Vertretung. Er bat uns, seinen Bruder Carlos aufzunehmen. Dieser war Generalsekretär der Sozialistischen Partei Chiles. Die Brüder sahen sich frappant ähnlich, so daß den Mitarbeitern der Botschaft eine Provokation unwahrscheinlich erschien.

Eine Eilanfrage in Berlin wurde positiv beantwortet.

Altamirano befand sich in einem Versteck im Stadtzentrum bei den Torres de San Borja. In dieser Gegend häuften sich Razzien, so daß schnell gehandelt werden mußte. Der Kontakt lief über Javier, dem Begleiter Altamiranos. Mit ihm wurde abgesprochen, daß in der Nähe des Quartiers ein Diplomatenfahrzeug abgestellt werden sollte, mit dem er seinen Chef noch am gleichen Abend während der Rushhour in das Botschaftsgebäude bringen könnte. Sollte das Auto vorzeitig entdeckt werden, würden wir erklären, daß es uns gestohlen worden sei.

Die Aktion lief wie geplant.

Altamirano befand sich seit dem 11. September auf der Flucht. Dieses Schicksal teilte er mit den meisten UP-Funktionären. Aber gerade sein Weg in den Untergrund offenbarte, wie sich die Sozialistische Partei auf einen politischen Umsturz – mit dem doch angeblich von allen gerechnet worden war – vorbereitet hatte. Nämlich gar nicht.

Ein Genosse seiner Partei, den er zufällig traf, versteckte ihn zunächst in seinem Haus. Zufällig kam er auch mit Javier zusammen. Der gehörte dem Sozialistischen Jugendverband an, war umsichtig und entschlossen und wußte instinktiv, was in einer solchen Situation zu tun war. Er fühlte sich fortan für die Sicherheit seines Generalsekretärs zuständig.

Altamirano bezog eine kleine Wohnung im Botschaftsgebäude und wurde weitgehend von der Außenwelt abgeschottet. Trotz unserer fürsorglichen Betreuung und der Aussicht auf eine Ausschleusung war seine Gemütslage schlecht. Altamirano wirkte depressiv und bedrückt.

Wer war Carlos Altamirano?

Der 1922 in Santiago geborene Carlos Altamirano entstammt einer chilenischen Aristokratenfamilie und wuchs behütet auf. An der Deutschen Schule erhielt er eine solide Ausbildung für das Jurastudium, das er mit hervorragenden Ergebnissen abschloß. Als brillanter Anwalt vertrat er chilenische und ausländische Großunternehmen.

Ausgestattet mit einer außerordentlichen Intelligenz war er ein begnadeter Redner und Diskussionspartner, dessen Argumente man nur schwer entkräften konnte. In persönlichen Dingen wirkte er eher spröde und schüchtern, er lebte sehr asketisch und sportlich. 1946 wurde er im Hochsprung sogar Lateinamerikanischer Meister.

Gleichwohl sagte man ihm nach, daß er ambitioniert und davon überzeugt sei, zu Höherem berufen zu sein.

Die philosophischen Dispute im Familien- und Freundeskreis, inspiriert von der Oktoberrevolution in Rußland und nicht zuletzt die krassen sozialen Gegensätze in Südamerika drängten zur Beantwortung von grundsätzlichen Fragen. Er diskutierte sie mit gleichaltrigen Intellektuellen. Zu diesen Zirkeln kamen auch Manuel Matus, Arturo Matte, Anibal Pinto, Felipe Herrera und Clodomiro Almeyda. Sie suchten gemeinsam nach politischen und gesellschaftlichen Alternativen für ihr Land.

Altamirano machte die Bekanntschaft von Salvador Allende, der ihn als Persönlichkeit beeindruckte. Dessen Vorstellung, auf friedlichem und demokratischem Weg in Chile eine gerechte soziale Ordnung zu schaffen, sagte ihm zu. Für einen *socialismo chileno*, der nach *empanadas* und *vino tinto* schmecken sollte, konnte er sich begeistern.

An der Seite Allendes und mit dessen Unterstützung wurde Altamirano zunächst Abgeordneter, später sogar Senator im Kongreß. Er erklomm Sprosse um Sprosse in der Parteihierarchie, schließlich war er Generalsekretär der Sozialistischen Partei Chiles.

Seine mit messerscharfer Logik vorgetragenen und von einem exzellenten Verstand geprägten Reden waren bei Freund und Feind gefürchtet. Gleichwohl: Er besaß nicht jenes Charisma und die Volksnähe, die Allende auszeichneten. Altamirano kam aus aristokratischen Kreisen und hatte deren Eigenschaften nur partiell abgelegt.

Altamirano bezeichnete sich als treuen Freund Allendes.[1] In dieser Beziehung blieb er aber immer auch Pragmatiker, der seine eigenen politischen Ziele verfolgte. Angesichts des wiederholten Scheiterns von Allende bei chilenischen Präsidentschaftswahlen votierte Altamirano auf dem Wahlparteitag der SP 1970 für Aniceto Rodriguez, Allendes Gegenkandidat. Bekanntlich setzte sich Allende durch und wurde im vierten Anlauf Chiles Präsident.

Die Partei- und Staatsführung der DDR hielt es aus verschiedenen Gründen, die jeder politisch und solidarisch denkende Mensch nachvollziehen kann, für angezeigt, sowohl Carlos Altamirano als auch andere hohe UP-Funktionäre dem Zugriff der Militärs zu entziehen und diese in Sicherheit zu bringen. Für diese Aufgabe sollten alle erforderlichen Mittel und Methoden eingesetzt werden, geheimdienstliche inklusive.
In Berlin stimmten sich Mitarbeiter der Abteilung Internationale Verbindungen im ZK der SED und der Hauptverwaltung Aufklärung des MfS (HVA) ab und verständigten sich auf folgendes Vorgehen:
– Illegale Ausschleusung auf dem Landweg über die Kordilleren nach Argentinien;
– Auswahl eines geeigneten DDR-Bürgers, der mit BRD-Dokumenten als Geschäftsreisender mehrere Kontrollreisen und letztlich die Schleusungsaktion durchführt;
– Nutzung eines speziell präparierten Pkw mit entsprechendem Personenversteck;
– Entsendung eines zusätzlichen Mitarbeiters zur Organisierung der Aktion vor Ort;
– Weiterreise Altamiranos unter Begleitung von Argentinien nach Europa mit einer sicheren Dokumentation und Abdeckung;
– größte Geheimhaltung unter den verbliebenen Mitarbeitern, gegenüber den auf dem Botschaftsgelände untergebrachten chilenischen Bürgern und nach außen.
Als Ersatzvariante wurde eine Ausschleusung per Schiff geplant. Dazu wurde die »Neubrandenburg«, ein auf der Kuba-Route verkehrendes Handelsschiff der DDR-Flotte, nach Chile umgeleitet.
Umgehend wurde mit den Vorbereitungen auf den Territorien der DDR und Chiles begonnen. Die Fristen waren kurz, die Ausgangssituation schwierig. »Mein Dienst hatte in Santiago keinen

einzigen Mitarbeiter postiert«, erinnerte sich HVA-Chef Markus Wolf später. »Da die DDR die diplomatischen Beziehungen zu Chile abgebrochen hatte, waren ihr offiziell die Hände gebunden. In aller Eile entsandten wir Offiziere von Ostberlin aus. Sie erkundeten, wie durchlässig die Kontrollen auf chilenischen Flugplätzen, im Hafen Valparaíso und an den Straßenübergängen nach Argentinien waren. Wir überlegten, Handelsschiffe umzudirigieren und installierten Verstecke in Fahrzeugen, die wir nach Chile einschleusten.

Endlich konnten wir das Wissen nutzbringend anwenden, das wir mit den Autos westdeutscher Fluchthelfer gewonnen hatten. Von Argentinien aus improvisierten wir eine vorbildliche nachrichtendienstliche Aktion.«

Prof. Dr. Hackethal, ein angesehener Wissenschaftler aus Leipzig und profunder Kenner Südamerikas, welcher mehrere Jahre in Chile gelebt hatte, erklärte seine Bereitschaft, das Auto zu fahren, mit dem Altamirano über die Grenze gebracht werden sollte.

In der DDR hatten wir eine Reihe von präparierten Pkw beschlagnahmt, mit denen Schleuserorganisationen aus Westberlin und aus der BRD Menschen über die Grenze bringen wollten. Eine Arbeitsgruppe untersuchte diese genau und prüfte deren Verwendbarkeit von Versteckmöglichkeiten für unser Vorhaben.

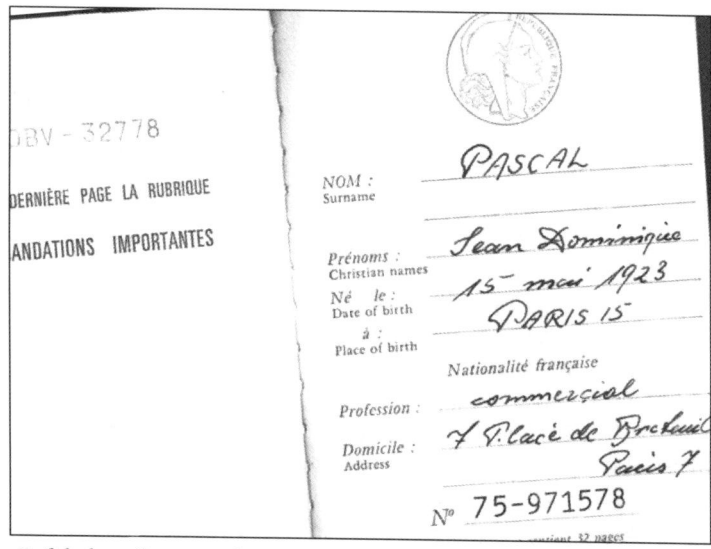

Gefälschter französischer Reservepaß für Altamirano

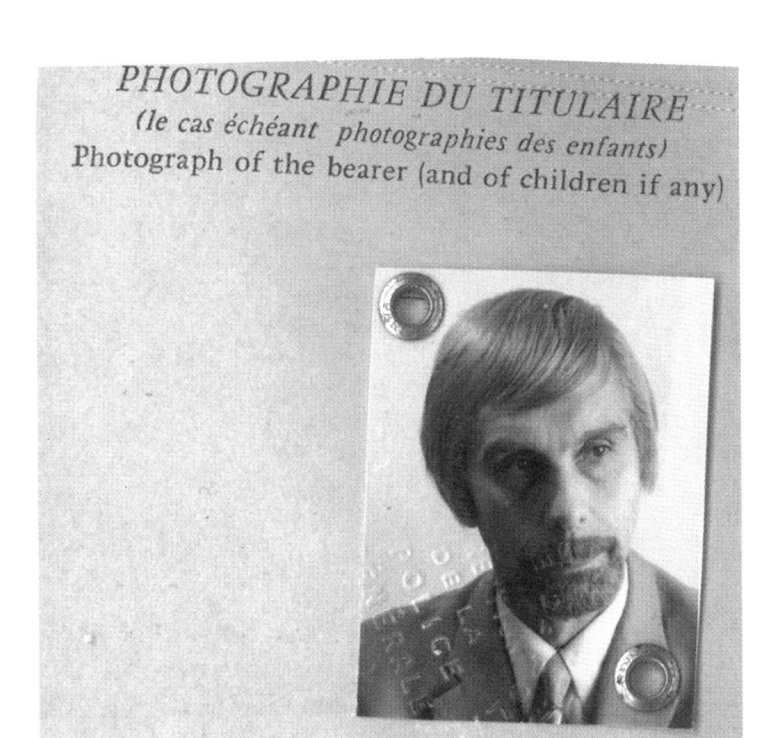

Altamirano mit Perücke und Bart im falschen Paß

Wir entschieden uns für eine Variante, bei der sich das Versteck hinterm Rücksitz befand. Ein Monteur wurde nach Argentinien in Marsch gesetzt, wo er ein Fahrzeug besorgen und entsprechend ausrüsten sollte.

Auch wenn die Ausschleusung illegal erfolgte, benötigte Altamirano Reisepapiere mit Einreisevisa und Abfertigungsstempeln und dergleichen. Nun gut, wir verfügten über entsprechende professionelle Erfahrungen.

In Chile wurde der Plan der Schleusung konkretisiert. Das setzte eine Analyse der Bedingungen einschließlich des beteiligten Personals voraus. Bei jedem mußte die physische und psychische Verfassung und die Belastbarkeit ins Kalkül gezogen werden.

Als nächstes war zu erkunden, wie das Kontrollsystem am Grenztunnel bei Portillo funktionierte. Wir mußten wissen, wie streng Fahrzeuge und Personen untersucht werden, aber auch, was nach Einfahrt in den Tunnel geschieht. Existierte ein Gittertor, das unter

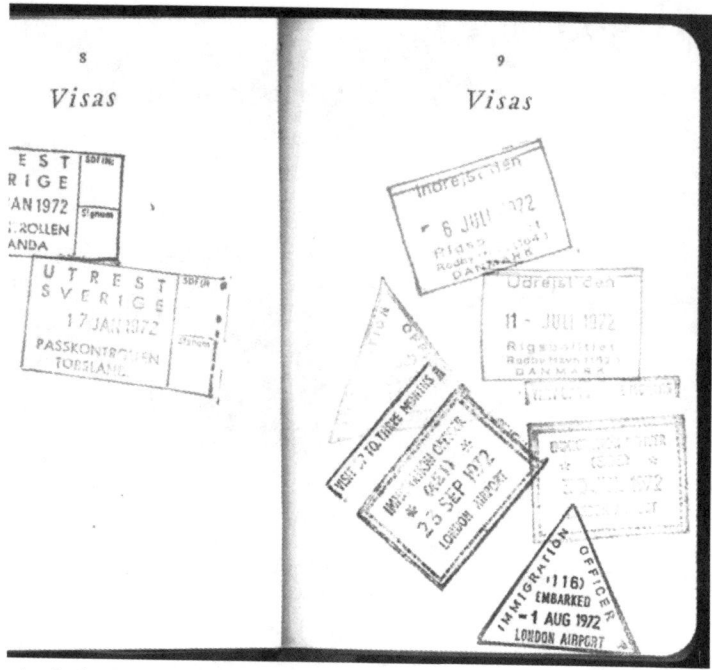

Auch die Ein- und Ausreisestempel im Paß von Altamirano sind glänzende Fälschungen

Umständen geschlossen werden konnte und man dann wie eine Maus in der Falle saß?

Sodann mußte aufgeklärt werden: Wie sind die Kontrollen auf der argentinischen Seite? Welche Dokumente werden gefordert?

Um dies zu erfahren, wurden auch Diplomaten westlicher Länder nachrichtendienstlich abgeschöpft, die regelmäßig zum Einkaufen nach Mendoza in Argentinien fuhren.

Ein Schwerpunkt der Aufklärung war die Strecke von Santiago nach Portillo. Es wurden zwar militärische Kontrollposten festgestellt, die aber unbesetzt waren. In regelmäßigen Abständen ließen wir unterschiedlich besetzte Pkw aus dem Botschaftsgebäude aus- und einfahren, um zu testen, was geschehen würde. Unsere Gegenbeobachtung konnte keine gegnerische Observation feststellen.

Carlos Altamirano befand sich schon mehr als vier Wochen in DDR-Obhut. Da wir keinerlei Auffälligkeiten bemerkten, wurde beschlossen, die Schleusungsaktion durchzuführen.

Nunmehr kam es darauf an, die Details für den konkreten Ablauf festzulegen. Wann und wie sollte er die Vertretung verlassen, wann und wo erfolgte der Umstieg ins Schleusungsfahrzeug, zu welchem Zeitpunkt sollte die Grenzpassage erfolgen usw.?

Das Fahrzeug mit Altamirano sollte bis zur Grenze mit zwei Pkw abgesichert werden.

Das Umsteigen in das Schleusungsfahrzeug sollte auf einem unbefestigten, kurvenreichen und abschüssigen Hohlweg am Rande von Santiago erfolgen, der nicht eingesehen werden konnte und wenig befahren war. Diesem Weg schloß sich eine unbefestigte Straße an, die am Stadtteil Conchali vorbei zur Panamericana führte. Der Hohlweg begann an einem Parkplatz. Unweit von der Einfahrt stand ein Bauwagen, bei dem Absperrungen gelagert waren. Wir bereiteten am Vorabend unauffällig vor, daß sie mit wenigen Handgriffen sofort aufzustellen waren, um damit die Einfahrt in den Hohlweg zu sperren.

Die Strecke wurde von uns zu verschiedenen Tageszeiten abgefahren, ohne Besonderheiten festzustellen. Dann legten wir fest:

9.30 Uhr: Zwei Mitarbeiter, die in der Residenz wohnen, fahren von dort auf Umwegen zu jenem Parkplatz, stellen etwas abseits ihren Wagen ab, verhalten sich so, als würden sie die Aussicht auf die Stadt genießen.

10.00 Uhr: Altamirano verläßt die Vertretung. Er fährt mit einem Auto mit diplomatischem Kennzeichen mit zwei Mitarbeitern. Auf der festgelegten Route geht es zum Hohlweg.

10.20 Uhr: Ankunft des Fahrzeugs aus der Vertretung. Altamirano wechselt in das Schleusungsfahrzeug.

Ein weiterer Mitarbeiter fährt in den Hohlweg ein. Danach wird die Straßensperre errichtet, welche aber nach 15 Minuten wieder entfernt wird. Das Auto fährt durch den Hohlweg nach Portillo und folgt dem Schleusungsfahrzeug außerhalb der Sichtweite.

Bereits eine Stunde zuvor bricht Prof. Hackethal in seinem Quartier auf. Er fährt zur Panamericana und biegt von dort in den Hohlweg ein, also von der entgegengesetzten Seite. Am vereinbarten Ort wendet und wartet er auf das Eintreffen Altamiranos.

10.30 Uhr: Abfahrt Richtung Grenze. Bis Portillo am Andentunnel sind es etwa 160 Kilometer. Die Straße windet sich ab Los Andes in Serpentinen auf etwa 3.000 Meter Höhe.

13.30 Uhr: Grenzkontrolle.

14.00 Uhr: Nach Tunneldurchfahrt Einreise in Argentinien. Soweit unser Plan.

Wir konnten aber nicht ahnen, daß die Junta von einem Tag auf den anderen ihr Grenzkontrollregime umstellte.

Die gefährliche Fahrt

Tag X war der 5. November 1973, ein Montag. Alles lief zunächst wie geplant. Nach Übernahme von Altamirano ins Schleusungsfahrzeug fuhr das Vorkommando vor dem Schleusungsfahrzeug. Der Abstand betrug bis fünf Minuten. Es sollte festzustellen, ob an der Strecke Kontrollstellen eingerichtet und andere Hindernisse vorhanden waren. Im Ernstfall sollte Gefahr signalisiert werden.

Dieses Fahrzeug sollte am Hotel »Portillo«, etwa sechs Kilometer vor der Grenzkontrollstelle, stoppen und vom Parkplatz die Vorbeifahrt des Schleusungsfahrzeuges beobachten. Danach sollte die Vertretung in Santiago telefonisch benachrichtigt werden.

Im Abstand von mehreren Minuten folgte dem Schleusungsfahrzeug das zweite CC-Fahrzeug mit zwei weiteren Mitarbeitern. Ihre Aufgabe bestand darin, im Falle auftretender Probleme Altamirano in den Pkw zu übernehmen und auf direktem Wege nach Santiago in die DDR-Vertretung zurückzubringen.

Ein dritter Pkw, in dem ein erfahrener Kfz-Monteur saß, wurde auf einem Fahrzeug an der Strecke postiert. Dieser Pkw war mit ausreichend Werkzeug und Ersatzteilen ausgestattet. Im Falle einer Panne sollte technische Hilfe geleistet werden. Zu einem vereinbarten Zeitpunkt sollte er ebenfalls zum Hotel »Portillo« folgen.

Als die drei Pkw das Hotel »Portillo« erreicht hatten, stellten sie die Fahrzeuge ab und gingen in das Restaurant.

Plötzlich erschien, völlig unerwartet, Prof. Hackethal. Er war am Grenzübergang zurückgewiesen worden. Ohne Vorankündigung war über Nacht eine neue Regelung in Kraft getreten, laut der für jeden Grenzübertritt ein vom Militärkommandanten in Los Andes ausgestellter Passierschein *(salvo conducto)* für den Pkw erforderlich war.

Kurzfristig wurde beschlossen, daß Prof. Hackethal mit dem Schleusungsfahrzeug ohne Altamirano nach Los Andes fährt, um dort den Passierschein zu beantragen. Altamirano sollte inzwischen im Unterholz in der Nähe der Straße versteckt werden.

Die Straße zum Grenzübergang windet sich auf 3.000 m Höhe

So geschah es. Mehrere Mitarbeiter sicherten Altamirano ab. Auf der Straße patrouillierten Militärfahrzeuge.

Wir standen unter Zeitdruck, denn 18.00 Uhr schloß der Grenzübergang. Es war gegen 15.00 Uhr, die Fahrt bis Los Andes würde zwei Stunden betragen – eine Stunde hin, eine zurück. Hinzu kam vielleicht eine halbe Stunde im Büro für die Ausstellung des Passierscheins. Er würde also voraussichtlich eine halbe Stunde vor Schließung der Grenze zurück sein. Dann sollte das Schleusungsauto, in das Altamirano wieder eingestiegen war, in Sichtweite bis in die Nähe des Grenzübergangs begleitet werden.

Und wenn nicht?

Auch dafür mußte eine Variante entwickelt werden:

Abbruch der Aktion, Rückkehr nach Santiago und Wiederholung so rasch wie irgend möglich. Eine weitere Variante: Altamirano in einem Versteck in der Nähe unterzubringen und dort übernachten zu lassen. Am folgenden Tag sollte die Aktion von dort neu beginnen. Für diesen Fall mußte mit Steinen eine Tarnung errichtet werden. Die dafür ausgewählte Stelle war von der Straße und den vorbeifahrenden Patrouillen nicht einsehbar.

Prof. Hackethal machte sich auf den Weg. In der Kaserne, wo sich die Militärkommandantur befand, wartete bereits eine lange

Schlange. Es waren zumeist Argentinier, die zu Wochenbeginn in ihre Heimat zurückkehren wollten.

Prof. Hackethal gab sich als Deutscher zu erkennen, wissend, daß diese hierzulande hohes Ansehen genossen und in der Regel bevorzugt wurden. So geschah es auch hier. Nach einem Plausch mit dem Kommandanten erhielt er seinen Schein ausgehändigt, der ihm sogar das wiederholte Passieren der Grenze gestattete. Das war mehr als er und wir zu hoffen gewagt hatten.

Als er vom Kasernenhof rollte, wurde er nicht mehr kontrolliert. So traf er denn zu unser aller Überraschung bereits vor 17 Uhr am Versteck ein. Altamirano zwängte sich erneut in das Schleusungsfahrzeug.

Wie geplant folgten unsere Fahrzeuge in Sichtweite und sahen, wie das Schleusungsfahrzeug kurz vor 18 Uhr im Grenztunnel verschwand.

Zwei Stunden später, vor Beginn der Sperrstunde, trafen wir wieder in der Vertretung in Santiago ein. Unsere Freude und unser Stolz über diese gelungene Aktion war unbeschreiblich. Mancher der Beteiligten bekam feuchte Augen.

Auch wenn alles glücklich verlaufen war, galt die Geheimhaltung fort. Alle Beteiligten bewahrten Stillschweigen.

Gleichwohl erfolgte eine kritische Auswertung der Aktion, vor allem der Schwachstellen und möglichen Pannen. Wir kamen zu der Auffassung, daß solche Schleusungsaktionen wegen des hohen Aufwandes und beträchtlichen Risikos nur wiederholt werden sollten, wenn keine andere Möglichkeit bestand.

Altamirano über seine Flucht nach Argentinien

Als die Anspannung im Hause von Victor und Jimena Ende September 1973 zunahm und geradezu unerträglich wurde, zeigte sich endlich der Schimmer einer Lösung: mein Bruder Guillermo hatte Kontakt zur ehemaligen Botschaft der DDR aufgenommen, und wie es schien, bot sich hier ein gangbarer Ausweg. Seine Statur und Korpulenz ermöglichten ihm, die Botschaft zu betreten und zu verlassen, ohne daß die Carabineros Verdacht schöpften; sie waren der Meinung, daß er ein weiterer Deutscher sei.

Nachdem er dort die Situation und meine Lage geschildert hatte, bat er um Hilfe. Nach drei bis vier Tagen, nachdem eine direkte Konsultation mit dem Staatschef Erich Honecker erfolgt war, waren sie bereit, mir Schutz zu gewähren. Man schränkte ein, daß man mir kein politisches Asyl gewähren könne, weil inzwischen die diplomatische Immunität der Botschaft nicht mehr garantiert sei.

Zwischen Erkundigungen, die Javier eingeholt hatte, und nach verschleierten Telefongesprächen mit meinem Bruder war ich mir sehr sicher, daß ich mich in die Hände der Deutschen begeben und auch darauf vertrauen konnte, daß sie einen Weg finden würden, mich aus dem Lande zu schaffen. Sie empfahlen, daß ich sofort meinen jetzigen Aufenthalt verlassen und mich in eine ihrer Wohnungen im Barrio Alto, die einem Botschaftsangestellten gehörte, begeben sollte.

Mit dem Geld, das mir Manuel Valenzuela gegeben hatte, kaufte mir Jimena ein Oberhemd und ein Paar Socken, und ich war reisefertig. Bei dieser Überführung half mir Victor, der ein Taxi hatte. Wir mußten eine Strecke aus dem Stadtzentrum von Santiago bis in die Nähe der Kirche im El Golf fahren, das war unweit des Hauses des Oberkommandierenden der Armee, Pinochet.

Victor testete zuvor verschiedene Wegstrecken und Verkehrszeiten, um zu entscheiden, welche die sicherste war. Die Fahrten dauerten einige Tage, ehe er sich entschied. Schließlich fuhren wir eines

Abends gegen 19 Uhr los und reihten uns in den Verkehr auf der Costanera ein. Das geschah zu einer Zeit, als dort der stärkste Verkehr herrschte und keine Kontrollen zu erwarten waren. Es sei denn, man riskierte ein Verkehrschaos. Wie ein normales Taxi mischten wir uns unter die Massen von Autos.

Wir gelangten ohne Zwischenfälle in das angegebene Haus, wo man mich rasch in eine kleine Wohnung einwies. Man sagte mir, daß ich die Wohnung nicht verlassen, nicht auf den Gang gehen und nicht die Vorhänge der Fenster öffnen dürfe. All das wurde mir in typisch deutschem Ton gesagt, der keinen Raum für andere Auslegungen bot: Man hatte strikt das Gesagte zu befolgen.

»Es besteht immer die Möglichkeit, daß irgend jemand Sie zufällig von außen sehen könnte«, begründete der Botschaftsangehörige, der mich empfangen hatte, diese Verbote. Er blieb auch der einzige, mit dem ich Kontakte hatte.

Ich lebte absolut isoliert, hatte keinen Kontakt mehr zu Javier und keine Möglichkeit zu telefonieren. Ich bat die deutschen Genossen, zumindest meiner Frau Pauline die Nachricht zukommen zu lassen, daß es mir gut gehe. Ich weiß nicht, wer zuvor in dieser kleinen Wohnung gelebt hatte, es war sehr ruhig dort.

Der deutsche Genosse – groß, blond, mit blauen Augen – brachte mir persönlich jede Mahlzeit, er fragte mich regelmäßig, ob ich irgendetwas brauche, ob ich besondere Wünsche bezüglich der Verpflegung habe usw. Aber nie ließ er sich auf ein Gespräch ein. Er kam, stellte seine Fragen, verschwand schnell wieder und verschloß die Tür.

Ich erbat Reinigungsgeräte und verschiedene Bücher, ich las wiederholt Werke, die mich in meiner Jugendzeit begeistert hatten: La Montana magica, Dostojewski, Proust u. a.

An jedem Tag versicherte mir der deutsche Genosse, daß Maßnahmen zu meiner Rettung vorbereitet würden, ich möge Geduld haben, so etwas könne man nicht von einer Minute auf die andere bewerkstelligen.

Ich las viel, um mich von meinen Gedanken, die mich unaufhörlich quälten, abzulenken. Die Vorstellungen vom Tode ließen mich nicht in Ruhe: Tod, Tod und noch einmal Tod.

Ich war mir darüber im klaren: Sollten sie mich erwischen, würden sie mich töten. Und ich war mir sicher, daß das nicht mit einem einzigen Schuß ins Genick abgehen würde. Ich wußte, daß sie sich lange mit mir beschäftigen würden, bevor sie mich ermordeten. Sie würden mir nicht die Gnade eines schnellen Todes gewähren. Darum wollte ich im Falle einer Erstürmung des Gebäudes mich verteidigen oder irgendeine Situation provozieren, die die Soldaten veranlassen würden, auf mich zu schießen.

Es waren schwirige, bittere Tage, angefüllt mit Augenblicken unendlicher Einsamkeit und Beklemmung.

Ständig überlagerten sich eine Unmenge von Vorstellungen, die mich sehr bedrückten. Immer war es der Tod, nicht nur der meinige, sondern auch der meiner besten Freunde und der von Abertausenden Chilenen, die an unser Projekt geglaubt hatten. Mich quälte mein Gewissen, die Verantwortung, die ich empfand für dieses kollektive Drama, was da hereingebrochen war.

Es ist heute schwer, sich daran zu erinnern. In Europa habe ich festgestellt, daß Menschen, die dramatische Momente erlebt haben, einen Mechanismus des Verdrängens und des Vergessens entwickeln. Es ist nicht leicht, jemanden zu finden, der über schreckliche Erlebnisse im Krieg oder im Konzentrationslager spricht

Ich erinnere mich an die ständigen Vorstellungen vom Tode. Ich fühlte mich manchmal durchlöchert von einer Patrouille, die plötzlich auftauchte. Der Schmerz war zu stark, es waren Tausende von Zweifeln, die mich überfielen, Schuld und Gewissensbisse.

Ich verbrachte etwa zwanzig Tage in der kleinen Wohnung, als der deutsche Genosse mit der Nachricht kam, die Operation sei vorbereitet, in zwei bis drei Tagen würden wir die Kordilleren überqueren.

Er erklärte mir, daß man ein Auto bestellt habe, in dem ich mit einem angeblichen Handelskaufmann über die Grenze fahren werde. Ein Problem sei, in das Auto zu steigen, was aus Sicherheitsgründen nicht zu diesem Gebäude kommen könne. Außerdem würde ich in einem besonderen Versteck reisen, und es sei ausgeschlossen, den Einstieg in diesem vornehmen Stadtviertel El Golf vorzunehmen.

Ich schlug vor, daß man das doch im Gelände hinter dem Berg San Cristobal, im Bereich der Pyramide, machen könne, das sei ein verkehrsarmes Gebiet.

Und so wurde es beschlossen. Gegen Mittag fuhren wir los in Richtung La Piramide.

Ich fuhr mit zwei deutschen Genossen, am vorgegebenen Ort

erwartete uns ein großes amerikanisches Auto, ein Chevrolet oder Ford – mit weiteren zwei Personen. Nach unserer Ankunft verteilten sie sich nach beiden Seiten, um die Straße abzusichern. Nach dem Freizeichen von beiden Seiten kletterte ich in den Kofferraum des präparierten Autos. Man schob den Rücksitz etwas nach vorn, dahinter war das Versteck. Der Kofferraum war dadurch etwas verkleinert, was aber bei flüchtiger Kontrolle nicht auffiel.

Es war ein sehr enger Raum. Obgleich ich in jener Zeit nicht nur dünn, sondern fast skelettiert war, paßte ich kaum hinein. Ich hatte nur einen Beutel mit einer Zahnbürste und einigen ganz persönlichen Dingen bei mir. Im Eifer des Umsteigens fiel alles heraus und lag verstreut auf dem Boden. Während ich es mir »bequem« machte, meinen Rücken entspannte, mich etwas zur Seite drehte, die Beine einzwängte, weil die Breite nicht reichte für meine 1,80 m, las einer der deutschen Genossen meine Sachen auf und reichte sie mir in das Auto. Bevor sie mein Versteck verschlossen, warf mir einer ein kleines Holzkreuz zu. Ich hatte es einige Wochen zuvor von meiner Schwägerin Marilen über Javier bekommen.

Ich fühlte, daß es ein gutes Zeichen war.

Dann hörte ich, wie einige Koffer und Beutel mit Mustern von Kosmetika und Medikamenten eingeladen wurden, die der angebliche Handelsreisende aus Argentinien mitgebracht hatte. Er kehrte jetzt dorthin zurück, nachdem er in Chile einige Verträge abgeschlossen hatte. So lautete seine Legende.

Auf dem Hintersitz wurden Jacken und Pullover gelegt, um den steilen Winkel der Rückenlehne zu tarnen und die Luftlöcher zu verdecken, durch die ich atmen konnte. Der deutsche Genosse hatte mir einige Pillen gegeben, sie stimmten mich ruhig. Mich befiel trotzdem Platzangst, aber ich war zu benommen.

Gegen 14.30 Uhr kamen wir in Portillo an. Wir mußten etwas warten. Dann hörte ich, wie jemand mit meinem Fahrer sprach. Nach einigen Fragen und der Durchsicht verschiedener Dokumente verlangte er eine Bescheinigung, die man aber nicht hatte.

»Aber als ich mich gestern nach allen erforderlichen Formalitäten erkundigt habe, hat niemand über diese Bescheinigung informiert«, beschwerte sich einer, offenkundig der Fahrer. »Diese Anordnung gibt es erst seit heute. Es handelt sich um eine Erlaubnis, die die nächste Militärdienststelle erteilt, damit das Fahrzeug passieren darf.«

Der Fahrer beharrte darauf, daß ihm niemand etwas davon gesagt habe. Bei der Passage vor einigen Tagen habe es das nicht gegeben. Er müsse jedoch noch heute unbedingt über die Grenze.

Wir fuhren zurück, ich hatte schreckliche Angst, ich glaubte, daß nun das Ende der Tragödie gekommen sei, alles begann zusammenzubrechen. Wir fuhren einige Kilometer, und der Fahrer hielt an, um mit mir das weitere Vorgehen zu beraten. Der Genosse gab sich die Schuld für die Situation, er versicherte mir mehrmals, daß er am Vortage alles genau erkundet habe.

Das Problem war ernst. Wenn die Militärdienststelle für das Auto die Grenzpassage autorisieren muß, war nicht auszuschließen, daß sie das Fahrzeug gründlich untersuchten, deshalb war es unmöglich, diese Sache mit mir im Versteck vorzunehmen.

Wir entschieden, daß ich mich im Gebirge verstecke und, wenn er es nicht schaffen sollte, an diesem Nachmittag zurückzukommen, so käme er in den Morgenstunden des nächsten Tages. Es war klar, daß ich nirgendwo anders übernachten konnte. Der Genosse versicherte mir, daß er alles Erdenkliche tun werde, um so schnell wie möglich zurückzusein.

Einmal mehr half mir jetzt meine sportliche Vergangenheit. Als Skifahrer habe ich dieses Gebiet kennengelernt. Ich sagte dem Fahrer, daß er eine kleine Brücke suchen solle, die sich an der Abfahrt zwischen Portillo und Juncal befindet. Er hielt so nahe wie möglich an der Brücke, so als hätte er eine Reifenpanne. Es war nicht einfach, mich aus dem Versteck zu befreien. Es war eine Erleichterung, das Auto zu verlassen. Mein Körper war steif und schmerzte.

Ich stieg schnell in die Schlucht hinunter und versteckte mich hinter mächtigen Felsen. Ich war bereit, die Nacht hier zu verbringen, falls es der Genosse nicht schafft, vor 17 Uhr zurückzukehren.

Dieser machte sich Sorgen wegen der Kälte in der Nacht hier oben, aber ich fühlte mich stark genug, die eine Nacht im Freien zu überstehen. Ich suchte mir etwas Gestrüpp und fertigte daraus ein provisorisches Bett. Dort setzte ich mich nieder, um die Brücke zu beobachten.

Es waren zwei unendliche Stunden mitten im Gebirge.

Pünktlich um 17.00 Uhr – wie in einem Gedicht von Garcia Lorca – sah ich das Auto über die Brücke kommen. Er hielt an und begann einen Reifenwechsel zu simulieren, um mir zu ermöglichen, in mein Versteck im Kofferrraum zu steigen.

Er erzählte mir, daß ihm sein deutscher Akzent und sein Auftreten geholfen hätten, vor allen anderen bedient zu werden.

Wir fuhren mit hoher Geschwindigkeit durch die vielen Kurven hinauf in die Kordilleren.

Beide wußten wir, wenn wir es nicht schafften, gerieten wir in schwere Bedrängnis. Ich konnte weder die ganze Nacht im Auto verbringen noch in einem Hotel absteigen, sollte dies auch noch so abgelegen sein. Außerdem befanden wir uns im Grenzgebiet und wußten, daß hier die militärische Überwachung nachts besonders intensiv ist.

Wir kamen genau zum Zeitpunkt der Schließung am Tunnel an. Ich hörte sagen, daß man nun niemanden mehr abfertigen werde. Vernahm, wie die Autotür kräftig zugeschlagen wurde und der deutsche Genosse einem Offizier erklärte, daß er noch heute dringend nach Mendoza müsse.

»Meine Frau ist schwer krank«, sagte er, »ich muß heute noch ein Flugzeug bekommen«.

Es war ein sehr vornehmer Mann, gut gebildet, sprach mit solcher Überzeugung, daß die Zöllner ein Einsehen hatten. »Schauen wir mal. Öffnen Sie den Kofferraum.«

Es war eine sehr oberflächliche Kontrolle.

Ich hörte das Wort »pase« und fühlte eine ungeheure Freude, es war unbeschreiblich. Es war ein Tag enormer Anspannung, und jetzt war es, als ob plötzlich der Druck aus einem Dampfkessel herausgelassen würde.

An der argentinischen Grenze gab es keine Probleme bei der Abfertigung. Wir fuhren gleich weiter nach Mendoza.

Ich wünschte, mich nun normal in das Auto zu setzen, aber mein Begleiter ließ das nicht zu: »Es ist gefährlich, jemand könnte Sie erkennen. Ich habe den Auftrag, Sie so nach Mendoza zu bringen. Ich weiß, daß es nicht bequem ist, aber davon werden Sie nicht gleich sterben.«

Die Fahrt war lang, bis wir in einer kleinen Herberge außerhalb von Mendoza ankamen. Hier erwartete mich der ehemalige Botschafter der DDR in Chile, Friedel Trappen. Er war aus Berlin gekommen, um mich abzuholen.

Wir ließen uns nicht im Speiseraum nieder, sondern begaben uns in ein einfaches Schlafzimmer, wohin der Botschafter mir auch das Essen brachte. Man wollte keinerlei Risiko eingehen.

Aus dem Zyklus »In Chile herrscht Ruhe« von Walter Womacka

Ich empfand eine außergewöhnliche Mischung aus Glück und Trauer; es war eine Vereinigung widersprüchlicher Gefühle, die mich abwechselnd befielen.

Zum ersten Mal seit dem 11. September fühlte ich mich lebendig. Inzwischen waren zwei Monate vergangen, in denen ich nicht eine Sekunde daran gezweifelt habe, daß man mich ermorden würde. Ich hatte immer das Gefühl, daß ich ein zum Tode Verurteilter sei.

Am nächsten Morgen reisten wir nach Buenos Aires weiter. Jetzt ließ man mich bequem im Auto sitzen und nicht in diesem Versteck, in dem ich Chile verlassen hatte. Wir fuhren in die Wohnung eines hohen Angestellten der DDR-Botschaft. Das Haus war streng bewacht, und auch hier gestattete man nicht, daß ich relativ normal leben konnte. Ich war wiederum eingesperrt in einer verschlossenen Wohnung, bis mir nach drei oder vier Tagen ein argentinischer Paß mit falschem Namen gebracht wurde. Kurz danach flogen wir nach Europa.

In der DDR empfing mich Erich Honecker, er zeigte sich glücklich über das Ergebnis der Operation.

Ich war in sehr schlechter Verfassung. Mein körperlicher Zustand war jammervoll, ich wog etwa 58 Kilo. Meine Gemütsverfassung war auch nicht viel besser. Die Deutschen, die sehr rücksichtsvoll sind, schickten mich sofort in ein Erholungsheim, damit ich mich erholte.

Ich erinnere mich, daß mich Erich Honecker wenige Tage nach meiner Ankunft einlud, um einen Film über Chile anzusehen. Es war ein Streifen über die Zeit der Unidad Popular, ein Dokumentarfilm, in dem man den enormen Enthusiasmus der Menschen sah, Tausende von Menschen, die bis zum letzten Moment an den Sozialismus glaubten, den wir aufbauen wollten.

Es war ein großartiges Dokument, mit realen Tatsachen, keine Erfindungen von Kommunisten oder Marxisten-Leninisten, es zeigte die wirkliche Freude, die viele Chilenen während der Zeit der Unidad Popular erlebten. Ich konnte diesen Film nicht ertragen.

Der Kontrast zu dem, was wir jetzt erfahren mußten, und was wir vorher erlebten, war zu groß. Ich begann, eine schreckliche Beklommenheit zu spüren, die Ungerechtigkeit, die wir ertragen mußten, hatte mich überwältigt.

Was war unser Verbrechen, warum ermordete man uns?

Ich wußte, daß ein Putsch schrecklich ist, aber der abstrakte Begriff ist das eine, das andere ist, den Horror zu erleben. Niemals hatte ich eine Vorstellung vom Ausmaß der Perversität, diesen abgrundtiefen Haß, auch der Infamien, die *El Mercurio* verbreitete.

Diejenigen, die mich jetzt beschuldigten, waren die Gleichen, die mich Tage zuvor mit größtem Respekt behandelt hatten und die sich nicht getrauten, mit mir im Fernsehen in einem Forum öffentlich aufzutreten. Jetzt konnten sie sagen und tun, was sie wollten, selbst töten.

Ich erinnerte mich an die vielen armen Leute, die ihr Leben riskiert hatten: das waren jene, die im Dokumentarfilm gezeigt wurden. Schwer bedrückte mich die Widersprüchlichkeit der menschlichen Seele, die in den höchsten Höhen von Erhabenheit, Uneigennützigkeit und Edelmut, aber auch in den tiefsten Tiefen zu Feigheit, Erbärmlichkeit und Erniedrigung gelangen kann.

Ich weinte wie ein Kind.

Honecker umarmte mich. »Beruhige dich, es geht alles vorbei.«

Die BRD-Vertretung nach dem Putsch

Von Rudolf Herz

Schon kurz nach dem Putsch wurde deutlich, daß die BRD-Botschaft auf Weisung des Auswärtigen Amtes in Bonn jegliche Unterstützung gegenüber Asylsuchenden und gefährdeten Chilenen ablehnte. Sie befand sich darin in trauter Gemeinschaft mit den Botschaften der USA und Großbritanniens.

Die *Frankfurter Rundschau* meldete am 3. Oktober 1973: »Die Tore der westdeutschen Botschaft […] sind für Asyl suchende Chilenen geschlossen.«

Die Illustrierte *Stern* konstatierte am 24. Oktober 1973: »Asylsuchende Chilenen und Südamerikaner klopften bei der Bonner Botschaft vergebens an.«

Es wurde bekannt, daß die Botschaft der BRD der Ehefrau des deutschstämmigen renommierten SP-Funktionärs Erich Schnake, der sich in den Fängen der Militärs befand, jegliche Hilfe und Unterstützung verweigert hatte.

Auch der Sozialist Patricio Palma, zuletzt Direktor im Wirtschaftsministerium, wurde abgewiesen. Diese Verweigerung stieß insbesondere bei europäischen Diplomaten auf Unverständnis und Empörung.

Beim ersten Zusammentreffen des verbliebenen diplomatischen Corps nach dem Putsch, zu dem der Botschafter von Honduras anläßlich des Nationalfeiertages geladen hatte, wurde vor allem der Botschafter der BRD, Kurt R. Lüdde-Neurath, von mehreren Diplomaten gefragt, wie er sich fühle, wenn er Bedürftigen Hilfe versage.

Einem DDR-Vertreter gab er zu verstehen, daß er sich an seine Weisungen halten müsse. Er sehe seine Rolle darin, sich nicht in die inneren Angelegenheiten Chiles einzumischen, er habe in jeder Situation vorrangig die Interessen seines Landes und seiner Landsleute zu vertreten.

Er machte dabei jedoch keinen sehr glücklichen Eindruck.

Der kleine schwarze Hund der Frau Lüdde-Neurath

Eine Zeitlang waren Truppen der Gebirgsartillerie um die ehemalige DDR-Botschaft postiert. Die Einheit hatte den Putsch selbst nicht miterlebt und bestand überwiegend aus Bauernsöhnen. Ihr Maskottchen war ein weißer Mischlingshund. Er lag meist neben dem Tor auf dem Rasen neben einem nicht ganz dichten Rasensprenger, der ihm stets frisches Wasser bot. Eines Tages hatte sich ein schwarzer Hund dazugesellt.

Bei jenem Empfang in der Residenz des Botschafters von Honduras, der vor allem dem Austausch von Informationen über den Umgang mit Asylanten diente, wurde Lüdde-Neurath von einigen jüngeren Diplomaten heftig attackiert.

Ein Mitarbeiter der DDR-Vertretung, der nicht wußte, daß es sich um den Botschafter der BRD handelte, ging unbefangen und ahnungslos zu ihm und fragte, ob er eventuell mit einem deutschen Schriftsteller verwandt sei.

In seiner Familie gebe es keine bekannten Literaten, hieß es. Mit wem er denn Ähnlichkeit habe?

Mit Ludwig Turek. Die Ähnlichkeit sei frappierend. Erst kürzlich sei in der DDR ein Film über ihn gelaufen.

»Ach so, Sie sind einer aus dem Osten.«

Jaja.

Plötzlich flüsterte Frau Lüdde-Neurath ihrem Mann etwas ins Ohr. Der Botschafter nickte und erkundigte sich: »Sie kennen mich wohl nicht?«

Woher sollte man ihn denn kennen?

Nun stellte er sich vor. Seine Residenz befinde sich ein paar Straßen weiter, sie läge unweit der DDR-Botschaft. Jeden Tag fahre er dort vorbei und sähe auch das Militär vor dem Grundstück. Ob das nicht lästig sei?

Schließlich fragte er, ob er ein persönliches Anliegen vortragen dürfe. Ihr kleiner schwarzer Hund sei vor einigen Tagen entlaufen. Er habe ihn jedoch bei den Soldaten vor dem Tor der DDR-Botschaft gesehen. Für ihn sei es nicht gut möglich, dort anzuhalten und den Hund mitzunehmen. Ob man den Hund nicht einfangen und vor seiner Residenz absetzen könne?

Man kam überein, das Tier am folgenden Tag gegen 11 Uhr vorbeizubringen.

Am anderen Tag erfolgte die Abstimmung mit den Soldaten. Diese fingen den Hund ein und übergaben ihn zwei Mitarbeitern. Im Wagen wurde das Tier vor die Residenz gefahren und durch eine Lücke im schmiedeeisernen Gitter geschoben. Im Hintergrund hörte man die lockende Stimme der Frau des Botschafters.

Der Hund lief stracks zu seinem gewohnten Futternapf.

Die Aktion »Hund« war erfolgreich verlaufen.

Am anderen Morgen war der Hund wieder bei uns.

Was nun?

Wieder wurde er abgeschoben. Und wieder kehrte er zurück.

Das wiederholte sich einige Male.

Es machte bald ein Witz die Runde: »Selbst so ein armer Hund will vom Botschafter der BRD kein Stück Brot.«

Der weltweiten Protestbewegung konnte sich auch das Auswärtige Amt in Bonn nicht entziehen. Anfang November 1973 gestatteten Kanzler Willy Brandt und Außenminister Walter Scheel ihrem Botschafter, gefährdete Personen aufzunehmen.

Bonn übersandte eine Liste. Oben standen die Namen Carlos Altamirano und Jose Miguel Varas, für den sich die internationale Journalistenvereinigung einsetzte.

J. M. Varas, ein Kommunist, war Chef von Radio Magellanes, der Rundfunkstation der KP Chiles. Er befand sich zu jenem Zeitpunkt in der ehemaligen Botschaft der DDR. Im Steckbrief der Militärjunta, dem Bando No. 10, war er ebenfalls aufgeführt. Außerdem befand sich noch Vladimir Chávez, der Ex-Gouverneur, in der DDR-Vertretung.

Wie sie aus der Vertretung und aus Chile herausgebracht werden sollten, war noch unklar.

Nunmehr wurde der Kontakt zu Botschafter Lüdde-Neurath hergestellt. Wir schlugen vor, José Miguel Varas aufzunehmen.

Lüdde-Neurath sagte zu. Es handelte sich offenkundig um den ersten Asylsuchenden, den die BRD-Botschaft aufnahm.

Varas' Überführung aus der DDR-Vertretung in die Residenz der BRD erfolgte beim Schichtwechsel der Polizeiwache. In der hohen Gartenmauer der westdeutschen Vertretung gab es eine kleine, unauffällige Nebentür, die zu einer Straßenseite führte. Zum vereinbarten Zeitpunkt sollte sie geöffnet werden.

Ein Botschaftsmitarbeiter verließ mit J. M. Varas in einem Pkw durch das geöffnete Haupttor die DDR-Botschaft. Draußen hängte sich ein anderer Pkw unauffällig in Sichtweite an und sicherte.

An einer Straßenecke in der Nähe der Residenz der BRD wurde J. M. Varas abgesetzt. Er ging das letzte Stück zur Gartentür allein. Dort erwartete ihn bereits der Botschafter.

Auf gleiche Weise wurde dann auch Vladimir Chávez in die Residenz des Botschafters der BRD geschleust.

Um die Familie ausreisen zu lassen, mußte eine Landesregierung in der BRD die Bereitschaft signalisieren, diese aufzunehmen.

Es sollten acht Monate vergehen, ehe sich Schleswig-Holstein bereiterklärte, die Familie Chávez aufzunehmen.

Wie uns bekannt wurde, hatte das Bundesamt für Verfassungsschutz Oberamtsrat Klaus Arend mit der Aufgabe nach Chile entsandt, die Asylsuchenden zu überprüfen und den Botschafter und andere Diplomaten zu beraten.

Offenkundig scheiterten an dieser Überprüfung auch der Außenminister und andere Exponenten der Allende-Regierung. Ein Vierteljahrhundert nach dem Putsch verriet John Götz in der *taz* am 12./13. September 1998, daß Clodomiro Almeyda und fünf weiteren chilenischen Ex-Ministern von der Landesregierung Baden-Württembergs unter Ministerpräsident Filbinger, einst Nazimarinerichter, das Asyl verweigert worden war.

Politiker und Wirtschaftsbosse in der BRD sahen die reaktionäre Entwicklung durchaus positiv. Die *Frankfurter Allgemeine Zeitung* forderte am Freitag, dem 21. September 1973: »In Chile jetzt investieren!« Die *Neue Westfälische Zeitung befand*: »Putsch in Chile ist für Banken positiv. In Südamerika kann wieder investiert werden.«

Die Farbwerke Hoechst waren »der Ansicht, daß das Vorgehen der Militärs und der Polizei nicht intelligenter geplant und koordiniert werden konnte und daß es sich um eine Aktion handelte, die bis ins letzte Detail vorbereitet war und glänzend ausgeführt wurde [...] Die Regierung Allende hat das Ende gefunden, das sie verdiente [...] Chile wird in Zukunft ein für Hoechster Produkte zunehmend interessanter Markt sein.« *Der Spiegel* beurteilte am 8. Oktober 1973 darum zutreffend: »Auf Hilfe aus Bonn müssen die chilenischen Generale [...] nicht verzichten.«

Zwar verurteilte die Regierungskoalition mit scharfen Worten den Umsturz und forderte die Militärs auf, zur Demokratie zurück-

DKP-Plakat, 1973

zukehren. Dennoch suchten Sozial- und Freidemokraten Kontakt zum Diktator.

FDP-Chef und Außenminister Walter Scheel nahm nach anderthalb Wochen »Denkpause« offiziell Beziehungen zum neuen Regime auf.

SPD-Vorstandsmitglied Hans-Jürgen Wischnewski reiste im September 1973 eine Woche durch Chile und umarmte beim Abschied seinen von der Junta gestellten offiziellen Begleiter. Er wurde vom MdB/SPD Alwin Brück begleitet.

Darüber berichtete die *Süddeutsche Zeitung* am 29./30. September 1973: »Besondere Sorge haben die Generale mit der Reaktion, die ihr blutiger Putsch im Ausland weckte. Mit vollendeter Zuvorkommenheit wurden deshalb die SPD-Abgeordneten Hans-Jürgen

Wischnewski und Alwin Brück herumgereicht. Die beiden sind die ersten ausländischen Parlamentarier, die nach dem Putsch in Santiago eingetroffen sind.«

Kurt R. Lüdde-Neurath absolvierte als einer der ersten Botschafter am 21. September seinen offiziellen Besuch bei der Militärjunta.

Am 29. Oktober überreichte er der chilenischen Armee eine als »Spende von Medikamenten und medizinischen Geräten« deklarierte Schenkung im Werte von 30.000 DM. Laut Bericht der Zeitung *La Patria* vom 30. Oktober 1973 bezeichnete der Bonner Vertreter das Präsent als »Beitrag« der »freundschaftlichen Beziehungen« zwischen der Bundesrepublik und Chile.

Der Generalsekretär der CDU, Bruno Heck, meinte nach seinem Chilebesuch über das Nationalstadion in Santiago, in dem Anhänger der UP gefoltert und ermordet wurden: »Das Leben im Stadion bei sonnigem Frühlingswetter ist recht angenehm.«

Oder Jürgen Wohlrabe, Leiter einer Delegation von CDU-Bundestagsabgeordneten im Januar 1974, erklärte laut *Süddeutscher Zeitung*, daß er positive Eindrücke von der Häftlingsinsel Dawson habe und die Gefangenen in humanitärer Hinsicht keine Klagen gehabt hätten.

Heinrich Gewandt, einer der schärfsten Kritiker der deutschen Entwicklungshilfe für Allende, reiste unmittelbar nach dem Putsch nach Chile und verhandelte persönlich mit Pinochet, um »Investitionsmöglichkeiten für die Deutsche Bank« zu erkunden. Er stellte dabei fest, daß er »Vertrauen in die Aktionen der neuen chilenischen Regierung« habe.

Heinrich Gewandt hatte bereits 1964 mit dem der Konrad-Adenauer-Stiftung der CDU nachgeordneten »Institut für Internationale Solidarität« und dem »Büro für Internationale Hilfe« Kräften des rechten Flügels der chilenischen Christdemokratischen Partei (PDC) durch Transaktionen von Geldern und durch Schulung von Funktionären Unterstützung gegeben. Diese verweigerten auch Allende die Zusammenarbeit.

Es gibt Informationen, nach denen am 9. oder 10. Sepember 1971 eine Beratung von Militärs mit ausgewählten Funktionären der Christdemokraten stattfand, wobei der geplante Sturz Allendes abgestimmt worden sein soll.

Damit schließt sich der Kreis.

Ich war einer von vielen Bürgern der DDR

Von Peter Wolf

Das, was man nicht aufgibt, hat man nicht verloren.
Friedrich Schiller

Eigentlich war es ein schöner Herbsttag im Thüringer Wald, dieser 11. September 1973. Die Herbstsonne wärmte und gab uns das Gefühl von Geborgenheit, Ruhe und Sicherheit. Meine Frau, unser Sohn und ich waren im Urlaub und konnten uns von den schon etwas turbulenten Tagen und Wochen in Santiago de Chile erholen und entspannen. Wir hatten den »Tancazo« am 29. Juni 1973 in der Hauptstadt miterlebt, die Unruhen, den ständigen Terror rechter Parteien und Gruppierungen gegen die rechtmäßige Regierung der Unidad Popular unter Führung von Salvador Allende.

Wir waren damals knapp 40 Jahre alt und spürten zum ersten Mal den Atem der Konterrevolution, den Verrat am Volke.

Wir hattenr uns an Sicherheit und Geborgenheit in der DDR gewöhnt und kannte solcherlei Ereignisse mehr oder weniger nur aus Geschichtsbüchern, Erzählungen, Romanen oder Filmen. Plötzlich wurden wir direkt mit dem Klassengegner und seinen konterrevolutionären Umtrieben konfrontiert.

Wir hatten es überstanden, und um so angenehmer waren die Tage des Urlaubs im Thüringer Wald. Wohl hörten wir im Rundfunk von den ständig anhaltenden Unruhen und der zunehmenden Gefahr eines Putsches in Chile. Natürlich berührte uns das, aber erst einmal waren wir weit weg, und bis zu unserer Rückkehr werde sich alles wieder beruhigt haben, dachten wir, wird die Konterrevolution zerschlagen, zumindest aber zurückgedrängt sein.

»Noch nie in der Geschichte dieses Landes hat sich das Militär gegen eine rechtmäßig gewählte Regierung erhoben und geputscht«, hatte man uns beruhigend gesagt. Damit bestand für uns keinerlei Gefahr eines Militärputsches.

Beruhigung, falsch verstandene Geschichte, bewußte falsche Interpretation der Lage und Situation?

Dann kam die Nachricht, daß die Militärs in Valparaíso und in Santiago gegen die Unidad Popular, die rechtmäßige Regierung des Landes und gegen ihren Präsidenten Salvador Allende die Waffen erhoben hätten.

Die Moneda, der Sitz des Präsidenten in der Innenstadt von Santiago de Chile, wurde bombardiert und brannte. Überall gab es Schießereien, Verhaftungen, Ausgangssperre.

Auch Beschränkungen für die ausländischen Botschaften und Vertretungen.

Was wird nun? Kann man den Militärputsch so wie am 29. Juni niederschlagen? Ist die Gefahr der Konterrevolution und des Sturzes der Regierung der UP noch abzuwenden? Gibt es genügend organisierte Kräfte im Lande, um sich aufzubäumen und notfalls mit der Waffe in der Hand – die Gegner tun es doch auch – das Schlimmste zu verhindern, die Macht des Volkes zu sichern und Ruhe und Ordnung wieder herzustellen?

Am nächsten Morgen rief ich im Ministerium für Außenwirtschaft an, wo ich als Mitarbeiter in der Handelsvertretung der DDR beschäftigt war, um Genaueres zu erfahren, mich aus dem Urlaub zurückzumelden und eventuell zur Verfügung zu stehen.

»Bleib' ruhig, wir wissen selbst noch nichts Genaues, haben zur Zeit keine Verbindung. Mach' mit deiner Familie Urlaub. Wir melden uns!« So lauteten Auskunft und Anweisung.

Daß man auch in Berlin noch nicht allzu viel über die Vorgänge in Chile wußte, war im bestimmten Maße verständlich und nachvollziehbar. Daß ich aber ruhig bleiben und mit Gelassenheit meinen Urlaub im Thürigen Wald zu Ende bringen sollte, war nicht mehr möglich. Zu sehr verband sich inzwischen unser Leben mit dem in Chile; denn es war zu unserer zweiten Heimat geworden.

Tage des Wartens, der Hoffnung und des Bangens.

Jeden Tag neue Nachrichten, schlimme Nachrichten. Ungewißheit, wie geht es weiter? Was wird nun aus Chile werden? Das schöne Land, die stolzen Menschen, die zum großen Teil so unsagbar glücklich darüber waren, eine Regierung an die Macht gebracht zu haben, die verzweifelt gegen das Erbe in- und ausländischer Ausbeutung und Unterdrückung ankämpfte, deren erste Maßnahme der kostenlose halbe Liter Milch für die Kinder in der Schule war. Soll das alles vorbei sein, vergessen, umsonst der Kampf, aufgegeben?

Ist denn niemand da, der ihnen helfen kann?

Und ich selbst? Sitze da, auf Urlaub und sehe und höre wie sich das Chaos im Sinnbild der Militärjunta, mit Verhaftungen und Folterungen, mit Zerstörung und Mord über das chilenische Land wälzt.

Und die Welt empört sich. Nur die Gestrigen – oder sind es doch die Heutigen? – jubeln, verhalten zwar, denn noch fürchten sie den Zorn der Völker, noch ist die internationale Solidarität mit dem chilenischen Volk laut und unüberhörbar. Ist sie auch stark genug, können wir denn gar nichts tun? Ist denn alles verloren? Nein, nein, denn nur was man aufgibt, hat man verloren, und wir werden nicht aufgeben!

Das alles ging mir unablässig durch den Kopf.

Endlich kam der Ruf. Ich sollte ins Ministerium für Außenhandel nach Berlin kommen. Man habe wieder Kontakt zur Botschaft in Chile hergestellt. Es gab spärliche Lebenszeichen.

Friedmar Clausnitzer, der stellvertretende Minister für Außenhandel und verantwortlich für die wirtschaftliche Zusammenarbeit mit den Entwicklungsländern, empfing mich zu einem Gespräch.

Die Lage erfordere es, daß jemand nach Santiago flöge, um den Mitarbeitern, die noch in der Botschaft weilen, Hinweise zu übermitteln, was zu tun sei und wie sie sich unter den neuen Umständen zu verhalten hätten.

Der größte Teil des Botschaftspersonals und der DDR-Kolonie war bereits in die DDR geholt worden oder befand sich auf dem Wege nach Hause. Ich nahm an, daß alle zurückkämen. Nun sollen einige dort bleiben und andere sogar nach Chile fliegen. In dieses gefährliche Chaos.

Die Furcht wurde von dem Gefühl verdrängt, etwas tun und helfen zu müssen.

Es sollte eine »Restgruppe« in Chile bleiben, hieß es, um Solidarität zu demonstrieren und Unterstützung zu geben im Kampf gegen die Militärdiktatur.

»Würdest du es tun, wenn wir dich darum bitten? Du mußt nicht, du kannst angesichts der Gefahr ablehnen.«

Ich sei der erste Dienstreisende aller sozialistischen Länder, der nach dem Putsch ins Land einreiste, fügte Clausnitzer an.

Sollte ich ein Versuchskaninchen sein?

Ich wischte den absurden Gedanken beiseite.

Ohne zu zögern sagte ich »Ja«.

Natürlich waren meine Gedanken nicht nur bei denen, die in Chile auf meine Ankunft warteten, sondern auch bei meiner Familie, die von nun an auf mich daheim in Ungewißheit und Angst hoffen würde.

Auch ich wußte nicht, was konkret auf mich zukommen würde, wie hoch die Risiken waren. Für Familiensorgen werden keine Tapferkeitsmedaillen verliehen, aber dieses verpflichtende Mit- und Füreinander gehört genauso gewürdigt.

Ich war zwar nicht der »Offizier«, von dem später Markus Wolf in seinem Buch über die Zeit des faschistischen Militärputsches schrieb, sondern ein einfacher Handelsvertreter – doch auch ohne Dienstgrad wußte ich, was zu tun war.

Es blieb nicht viel Zeit bis zur Abreise, und es mußte noch einiges erledigt werden. Vor allem Instruktionen, Hinweise, Verhaltensregeln usw. mußte ich auswendig lernen; denn es konnte kein Schriftstück mitgenommen werden, was mich in irgend einer Weise kompromittiert und die in Chile verbliebenen Kollegen oder chilenischen Freunde belastet hätte, würde man es finden.

Mit einem Flugzeug der polnischen LOT flog ich von Berlin nach Amsterdam. Auch auf dem Flugplatz Shipol, wo ich einige Stunden Aufenthalt bis zum Nachtflug mit der KLM über den Atlantik hatte, war zunächst alles in Ordnung. Bis ich auf einige meiner Kollegen aus der DDR-Botschaft in Santiago de Chile traf, die in die DDR zurückbeordert worden waren. Ihre Maschine aus Südamerika war soeben gelandet. Ich weiß nicht mehr, wie viele sie waren, erinnern kann ich mich nur an Frau Kirsch, die aufgeregt fragte, ob ich verrückt sei. »Wir sind froh, daß wir dem Terror entkommen sind. Du willst dorthin? Kehr um, flieg mit uns nach Berlin!«

Sollte ich etwas von »Pflichtgefühl« und »Solidarität« sagen? In solchen Situatuationen wirken selbst derart ehrbare Begriffe wie hohle Phrasen.

Ich weiß nicht mehr, was ich geantwortet habe.

Wir verabschiedeten uns. Sie sagte noch: »Grüß' mir meinen Mann, wenn du jemals dort ankommen solltest.«

Sie war die erste, die Chile derzeit gesehen und erlebt hatte, auf die ich traf.

Ihre Eindrücke waren authentisch, ihre Sorgen real.

Meine Zuversicht und meine Selbstsicherheit bekamen einen

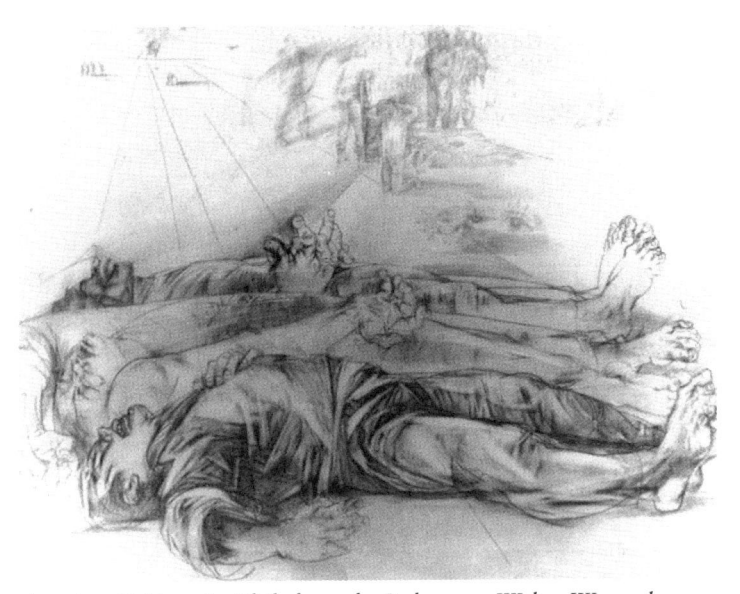

Aus dem Zyklus »In Chile herrscht Ruhe« von Walter Womacka

Knacks. Es war nicht schlimm, nicht bedeutsam, nicht so, daß ich umkehren wollte. Aber ein »Haarriß«, ein ganz feiner nur, aber es war einer.

Abends ging die Maschine der KLM nach Südamerika mit dem Endziel Santiago de Chile. Sie war nicht ausgebucht. Nach Zwischenlandungen in Madrid und an der Westküste Afrikas ging es nachts über den Atlantik nach Rio de Janeiro. Mir fiel auf, daß stets mehr Passagiere aus- als einstiegen. Anfangs gab ich nichts drauf, bis mir bewußt wurde, daß dieser Flug doch ein wenig anders war als meine früheren auf dieser Strecke.

Als wir in Buenos Aires zur letzten Teilstrecke über die Anden nach Santiago de Chile starteten, waren nur noch 10 bis 15 Passagiere in der riesigen Maschine.

Um ehrlich zu sein: Mein Selbstvertrauen stand offensichtlich im kausalen Zusammenhang mit der Anzahl der Passagiere in der Kabine. Es war geschrumpft. Immer wieder ertappte ich mich bei dem Gedanken, wie wohl bei der Einreise die Paßkontrolle vonstatten gehen würde. Je näher wir dem Ziel kamen, desto häufiger schoß es durch meinen Kopf: Was wirst du sagen, welche Situation könnte eintreten, wie reagierst du am besten?

Der Chef-Steward setzte sich neben mich und fragte etwas ironisch, ob ich nicht vergessen habe, in Buenos Aires auszusteigen.
»Nein, wie sollte ich, mein Reiseziel ist doch Santiago.«
Nun begann er mich zu fragen, woher ich komme.
So ein Unsinn, das wußte er doch aus der Passagierliste.
Als gelernter DDR-Bürger neigte man immer zur Vorsicht, zumal wir zu »sozialistischer Wachsamkeit« angehalten wurden. Ich antwortete darum zögernd, daß ich aus Deutschland komme. Das war zwar nicht die ganze Wahrheit, aber auch keine Lüge. Und als er mich lächelnd nach dem Ort fragte, konnte ich wahrheitsgemäß »Berlin« antworten.

Er aber war clever.

»Aus welchem Teil? Ost- oder Westberlin?«

Ich war durchschaut. Doch ich hatte den Mann und seine Motive falsch eingeschätzt.

Er erklärte mir teilnahmsvoll, daß es für mich jetzt gefährlich in Santiago sei. Sie flögen das zweite Mal nach dem Putsch nach Chile, ihm sei auch etwas mulmig, weil man nie wisse, was die Junta für Schikanen bereithalte.

Meine Selbstsicherheit war endgültig dahin.

Ich gab mich aber trotzig-mutig und gelassen: »Ach, wissen Sie, die ganze Politik interessiert mich überhaupt nicht. Ich bin Handelsvertreter, habe in Santiago ein Büro und möchte nach meinem Urlaub lediglich meine Geschäfte weiterführen. Alles andere interessiert mich herzlich wenig.«

Er schüttelte den Kopf, stand auf und ging ins Cockpit.

Kurz darauf kam ein anderer Herr zu mir, stellte sich als Kapitän der Maschine vor und mir einen Whisky auf den Tisch. Seinen Namen verstand ich leider nicht.

»Hören Sie, der Steward hat mir von der Unterhaltung mit Ihnen erzählt. Es ist heutzutage nicht ungefährlich in Santiago de Chile einzureisen, zumal wenn man so wie Sie aus dem Osten kommt. Aber wir werden bei der Einreise auf Sie aufpassen, daß nichts passiert. An der Paßkontrolle werden wir Sie so lange beobachten, bis sie durch sind. Sollte es Probleme geben, kommen Sie sofort zu uns, wir stehen am Crew-Ausgang. Wir stecken Sie dann bis morgen früh zu unserem Flug nach Lima in unsere Maschine, das ist exterritoriales Gebiet, da sind Sie sicher. In solchen schlimmen Zeiten müssen wir doch zusammenhalten.«

Er klopfte mir aufmunternd auf die Schulter und verschwand wieder in seinem Cockpit.

Das war Balsam, das gab Mut und Zuversicht. Noch einen Whisky und ein verständnisvolles Lächeln vom Steward brachte die notwendige innere Ruhe und das erforderliche Selbstvertrauen zurück.

Chile empfing mich mit schwerbewaffneten Carabineros und Militärs. Auf dem sonst so belebten Flughafen herrschte wenig Betrieb, überall sah ich bewaffnete Militärfahrzeuge. Bei den wenigen Passagieren war es nicht schwierig, mich als letzter anzustellen. Damit konnte ich einerseits beobachten, wie die Kontrolle erfolgte, andererseits war ich gut zu sehen.

Ein kurzer Seitenblick bestätigte mir, daß die Crew der KLM geschlossen am separaten Ausgang für das Flugbegleitpersonal stand und mich aufmerksam mit ihren Blicken begleitete.

Als hätten die Carabineros unsere »Probe« im Flugzeug miterlebt, lief auch die »Entrada« ab: »Woher kommen Sie? Was wollen Sie hier? Wissen Sie nicht, was hier los ist?«

Meine Antworten kamen wie einstudiert, mein etwas forsches Auftreten überzeugte. Ich durfte passieren. Damit war ich der erste Bürger eines sozialistischen Landes, der nach dem 11. September 1973 in Chile einreiste. Der Kalender zeigte den 6. Oktober 1973.

Hinter der Paß- und Zollkontrolle standen Dr. Arnold Voigt und unser Konsul Horst Richel, um mich in Empfang zu nehmen.

Die Begrüßung war herzlich und erleichternd zugleich.

Ein letzter Blick zu den Holländern, ein verständnisvolles Kopfnicken und ein letzter Abschiedsgruß beendete unsere schicksalhafte Begegnung.

Hallo Peer oder Jan oder wie du heißt: Dir und deiner Crew »danke, danke, danke« für Ermutigung und Unterstützung. Das war Solidarität ohne Beitragsmarken oder Spenden, es war ein Stück gelebter internationaler Solidarität.

Die DDR-Vertretung bei der Unterstützung des chilenischen Widerstandes

Von Rudolf Herz und Arnold Voigt

Der nationale Widerstand, der sich nach dem 11. September formierte, konnte nur in sehr beschränktem Maße auf Strukturen aufbauen, die bereits vor dem Staatsstreich von den UP-Parteien und vom MIR geschaffen worden waren. Es gab seitens der UP-Führung und des Präsidenten Allende kein in sich kohärentes Konzept zur militärischen Verteidigung des von der UP eingeleiteten revolutionären Umgestaltungsprozesses.

War darum die Ankündigung Allendes »Auf die reaktionäre Gewalt werden wir mit der revolutionären Gewalt antworten«[1] nur eine Phrase? Zwei Tage vor dem Putsch erklärte Altamirano: »Chile wird sich in ein heldenhaftes Vietnam verwandeln, wenn die Putschisten versuchen sollten, sich unseres Landes zu bemächtigen.«[2] War das nur das berühmte Pfeifen im Walde?

Ja und nein!

Allende setzte unerschütterlich auf die Loyalität der FF.AA.[3] gegenüber der verfassungsmäßig gewählten Regierung. Die Kehrseite bzw. die logische Konsequenz dieses Vertrauens in die Streitkräfte war der weitgehende Gewaltverzicht bei der Durchsetzung des revolutionären Prozesses und der geringe Nachdruck, den Allende auf die auch bewaffnete Verteidigung der Umgestaltungsprozesse durch die Volkskräfte legte. Zwar sah auch er den herannahenden Militärputsch. Er vertraute jedoch darauf, daß die regierungstreuen Kräfte in den FF.AA. und in den Carabineros die Oberhand behalten würden.

In fataler Weise bestärkt wurde er in dieser Haltung durch die Ereignisse vom 29. Juni 1973, die als »Tancazo« in die chilenische Geschichte eingehen sollten: Truppen des Regiments Maturana versuchten, mit ihren Tanks die Moneda zu stürmen. Damals stellten sich regierungstreue Truppen unter Führung von General Prats und unterstützt durch eine umfassende Mobilisierung der Volkskräfte den Aufrührern mutig entgegen. Der Spuk war innerhalb weniger Stunden vorbei. Es gab 22 Tote und viele Verletzte. Doch Allende hatte nicht mehr die Kraft, die Putschisten zu bestrafen oder sie zumindest von ihren Posten zu entfernen.

Das Scheitern dieses Putschversuchs wiegte Allende in einer trügerische Sicherheit und ließ ihn weiter auf sein Grundkonzept vertrauen: Sollte es zu einem Militärputsch kommen, so würde er sich in die Moneda begeben und von dort seine Anhänger, vor allem die Arbeiter aus den *cordones industriales* (den Industriegürteln von Santiago), mobilisieren, während sich die mehrheitlich loyalen Truppen den Putschisten entgegenstellten.

Allende war fest entschlossen, die Moneda entweder nur als Sieger oder »in einem Pyjama aus Holz« zu verlassen.

Erst in letzter Minute gab er dem Drängen vor allem der KP-Führung nach, sich einem kurzfristig einzuberufenden Plebiszit zu stellen, um – wenn nötig – auf einem verfassungsmäßigen Weg, ohne Gesichtsverlust und vor allem ohne Blutvergießen, zurückzutreten. Oder eben, bei mehrheitlicher Bestätigung, das Mandat zu entschlossenerem Handeln zu bekommen.

Aber zu diesem Zeitpunkt waren die Putschvorbereitungen im wesentlichen bereits beendet und der bewaffnete Sturz Allendes beschlossene Sache. Dennoch begaben sich die Generale Pinochet und Urbina noch am 8. September in die Residenz des Präsidenten und versicherten diesen erneut ihrer absoluten Loyalität. Dadurch erreichten sie, daß er ihrem mit fadenscheinigen Begründungen vorgetragenem Wunsch folgte, die für Montag, dem 10. September, vorgesehene Ankündigung des Plebiszits auf Mittwoch, dem 12. September, zu verschieben.

Pinochets Putsch fand am Dienstag statt!

Der Mensch Allende war wahrscheinlich unfähig, an einen derart niederträchtigen Verrat der Generale zu glauben. Der Politiker Allende, ausgestattet mit jahrzehntelangen Erfahrungen im politischen Kampf, hatte diese Möglichkeit sicherlich ins Kalkül gezogen – für diesen Fall sah er im Märtyrertod den einzigen Ausweg.

Anders Altamirano.

Er gilt er als einer der Hauptverantwortlichen dafür, daß die UP von ihrer Grundstrategie immer weiter abrückte – die chilenische Gesellschaft auf friedlichem und demokratischem Weg unter Einbeziehung der in Chile traditionell sehr starken Mittelschichten, etwa 30 % der Bevölkerung, umzugestalten.

Indiz für diese Feststellung ist sein Eintreten für eine Beschleunigung des Umgestaltungstempos, vor allem durch willkürliche Betriebsbesetzungen mit nachfolgenden Enteignungen, durch die vorschnelle Senkung der Enteignungsgrenze innerhalb der Agrarreform von 80 auf 40 Basishektar sowie durch mißverständliche Reden von einer *poder popular* (Volksmacht), die von der reaktionären Opposition als verfassungswidrige Parallelmacht interpretiert und in die politischen Auseinandersetzungen eingeführt wurde.

Andererseits war Altamirano jener UP-Poliker, der am konsequentesten auf die Notwendigkeit der bewaffneten Verteidigung des revolutionären Prozesses hinwirkte und sie auch bei der UP-Regierung und bei den UP-Parteien immer wieder einforderte.

Leider erfolglos, wie er selbst später eingestand.[4]

Als Sproß einer chilenischen Oligarchenfamilie war ihm deutlicher als vielen anderen bewußt, daß diese Schichten ihre Privilegien, ihr Eigentum, ihre Macht niemals kampflos und ohne Blutvergießen abgeben würden.

Die Substanz dessen, was zum Zeitpunkt des Staatsstreiches bei den UP-Parteien (und auch beim MIR) an militärischen oder paramilitärischen Strukturen existierte, war angesichts der Macht der Militärs unbedeutend.

Die Sozialistische Partei zählte vielleicht 1.000 bis 1.500 Kämpfer, die in Chile oder im Ausland eine minimale militärische Ausbildung erhalten hatten.[5] Im Ernstfall konnten sie allenfalls auf leichte Waffen zurückgreifen.

Etwas besser soll die Vorbereitung bei der KP und beim MIR gewesen sein. Beide Formationen verfügten auch über gewisse Erfahrungen in der illegalen Arbeit. (Nach der Verabschiedung des berüchtigten »Gesetzes zur Verteidigung der Demokratie« wurde die KP Chiles 1948 von Präsident González Videla in die Illegalität gezwungen, nachdem dieser sich 1946 mit den Stimmen der Kommunisten zum Präsidenten hatte wählen lassen. 50.000 Chilenen wurden ihrer bürgerlichen Rechte beraubt, und viele Kommunisten verschwanden für lange Jahre in Konzentrationslagern.[6] Unter dem Druck der Volksmassen erlangte die KP im Jahre 1958 wieder ihre Legalität.)

Im Gefolge ihrer subversiven Aktionen, von Anschlägen und

gewaltsamen Auseinandersetzungen entzog sich die ultralinke Bewegung MIR in den 60er Jahren durch eine selbstgewählte Illegalität der Verfolgung durch die Frei-Regierung. Nur die schützende Hand Allendes bewahrte den MIR später vor einem Verbot durch die UP-Regierung. Ein großer Teil der Leibwache Allendes – der GAP (*grupo de amigos personales*) – kam aus der MIR.

Die geringe personelle Stärke, der niedrige Ausbildungsstand und die schlechte Bewaffnung waren jedoch nur ein Problem. Schwerer wog die Tatsache, daß es zwischen den militärischen Formationen der einzelnen UP-Parteien und des MIR keinerlei Koordination und Abstimmung, geschweige denn einen gemeinsamen Operationsplan gab. Zwischen der KP- und der MIR-Führung war das Tischtuch zerschnitten, waren alle Beziehungen abgebrochen worden. So arbeitete jede Gruppierung auf eigene Faust.

Auch die vielen *allanamientos* – mit brutaler Gewalt von Carabineros oder den FF.AA. durchgeführten Razzien – schwächten die Anstrengungen zur Vorbereitung von Widerstandstrukturen. Bei diesen Razzien – in provokatorischer Absicht oder aufgrund von Denunziationen unternommen – umzingelten und stürmten Militär- und Polizeipatrouillen Fabriken und Wohnungen in den Armenvierteln, beschlagnahmten Waffen und militärische Ausrüstungen, die zum Teil untergeschoben waren. Dabei gab es oft Tote und Verletzte.

Schon Monate vor dem Putsch erfolgten viele Verhaftungen. UP-Anhänger wurden zu langjährigen Haftstrafen verurteilt. Allein zwischen dem 2. Juli und dem 6. September 1973 wird von 75 *allanamientos* berichtet, von denen sich nur drei gegen bewaffnete Formationen der Rechten (wie *Patria y Libertad* – Vaterland und Freiheit) richteten.[7] Die juristische Grundlage für dieses Vorgehen der Militärs bildete ein von der christdemokratischen Vorgänger-Regierung erlassenes Antiterrorgesetz.

Diese Vorkommnisse besaßen auch unter einem anderen Gesichtspunkt Bedeutung: Als Bedingung dafür, daß die Mehrzahl der christdemokratischen Abgeordneten und Senatoren 1970 im Kongreß *für* Allende votierten, mußte die UP zuvor einer Reihe von Kompromissen mit der Christdemokratische Partei (PDC) zustimmen, darunter die Anerkennung von FF.AA. und Carabineros als den einzigen legitimen Waffenträgern der Nation.

Das schloß die Möglichkeit aus, Arbeitermilizen oder andere paramilitärische Strukturen aufzubauen.

In den Wochen vor dem Putsch meldeten die reaktionären Medien fast täglich, daß angeblich Waffenlager in Fabriken und Guerrilla-Ausbildungslager in entlegenen Landesteilen entdeckt worden seien. Das erschien als Bruch der seinerzeit getroffenen Vereinbarung und führte dazu, daß es den Putschisten nun leichter gelang, viele bis dahin unentschlossene oder loyale Militärangehörige und Polizisten, vornehmlich im Offizierskorps, auf ihre Seite zu ziehen. Den Rest besorgten Drohungen und Einschüchterungen sowie die bereits vor dem Putsch in den Streitkräften kolportierten Gerüchte von der Existenz eines »Planes Z«, mit dessen Hilfe den Kräften einer imaginären *poder popular* unterstellt wurde, die verfassungsmäßige Ordnung in Chile beseitigen und das Militär entmachten zu wollen. Dieser am Putschtag von der Junta veröffentlichte »Plan Z« beinhaltete schwarze Listen zur Verhaftung und Ausschaltung hoher Militärs, Richter und Oppositionspolitiker.

Mit dieser dreisten Lüge versuchten die Putschisten, den Sturz Allendes und der UP-Regierung zu legitimieren. Viele Chilenen, vor allem in den Streitkräften, fielen darauf herein und folgten den Demagogen und Umstürzlern.

Militärische Aktionen des Widerstandes

Am 11. September kam es zu unkoordinierten und spontanen bewaffneten Widerstandsaktionen zur Verteidigung von Fabriken und Armenvierteln, denen sich auch einzelne Angehörige von Polizei und Armee anschlossen. Vereinzelt wurde auch in den folgenden Tagen und Nächten geschossen. Dieser Widerstand wurde von den Putschisten mit dem Einsatz von Kampfflugzeugen, Hubschraubern und schweren Waffen brutal niedergeschlagen.

Bis in die 80er Jahre hinein gab es sporadische Aktionen einzelner Widerstandsgruppen. Das waren zumeist Sabotageakte, die sich gegen militärische und infrastrukturelle Einrichtungen der Junta richteten.

So wurde etwa der Sohn von Luis Canales Anfang Dezember 1973 bei dem Versuch getötet, mit seiner Gruppe der JJ.CC[8] die Masten einer Überlandleitung zu sprengen. Canales hatte in unserer Vertretung Schutz gesucht.

Die spektakulärste Aktion, die bekannt wurde, richtete sich direkt gegen Pinochet im Cajón de Maipo. Der Anschlag mißlang, weil die auf die gepanzerte Limousine abgefeuerte Rakete nicht explodierte. Verantwortlich dafür zeichnete eine Gruppe junger Kämpfer der JJ.CC. und des MIR, die sich zur FPMR[9] zusammengeschlossen hatten.

Bekannt sind auch Aktionen, bei denen Spitzel, Verräter und Folterknechte ausgeschaltet wurden.

Die vordringliche Aufgabe des Widerstandes bestand jedoch darin, die Organisationsstrukturen der UP-Parteien aufrechtzuerhalten, gefährdete Kader in sicheren Verstecken unterzubringen, ihnen, wenn nötig, das Asyl in einer Botschaft zu ermöglichen oder sie ins Ausland zu schleusen, Kommunikationswege zu schaffen, zu sichern und zu erneuern, wenn sie von der DINA zerrissen waren, Informationen zu sammeln und gegen die Junta gerichtete Propaganda-Aktionen zu starten.

Eine bedeutende Rolle spielten dabei auch die Kontakte zu UP-Anhängern, die unentdeckt in den Reihen von FF.AA. und Carabineros ihre Positionen gehalten hatten[10], obwohl die Streitkräfte mehreren brutalen Säuberungswellen ausgesetzt waren. Alleine bei der FACH[11] gab es mehr als 900 Verhaftete, von denen viele nach grausamen Folterungen ermordet wurden. (Unter den Toten war auch der Vater der ehemaligen Verteidigungsministerin der Lagos-Regierung, General Bachelet).

Zu den nicht minder wichtigen Aufgaben des Widerstandes gehörte es auch, den vielen Angehörigen der Verhafteten, Verschwundenen und Getöteten Unterstützung zu gewähren und tatkräftige Solidarität zu bekunden. Diese Solidarität wurde von vielen Chilenen geleistet, auch wenn sie keiner Widerstandsgruppe angehörten.

Infolge der Greueltaten der Junta bildeten sich spontan viele neue Widerstandsnester, die ihre eigenen praktischen Erfahrungen im illegalen Kampf sammelten. Dabei wurden Fehler gemacht, es gab Leichtsinn und Disziplinlosigkeit, die angesichts eines gut ausgebildeten und hervorragend ausgerüsteten Gegners teuer bezahlt werden mußten.

Mit der DINA hatte sich die Junta einen zentralen Geheimdienst geschaffen, dem die Dienste der einzelnen Teilstreitkräfte und der Carabineros untergeordnet waren. Ihm standen nicht nur beträchtliche personelle und materielle Mittel zur Verfügung, sondern die DINA und ihre Nachfolgeeinrichtung, die CNI (*Central Nacional de Inteligencia*) operierten, unterstützt von CIA-Mitarbeiten und beraten durch brasilianische Folterspezialisten, nahezu außerhalb jeglicher Kontrolle. Ihr Kommandeur, General Contreras, unterstand direkt Pinochet. Diese Terrororganisation hinterließ auch im Ausland durch Mordanschläge eine Blutspur.

Zu den ersten Opfern zählten als UP-Anhänger bekannte Angehörige der Streitkräfte und Funktionäre und Mitglieder der UP-Parteien. Sowohl die KP als auch die SP verloren ihre ersten illegalen Leitungen. Erst im Laufe eines längeren Prozesses formierten sich aus weniger bekannten Kadern neue Leitungsstrukturen.

Von den prominenteren Politikern der UP befanden sich zum Zeitpunkt des Putsches lediglich Orlando Letelier (SP) und Volodia Teitelboim (KP) im Ausland. Sie unternahmen alle Anstrengungen, um die weltweite Protest- und Solidaritätsbewegung zu stärken und zu koordinieren und die über das Asyl ins Ausland kommenden Kader ihrer Parteien zu sammeln und zu organisieren. Nach der Ausschleusung des Generalsekretärs der SP, Carlos Altamirano, richtete seine Partei eine ihrere Auslanszentralen in Berlin ein. Dort sammelten sich im Laufe der Zeit viele namhafte Kader.

Die Herstellung einer stabilen Verbindung zu den illegal operierenden Widerstandskräften in Chile wurde zu einer immer vordringlicheren Aufgabe.

In dieser Situation konnte die Parteiführung der DDR, die aus den bitteren Erfahrungen der KPD die Bedeutung und den Wert einer Verbindung zur Außenwelt zur Genüge kennengelernt hatte, Hilfe leisten. Es bot sich an, die in Chile verbliebene DDR-Restgruppe als Verbindungsglied zwischen den Auslandsleitungen der UP-Parteien und dem inneren Widerstand zu nutzen. Die Notwendigkeit und die Möglichkeit, Altamirano aus Chile auszuschleusen, führten solche Überlegungen bald zu konkreten Entscheidungen.

Schon Ende September 1973 nahm die Führung der KP Chiles Kontakt zur Mitarbeitergruppe auf. Man kannte sich aus früheren Arbeitskontakten zu Journalisten und Außenhändlern aus der DDR. Im Vordergrund stand zunächst nur eine Frage: »Könnt ihr uns helfen, gefährdeten Genossen zumindest zeitweise Unterschlupf zu gewähren?«

Allerdings erfuhren auch sie aus Gründen der Konspiration nicht, daß sich Altamirano unter unserem Dach befand und seine Ausschleusung vorbereitet wurde. Deshalb verhielten sich die Ge-

Aus dem Zyklus »In Chile herrscht Ruhe« von Walter Womacka

nossen aus der DDR zunächst etwas abweisend. Gleichwohl wurden zu jener Zeit Alejandro Rojas und Hugo Fazio mit seiner Familie nach vorheriger Abstimmung mit Berlin aufgenommen.

Bei diesen Kontakten wiesen die chilenischen Genossen ihre in diesen Fragen völlig unerfahrenen DDR-Freunde in einige Grundregeln der konspirativen Arbeit ein. Damit wurde es möglich, auch kompliziertere, meist aus einer Notsituation geborene *operativos* (konspirative Aktionen) in Angriff zu nehmen.

Dazu gehörten die Sicherung von wichtigen Dokumenten und eines Teils des Barvermögens der KP-Führung. So stand eines Vormittags ein bekannter chilenische Genosse vor dem Botschaftstor und übergab zwei große Beutel mit Brötchen, unter denen Geld und Dokumente versteckt waren. Gleichzeitig bat er um dringende Hilfe für einen anderen Genossen, der sich mit dem Rest der »Brötchen« in einem nahegelegenen Armenviertel aufhielt, das von der Polizei schon weiträumig abgesperrt war. Dort stand offensichtlich eine Großrazzia bevor. Erkennungszeichen, Uhrzeit und Treffpunkt der Übergabe waren bereits vereinbart, es blieb gerade einmal eine Stunde.

Nach kurzer Beratung fuhren zwei Mitarbeiter mit ihren CD-

Fahrzeugen los. Auf einem Parkplatz in der Nähe des Treffpunktes trennten sie sich und der mit seinem Diplomatenpaß etwas besser geschützte Konsul drang unbehelligt in den Sperrbezirk ein, übernahm die »Brötchen« am vereinbarten Ort und fuhr zurück zu seinem wartenden Kollegen. Unterwegs war ihm aufgefallen, daß er »Begleitung« erhalten hatte: Ihm folgte ein von jungen Männern in Zivil besetzter Peugeot 404, ein Fahrzeugtyp, der auch von der DINA benutzt wurde.

Nach kurzer Beratung auf dem Parkplatz übergab er seinem Begleiter eine große, aber leere Aktentasche. Der fuhr mit hoher Geschwindigkeit in Richtung Stadtzentrum – nunmehr hatte er den Peugeot am Heck. In der Zwischenzeit konnte der Konsul die »Brötchen« unbehelligt in die Vertretung bringen.

Eine neue Qualität der Verbindungen zur KP war mit der Ankunft von MfS-Offizieren möglich. Das Ressort konspirative Arbeit konnte nun in professionelle Hände übergeben werden.

Ein weiteres Kontaktgespräch mit zwei offiziellen KP-Emissären verlief ohne Zwischenfälle. Eine der chilenischen Kontaktpersonen war von den vorausgegangenen Begegnungen persönlich gut bekannt. Im Auftrage der illegalen Leitung trugen sie verschiedene Anliegen vor:

Nach wie vor galt es als vordringlich, gefährdete Genossen bzw. solche, die von der Inlandsleitung gezielt ins Ausland geschickt werden sollten, in unserer Vertretung unterzubringen. Am Herzen lag den chilenischen Genossen vor allen eine Gruppe von Parlamentariern, die in der Öffentlichkeit sehr bekannt waren und so kaum in die illegale Arbeit einbezogen werden konnten.

Grundsätzlich orientierte die Inlandsleitung der KP darauf, daß die Mitglieder ihrer Partei und die des Kommunistischen Jugendverbandes im Lande verblieben und sich in den illegalen Kampf einbrachten.

Nach den guten Erfahrungen, die bei der Sicherstellung von Parteigeldern und -dokumenten gemacht worden waren, bestand ein zweites Anliegen darin, die Arbeitsfähigkeit der Gruppe zu gewährleisten, die von der KP-Führung mit diesen Fragen betraut war. So wurden wir ersucht, den Ressortverantwortlichen, Luis Canales (von uns respektvoll mit *Don Lucho* angeredet), und den Anwalt Guillermo Montecinos bei uns aufzunehmen. Beide sollten bis zur Sicherung des Parteivermögens und bis zur Regelung anderer finanztechnischer Probleme im Lande verbleiben und von einem sicheren Unterschlupf aus ihre Aufgaben lösen.

Mit der Zustimmung aus Berlin wurden beide aufgenommen, Guillermo fand in der Schule Unterschlupf, und Don Lucho bezog ein Gästezimmer in der ehemaligen Residenz des Botschafters. Hier wohnten der Leiter der DDR-Gruppe mit seiner Gattin, der Konsul und ein chilenisches Ehepaar, auf dessen Verschwiegenheit wir uns verlassen konnten.

Don Lucho, ein älterer, bescheidener und kluger Genosse gehörte nun zur Familie.

Der Finanzapparat der Partei war auf eine mögliche illegale Arbeit relativ gut vorbereitet und hatte sein eigenes Verbindungssystem, in das der nun verantwortliche Genosse des MfS problemlos einbezogen werden konnte.

Als Helferinnen und Boten fungierten oft junge, attraktive weibliche Mitglieder des kommunistischen Jugendverbandes, die sich durch Mut und Umsicht auszeichneten.

Ein weiteres Anliegen, das die chilenischen Genossen vortrugen, betraf die Kommunikation, das heißt die Nutzung der Möglichkeiten der DDR-Mitarbeitergruppe für die Installierung eines Verbindungskanals zu der inzwischen durch Volodia Teitelboim in Moskau konstituierten Auslandsleitung der KP. Auch dazu erfolgte eine Zusage. Mit der chiffrierten Telex-Verbindung, dem über die finnische Botschaft gut funktionierenden diplomatischen Kurierweg und über die Ein- und Ausreisebewegungen von DDR-Dienstreisenden, Kundendiensttechnikern und den Mitarbeitern der Restgruppe existierten günstige Voraussetzungen.

Die ersten Zusammenkünfte dienten vor allem der Etablierung eines konspirativen Verbindungssystems mit Zeichenstellen, Toten Briefkästen, telefonischen Signalvereinbarungen, Einwurfschleusen, Trefforten, Not-und Warnzeichen etc. Das war ein Prozeß des Gebens und Nehmens, in dem sich die jungen chilenischen Genossen als äußerst umsichtige, mutige und intelligente Kampfgefährten erwiesen. Dieses Verbindungssystem, das im Laufe der Jahre ständig vervollkommnet und den sich verändernden Bedingungen angepaßt wurde, leistete hervorragende Dienste. Die Akteure auf beiden Seiten wechselten mehrfach.

Der illegalen Leitung der KP und der später unter Luis Corvalan in Moskau tätigen Auslandsleitung stand in all den Jahren ein stabiler und sicherer Verbindungsweg zur Verfügung, der vor allem zur Nachrichtenübermittlung, gelegentlich auch für die Übermittlung von eher kleineren Geldbeträgen und von technischen Hilfsmitteln, zu keinem Zeitpunkt aber zur Lieferung von Waffen oder militärischen Ausrüstungen genutzt wurde.

Die Leitung der Sozialistischen Partei Chiles und das in Berlin tätige UP-Zentrum »Antifaschistisches Chile« profitierten gleichfalls von diesem Kanal.

Auch die Restgruppen der UdSSR, der CSSR, Ungarns und zeitweise auch Polens nutzten die DDR-Telexverbindungen. Es entwickelten sich gute Kontakte und eine erfolgreiche Zusammenarbeit mit Mitarbeitern der UdSSR in der CEPAL und dem Leiter der CSSR-Firma TRACO.

Im Jahre 1987 konnten die konspirativen Aktivitäten eingestellt werden.

Der Brückenkopf der DDR in Chile war auf zwei Familien geschrumpft, die nun unter dem Schutz Rumäniens standen. Die DDR-Restvertretung nahm fortan nur noch technisch-kommerzielle Funktionen wahr und wurde zu diesem Zweck von der Kammer für Außenhandel später wieder personell verstärkt.

Die politische Opposition in Chile hatte in der Zwischenzeit im illegalen Kampf gut organisierte und effektivere Strukturen geschaffen. In dieser Zeit begann auch die Rückführung der ersten UP-Funktionäre und -Anhänger, die bisher im Exil gelebt hatten. Das stärkte den Widerstand im Inneren und eröffnete ihm immer wirkungsvollere, später auch legale Möglichkeiten. Die Bedeutung der Auslandszentralen der UP-Parteien ging folgerichtig zurück.

---

1 Politzer, P.: Altamirano, Buenos Aires, 1989, S. 35
2 Aus der Rede von Altamirano im Estadio de Chile vom 9. September 1973. In: Politzer, a. a. O., S.190
3 Fuerzas Armadas = Streitkräfte
4 Vgl. Politzer, a. a. O.
5 Politzer, a. a. O., S. 33
6 Vgl. Puccio, Oswaldo: Ein Vierteljahrhundert mit Allende, Verlag der Nation Berlin, 1980, S. 21
7 Politzer, a. a. O.: S. 190
8 Kommunistischer Jugendverband
9 Frente Patriótico Manuel Rodríguez = Patriotische Front Manuel Rodríguez
10 Auf einem Sonntagsausflug in den Cajón de Maipo mußten wir vor der Weiterfahrt in das landschaftlich schöne Gebirgsmassiv im Grenzgebiet zu Argentinien an einem Carabinero-Posten unsere Pässe abgeben. Von dem Postenführer, einem jungen Leutnant, wurden wir dann in sein Dienstzimmer gerufen, wo er sich als UP-Anhänger offenbarte und seine Freude darüber zum Ausdruck brachte, daß die DDR in Chile noch präsent war. Wir wünschten uns Glück und verabschiedeten uns mit einer herzlichen Umarmung.
11 Fuerza Aérea de Chile = Chilenische Luftstreitkräfte

Chilenische Emigranten in der DDR

Von Karlheinz Möbus

Als klar wurde, daß das Pinochet-Regime keineswegs – wie von vielen im In- und Ausland zunächst angenommen – die Absicht hatte, die Regierungsgewalt in die Hände ziviler Politiker zu übergeben und damit formal zur bürgerlichen Demokratie zurückzukehren, mußte sich die Welt darauf einstellen, daß das faschistische Militärregime für längere Zeit an der Macht bliebe. Niemand ahnte, wie lange sich das Regime halten würde. Es konnte Monate, Jahre, vielleicht sogar Jahrzehnte die Geschicke Chiles beherrschen.

Für die DDR bedeutete dies, daß für die in den Räumlichkeiten der Botschaft befindlichen Asylsuchenden alle Vorbereitungen für ihre Übersiedlung in die DDR getroffen werden mußten.

Zudem wuchs ihre Zahl unablässig.

Und auch in anderen Botschaften befindliche Flüchtlinge wünschten, ihr Exil in der DDR zu nehmen. Das wurde uns von verschiedenen internationalen Hilfsorganisationen übermittelt.

Das chilenische Militärregime hatte inzwischen die Ausweisung politisch mißliebiger Bürger als Instrument seines Rachefeldzuges entdeckt und Gefangenen ihre Entlassung unter der Maßgabe zugesichert, daß sie die Einreiseerlaubnis eines Drittlandes vorweisen. Das galt auch für jene Asylanten aus anderen lateinamerikanischen Staaten, die vor ihren Diktaturen in das Allende-Chile geflüchtet waren. Nunmehr galten sie als »ausländische Extremisten« und mußten darum fürchten, an ihre Heimatländer ausgeliefert zu werden. (Auf die diesbezügliche »Operation Condor« wurde an anderer Stelle bereits vewiesen.)

Nunmehr hatte die DDR für Überführung und Aufnahme der Asylbewerber zu sorgen.

Mit den Geldspenden der Bevölkerung standen zwar zunächst größere finanzielle Mittel zur Verfügung. Doch damit konnte man die wenigsten Probleme lösen, die mit der Integration von Immigranten verbunden sind. Man brauchte Wohnungen, Arbeit, Kindergarten-, Schul- und Ausbildungsplätze, medizinische und soziale Betreuung usw. Das war eine gesamtgesellschaftliche Aufgabe.

Das Politbüro des ZK der SED wie auch det Ministerrat faßten entsprechende Beschlüsse, mit denen der Rahmen für die Aufnahme, Betreuung und Eingliederung der politischen Emigranten aus Chile gesetzt wurde. Das Ministerium des Innern und seine nachfolgenden Institutionen in den Bezirken der DDR, das Volksbildungsministerium, das Staatliche Komitee für Arbeit und Löhne und andere Institutionen stellten die Weichen. Auf diese Weise entstand ein einheitliches und umfassendes Netz der sozialen, kulturellen, medizinischen und politischen Betreuung. Zur Realisierung wurden im Zentralkomitee der SED, im Ministerium des Innern sowie in den Räten der Bezirke Arbeitsgruppen gebildet, die für die Umsetzung dieser Beschlüsse verantwortlich waren.

Das Solidaritätskomitee der DDR rief ein »Chile-Zentrum« ins Leben, an dessen Gründung die Witwe von Salvador Allende teilnahm. Ihm gehörten Wissenschaftler und Künstler der DDR an. Das Zentrum fühlte sich insbesondere für die politisch-kulturelle Betreuung der Asylanten zuständig. Darüber hinaus unternahm es große Anstrengungen, den Gedanken der Solidarität mit dem chilenischen Volk unter der DDR-Bevölkerung zu fördern und zu vertiefen. Eine ähnlich wichtige Arbeit leistete auch der Freie Deutsche Gewerkschaftsbund, der über die »Soli-Marken« seiner Mitglieder ebenfalls beträchtlich zur Finanzierung der Betreuungsaufgaben beitrug.

In den ersten vier Monaten nach dem Putsch kamen mehr als 600 Flüchtlinge aus Chile in die DDR. Darunter waren 60 Bürger anderer lateinamerikanischer Staaten und rund 150 Kinder. Die meisten erwachsenen Chilenen gehörten einer Partei der Unidad Popular an, die überwiegende Mehrheit von ihnen war Hochschullehrer, Journalisten, Künstler, Ärzte und Studenten, die zum Teil in staatlichen oder gesellschaftlichen Funktionen der Allende-Regierung tätig waren. Angesichts dieser großen Zahl, deren weiteres Anwachsen absehbar war, reichten ein oder zwei Aufnahmeheime bald nicht mehr aus. Verschiedene staatliche Institutionen und gesellschaftliche Organisationen stellten Ferienobjekte oder Schulungszentren zur Verfügung, die dann als Aufnahmeheime genutzt wurden. Dementsprechend lagen diese Heime über die ganze DDR verstreut.

Das größte von ihnen war das Hotel »Lunik« in Eisenhüttenstadt, das mehr als ein Jahr lang diesem Zweck diente.

In den Aufnahmeheimen erfolgte eine erste medizinische Untersuchung. Da die Übersiedlung vom chilenischen Sommer in den europäischen Winter erfolgt war, mußte als erstes entsprechende Bekleidung zur Verfügung gestellt werden. Jedes Heim brauchte einen Spanisch-Dolmetscher, mit dessen Hilfe erste Gespräche über familiäre Fragen, über berufliche Fähigkeiten und Qualifikationen sowie Möglichkeiten der Einbindung in den Arbeitsprozeß geführt wurden.

Auch mit dem Erlernen der deutschen Sprache wurde schon in den Aufnahmeheimen begonnen.

Problematisch war, daß es sich bei den meisten Asylanten um Funktionäre der gestürzten Allende-Regierung handelte, die sich in allen Fragen mit ihren Parteiführungen abstimmen mußten. Diese waren aber auf Grund der Verfolgungen durch das Militär längere Zeit nicht arbeitsfähig. Es dauerte darum Wochen und Monate, ehe die Leitungsstrukturen im Exil standen und darüber entschieden werden konnte, wo und wie die einzelnen Funktionäre in das gesellschaftliche und berufliche Leben der DDR integriert werden sollten. Als hinderlich erwies sich zudem die Illusion, man könne bald wieder nach Chile zurückkehren, der Aufenthalt sei nur von kurzer Dauer, weshalb mancher den Deutsch-Unterricht und die Einarbeitung in eine neue berufliche Tätigkeit als unnötig und zuweilen gar als störend bei der Vorbereitung auf den revolutionären Kampf gegen die Pinochet-Diktatur ansah.

Diese Haltung änderte sich jedoch in dem Maße, wie die Führungen dieser Parteien akzeptierten, daß die Rückkehr zu demokratischen Verhältnissen in Chile auf absehbare Zeit nicht erfolgen würde. Sie nutzten die Angebote der DDR und nahmen auf die persönliche Entwicklung ihrer Parteimitglieder Einfluß.

In einigen wenigen Fällen erfolgte die Umsiedlung in ein anderes Exilland oder die illegale Rückkehr nach Chile. Dabei gewährten die zuständige DDR-Stellen Unterstützung. Jugendliche wurden darauf orientiert, sich beruflich zu qualifizieren und – soweit möglich – ein Hochschulstudium zu absolvieren.

Die Beschaffung von Wohnungen erwies sich als das größte Problem. Bekanntlich waren sie generell knapp, was mit der Realisierung eines langfristigen Wohnungsbauprogramms behoben werden sollte. Daher war es notwendig, die Chilenen auf das ganze Land zu verteilen; nur wenige konnten in Berlin untergebracht werden. Zunächst wurden die Bezirke Halle, Karl-Marx-Stadt, Dresden, Gera und Suhl vom Vorsitzenden des Ministerrates der DDR angewiesen, Wohnraum für jeweils 50, 100 bzw. 150 Emigranten bereitzustellen. Die so entstandenen »chilenischen Kolonien« waren meist an Großbetriebe (Leuna und Buna im Bezirk Halle, Carl Zeiss Jena in Gera oder Sachsenring Zwickau in Karl-Marx-Stadt) gebunden, wo die Erwachsenen nicht nur Arbeit fanden, sondern auch sozial und medizinisch betreut wurden.

Später kamen die Bezirke Cottbus, Frankfurt/Oder und Magdeburg hinzu.

Ärzte, Wissenschaftler, Journalisten sowie Spitzenfunktionäre der politischen Parteien wurden vorrangig in Berlin, Schauspieler, Musiker und andere Künstler in Rostock untergebracht, wo sie unter Federführung des dortigen Volkstheaters Möglichkeiten für die Ausübung ihres Berufes hatten.

Den Asylanten wurden ausnahmslos Neubauwohnungen zur Verfügung gestellt. Zu einem großen Teil waren diese Wohnungen bereits DDR-Bürgern zugewiesen worden, und es bedurfte klärender Aussprachen, um sie davon zu überzeugen, daß sie nun länger auf ihre neue Wohnung warten mußten.

Auch das war eine Form individueller Solidarität, die selten verweigert wurde.

Bei der Einweisung in ihre neue Wohnung wurde den Emigranten ein Übergangsgeld von mindestens 2.500 DDR-Mark, für jedes Kind weitere 500 Mark zur Verfügung gestellt. Zur Einrichtung ihrer Wohnung erhielt jede Familie einen zinslosen Kredit, der in Monatsraten von mindestens fünf Prozent ihres Einkommens zurückzuzahlen war. Ehepaare mit Kindern durften bis zum Abschluß ihrer Einarbeitungszeit mietfrei wohnen.

So war bereits wenige Wochen nach Eintreffen der ersten politischen Emigranten aus Chile ein gut funktionierendes System geschaffen worden, das ihre weitgehend reibungslose Eingliederung in das Leben der DDR gestattete und sie sozial mit den Bürgern der DDR gleichstellte.

Die Gesamtzahl der politischen Emigranten, Familienangehörige eingerechnet, betrug etwa 1.500.

Da nach dem Abbruch der diplomatischen Beziehungen keine

chilenische Vertretung in der DDR existierte, die konsularische Angelegenheiten wie Paß- und Visafragen sowie standesamtliche und notarielle Angelegenheiten für diese Bürger regelt, machte sich die Schaffung einer eigenen Institution notwendig, bei der die Emigranten ihre Probleme vortragen und – soweit möglich – lösen konnten. Dazu wurde in Berlin das Komitee »Antifaschistisches Chile« geschaffen, das die Interessen aller chilenischen Emigranten in der DDR vertrat. In diesem Büro waren mehrere chilenische und DDR-Bürger tätig.

Die Chilenen akzeptierten die in der DDR geltenden Einschränkungen der Reisefreiheit. So war es mit den Parteiführungen auch verabredet. Besuche beim chilenischen Konsul in Westberlin zur Paßverlängerung, Urkundenbeschaffung usw. wurden beim Büro »Antifaschistisches Chile« beantragt und genehmigt. So wurde auch bei allen anderen Auslandsreisen verfahren.

Das Büro war Ansprechpartner für alle DDR-Institutionen bei der Organisierung von Solidaritätsveranstaltungen und der Regelung anderer Fragen, die auf diese oder jene Weise mit Chile oder chilenischen Bürgern in der DDR zu tun hatten.

Erster Vorsitzender des Komitees war Osvaldo Puccio sr., enger Freund und langjähriger persönlicher Sekretär von Präsident Salvador Allende, der mehrere Monate zusammen mit seinem gleichnamigen Sohn und Spitzenfunktionären auf der KZ-Insel Dawson gefangen war und danach ins Ausland abgeschoben wurde. Sein Stellvertreter im Berliner Büro war ein ehemaliger Gesundheitsminister. Beide genossen hohes Ansehen unter den chilenischen Emigranten.

Nach der erfolgreichen Ausschleusung des Generalsekretärs der Sozialistischen Partei Chiles, Carlos Altamirano, bot die SED ihm an, sich in Berlin niederzulassen und die Auslandsleitung seiner Partei in der DDR-Hauptstadt zu formieren.

Altamirano nahm dieses Angebot dankend an, ließ mehrere Mitglieder der Führung der SP Chiles, die sich in anderen Asylländern befanden, in die DDR kommen, und begann mit der Reorganisation der SP.

Damit wurde Berlin zu einem der wichtigsten Zentren des weltweiten Kampfes gegen das faschistische Pinochet-Regime. Alle Spitzenpolitiker der Regierung der Unidad Popular und ihrer Parteien, soweit ihnen die Flucht ins Ausland gelungen war und sie

Asyl in einem anderen Land gefunden hatten, kamen von nun an in die DDR, um sich mit Altamirano bzw. der Auslandsleitung der SP zu treffen. Dabei kam es in der Regel stets auch zu Konsultationen mit der Führung der SED. Luis Corvalán wurde nach seiner Freilassung auf einem großen Festakt im »Palast der Republik« begrüßt. Die Vorsitzenden der Radikalen Partei Chiles, Anselmo Sule, der MAPU, Oscar Guillermo Garretón, der MOC, Jaime Gazmuri, sowie der Partei der Christlichen Linken (IC), Luis Maira, waren wiederholt zu Gast in Berlin. Die DDR-Führung hatte dadurch ständig Kontakt zu den wichtigsten Politikern der chilenischen Linken.

Die Unterstützung der Chilenen erfolgte auch mit Sendungen von *Radio Berlin International* (RBI), für dessen Tätigkeit Politbüromitglied José Antonio Carmona in einem Gespräch mit Erich Honecker am 16. Mai 1975 explizit dankte. *(SAPMO DY/IV B2/20/263)* Der Sender werde im ganzen Lande gehört, finde »größten Anklang« und erziele »große Wirkung«. Seine Bedeutung könne kaum überschätzt werden. »Neben der Entlarvung der Junta-Politik spielt die Information über die weltweite internationale Solidarität eine große Rolle. Den Menschen wird immer klarer, welche Bedeutung die Solidarität für uns besitzt.«*

Alle ins Exil getriebenen chilenischen Parteien (einschließlich der Vertreter der christdemokratischen Partei) kämpften vom Ausland gegen das faschistische Pinochet-Regime. Für dieses Ziel nutzten sie internationale Gremien und Bühnen. Eine Schlüsselfigur dabei war der ehemalige UNO-Botschafter der Allende-Regierung Orlando Letelier, er gehörte zu den von Pinochet meistgehaßten Politikern. Letelier, der nach der Ankunft Altamiranos ebenfalls besuchsweise in die DDR kam, wurde von Pinochet-Agenten in den USA ermordet.

Eine andere Seite der Tätigkeit der Auslandsleitungen der Par-

---

* Die Parallelen zur antifaschistischen Rundfunktätigkeit aus dem Ausland während der Zeit der Hitlerdiktatur zeigen sich allerdings auch in der Wiederholung von Fehlern. Am 28. Juli 1975 beklagt sich die illegale Inlandsleitung der KP Chiles in einem Schreiben an die in der sowjetischen Hauptstadt sitzende KP-Auslandsleitung über die mangelnde Sorgfalt der Russen. »Vor einigen Tagen sandte *Radio Moskau* eine Grußbotschaft eines Vertreters der SP für die ›Helden des Widerstandes‹ in Chile. Unter anderem persönliche Grüße für Antonio (Victor Díaz). Das ist gleichbedeutend mit einem brüderlichen Verrat [...] Ihr habt gesehen, was mit Ponce, Lorca und Lagos passiert ist. An Ponce wurden mehrmals und laufend Grüße gesandt. Natürlich hat sich die Aufmerksamkeit der Junta auf ihn konzentriert. Die Inlands-SP hat einen schweren Schlag erlitten.« *(SAPMO DY/IV B2/20/263)*

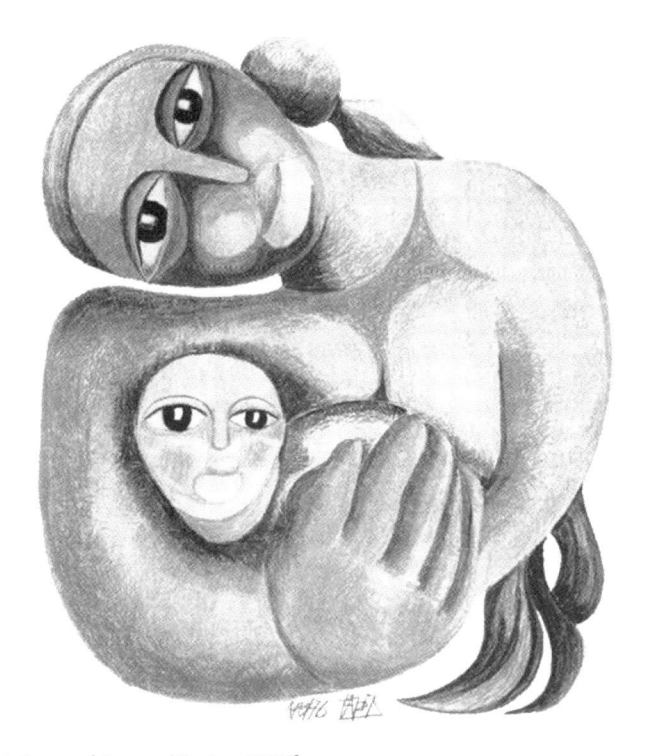

Lithographie von Tapia, 1976

teien Chiles bestand in der Unterstützung ihrer Mitglieder in Chile selbst. Sie halfen beim Aufbau illegaler Leitungen materiell und finanziell. Voraussetzung war ein funktionierendes System von Verbindungen zwischen In- und Ausland, das vom politischen Gegner nicht entdeckt werden durfte.

In dem Maße, wie die in Berlin ansässige Auslandsleitung derSP diese Aufgaben in Angriff nahm, war immer auch die Hilfe der DDR gefragt. Dies verstärkte sich noch, als Carlos Altamirano 1979 als Generalsekretär der Partei von Clodomiro Almeyda abgelöst wurde.

Neben dem Büro »Antifaschistisches Chile« und der Auslandsleitung der Sozialistischen Partei gab es ein drittes chilenisches Büro in Berlin: das der Kommunistischen Partei. Die KP war die Partei mit den meisten Mitgliedern unter den Emigranten in der DDR und sehr aktiv. Obwohl die KP Chiles ihren Hauptsitz in Moskau hatte, wo auch ihr Generalsekretär Luis Corvalán lebte, nutzte sie ihre personelle Präsenz und die Hilfsbereitschaft der DDR-Regierung, um von hier zu wirken. Auf Wunsch der KP-Führung wurde an der Universität in Leipzig eine Gruppe chilenischer Wissenschaftler installiert, die laufend die Lage in Chile analysierte und die Partei in der Ausarbeitung ihrer Strategie und Taktik beriet.

Die übrigen Parteien der Unidad Popular verfügten über nur wenige Mitglieder in der DDR. Trotzdem wurden dem jeweiligen verantwortlichen Funktionär gute Bedingungen gesichert. Auch diese Parteien nutzten die Hilfe der DDR bei der Durchführung von Leitungssitzungen, multilateralen Treffen und Seminaren.

Auf Druck der UNO mußte das Pinochet-Regime die Frage der Staatsbürgerschaft für Chilenen klären, die entweder ohne gültigen Paß ins Exil gereist oder deren Pässe abgelaufen und nicht wieder verlängert worden waren. Die Ignorierung dieses Zustandes hätte bedeutet, daß die Betreffenden ihre Staatsangehörigkeit verloren hatten und als Staatenlose galten. Für das faschistische Regime hatte die Ausstellung oder Verlängerung der chilenischen Pässe jedoch zur Folge, daß die Paßinhaber jederzeit ins Land zurückkehren durften. Kein Land darf den eigenen Staatsbürgern die Einreise verweigern – es sei denn, die Staatsbürgerschaft wurde explizit aberkannt. Das aber wollte Pinochet auch nicht.

Um aus diesem Dilemma herauszukommen, gestattete Pinochet zwar Ausstellung bzw. Verlängerung der chilenischen Pässe für politische Emigranten, ließ jedoch allen Personen, deren Rückkehr nach Chile er zu verhindern gedachte, ein großes »L« in den Paß stempeln. Damit galt die Rückkehr als verboten. Dieses »L« bekamen vor allem die Spitzenfunktionäre der Parteien der Unidad Popular bzw. der Allende-Regierung sowie die meisten der in der DDR lebenden politischen Emigranten.

Den wenigen Parteimitgliedern, deren Paß nicht auf diese Weise markiert wurde und denen damit eine Rückkehr in die Heimat möglich war, machten davon auch Gebrauch. Sie wollten den Kampf gegen das faschistische Pinochet-Regime im Lande führen. Das war das Hauptfeld des Widerstandes. Zudem sollte das politische Asyl nur von denjenigen in Anspruch genommen werden, die nicht in der Heimat leben konnten. Die Rückkehr stellte die Chilenen vor neue Probleme: Ungeachtet der politischen Unterdrückung verfügten die wenigsten über materielle bzw. finanzielle Mittel, um sich eine neue Existenz in Chile aufzubauen. Zudem war die Arbeitslosigkeit hoch. Trotzdem begann Ende der 70er Jahre der Prozeß der Rückkehr der chilenischen Emigranten in ihr Heimatland, der sich etwa über zehn Jahre hinzog.

Angesichts der ersten Konzessionen, die das Pinochet-Regime auf Grund des immer stärker werdenden internationalen Druckes machte sowie der Zunahme auch des inneren Widerstandes begannen die UP-Parteien, die illegale Rückkehr von Spitzenfunktionären ins Inland zu betreiben.

In den 80er Jahren kehrten Clodomiro Almeyda (SP), Jorge Insunza (KP) und Enrique Correa (MOC) mit Hilfe einschlägiger DDR-Institutionen nach Chile zurück, wo sie halfen, bedeutende Aktionen gegen das Regime organisieren.

1986 sah sich die Pinochet-Junta auf Grund des anhaltenden internationalen Drucks gezwungen, die Liste der Chilenen, denen die Rückkehr in die Heimat verweigert wurde, sukzessive zu reduzieren. Allerdings ließ sie sich dabei viel Zeit, und erst 1988, wenige Tage vor dem von Pinochet angeordneten Plebiszit, bei dem darüber entschieden werden sollte, ob er weiter »Präsident« von Chile bliebe oder sich auf seinen Posten als Chef des Heeres zurückziehen solle, wurde das Rückkehr-Verbot endgültig aufgehoben.

Als das Volk ihm bei diesem Plebiszit die Gefolgschaft verweigerte und sich für freie Wahlen entschied, brach der Bann endgültig. Die in der DDR lebenden chilenischen Emigranten kehrten bis auf wenige Ausnahmen in ihre Heima zurück. Ein letztes Mal unternahm die DDR große Anstrengungen, um Hunderten Familien die Übersiedlung zu ermöglichen, die ihnen einen Beginn in der Heimat sicherte, bei dem sie zumindest in der ersten Zeit keine Not leiden mußten. In vielen Fällen hatten die inzwischen erwachsenen Kinder der Emigranten mit DDR-Bürgern eigene Familien gegründet, von denen einige nach Chile gingen und andere in der DDR blieben.

Nazideutschland und Chile

Von Gotthold Schramm

Deutschland verlor im Ersten Weltkrieg seine kolonialen Besitzungen. Ein Ende der kolonialen Träume der in Deutschland Herrschenden bedeutete das jedoch nicht. Es entwickelte sich vielmehr ein »moderner« Kolonialismus, der sich auf im Ausland lebenden Deutschen gründet. Das traf im besonderen Maße auf Länder des lateinamerikanischen Kontinents zu.

1935 lebten in Brasilien etwa 75.000, in Argentinien rund 43.000, in Chile 36.000 Deutsche bzw. Deutschstämmige[1].

Sie waren seit Mitte des 19. Jahrhunderts bis unmittelbar nach der Weltwirtschaftskrise Anfang der 30er Jahre eingewandert.

Bereits 1931 existierte in Chile eine Landesgruppe der NSDAP, die öffentliche Veranstaltungen durchführte und in Naziquellen als eine der »allerbesten« Organisationen in Lateinamerika eingeschätzt wurde.[1] Die Landesgruppe sollte in die deutschen Kolonien hineinwirken, sie gleichschalten und Mitglieder für die NSDAP gewinnen.

Nach einjähriger Tätigkeit von Richard Wilhelm Zeisig, der am 1. April 1935 das Landesamt VII (Lateinamerika) der NSDAP-Zentrale übernahm, führte Karl Hübner die Landesgruppe Chile der NSDAP bis zum Jahre 1945. Hübner erhielt 1939 das »Goldene Parteiabzeichen« aus Deutschland.

Nach einer Statistik aus dem Jahre 1935 hatte die Landesgruppe Chile etwa tausend Mitglieder, darunter waren 53 Lehrer, 61 Akademiker, 102 Diplomingenieure und Techniker sowie 386 Mitglieder aus kaufmännischen Berufen.[1] Die stärksten Ortsgruppen gab es in den Ballungsräumen Santiago (ca. 300 Mitglieder) und Valparaiso (159 Mitglieder). Es war offenkundig noch nicht gelungen, die südlichen Provinzen Chiles, in denen sich die Mehrheit der deutschen Kolonie befand, zu »durchdringen«.

Die Statistik von 1944 zählt 1.107 Mitglieder, darunter 102 Lehrer, 126 Landwirte und 64 Bankangestellte.

Das Organ der Landesgruppe Chile der NSDAP/AO war der *Westküsten-Beobachter*, der uneingeschränkt den deutschen Faschismus und das Führerprinzip verherrlichte. Unter dem Einfluß der

Landesgruppe Chile standen auch die *Deutschen Monatshefte für Chile*, in denen beispielsweise Roland Freisler und Hans Frank die Prinzipien des Führerstaates begründeten, und die *Deutsche Zeitung für Chile*, in der auch für Chile ein »unbeugsamer Führer« gefordert wurde.

Das Zentrum des nationalistischen Einflusses und Eindringens in Chile bildete jedoch *Ibero-Amerikanische Institut Berlin* (IAI).

Bereits im Vorfeld seiner Gründung richtet Admiral a. D. Paul Behnke[2] ein Schreiben an Kanzler Brüning. »Wir versprechen uns von tiefgründigen Schriften, geistreichen Leitartikeln oder kraftvollen Entschließungen großer Tagungen Wirkung auf das Ausland, übersehen aber dabei, daß die ausländische Öffentlichkeit von allen diesen so gut wie nichts hört und liest«, klagte der Admiral und schlug darum vor: »Wir müssen an Ort und Stelle persönliche Beziehungen pflegen.«[3]

Der Grundstein des IAI wurde 1927 mit der Stiftung mehrerer Bibliotheken in Lateinamerika gelegt. Im Oktober 1930 erfolgte die offizielle Gründung. Zunächst unterstand das IAI dem Ministerium für Kultur.

Die eigentliche Entwicklung begann jedoch erst im Jahr 1934 mit der Übernahme der Leitung durch den 60jährigen General a. D. Wilhelm Faupel. Faupel war bis auf eine kurze Unterbrechung, als er zwischen 1936 und 1938 deutscher Botschafter bei Franco war, bis 1945 »Präsident« des IAI.

Wer war Wilhelm Faupel? 1900 war er beteiligt an der Niederschlagung des »Boxeraufstandes« in China, danach an der Vernichtung der Herero und Hottentotten in Deutsch-Südwestafrika. Von 1911 bis 1913 firmierte er als Militärberater in Argentinien, anschließend als Generalstabsoffizier im Weltkrieg, Auszeichnung mit dem »Pour le Mérite mit Eichenlaub«, 1918 als Befehlshaber einer »Republikanischen Militärgarde«, die den »linken Aufstand« zerschlagen wollte. Daraus wurde das »Freikorps Faupel« mit etwa 3.000 Mann. Er marschierte mit Kapp und Lüttwitz 1920 nach Berlin, um die Regierung zu stürzen. Danach ging er erneut nach Argentinien, diesmal als persönlicher Berater des Inspekteurs der Armee.

Reichspräsident Friedrich Ebert ernannte ihn zum General insbesondere deshalb, weil es ihm zu danken war, daß Deutschland Kriegsmaterial für 45 Millionen Reichsmark an Argentinien verkaufte. 1927 war Faupel Generalinspekteur im peruanischen Heer.[4]

Faupel orientiert das IAI von Anfang an auf den Ausbau einer zentralen Organisation, mit deren Hilfe ein Netz von »Multiplikatoren« unter den kulturellen Eliten der Zielländer, darunter auch Chile, etabliert werden sollte. Das geschah im engen Zusammenwirken mit der Landesgruppe der NSDAP.

Das Ibero-Amerikanische-Institut unterhielt Beziehungen zu einer großen Anzahl von Vereinen und Gesellschaften. Genannt sei die *Deutsch-Ibero-Amerikanischen-Ärzte-Akademie* in Berlin. Diese sollte gewährleisten, daß die »rassische Reinheit« der Kolonie bewahrt, das politische Handeln angeregt und die chilenische Gesellschaft beeinflußt würde. Bereits drei Jahre nach der Gründung, 1938, gehörten der Akademie 500 lateinamerikanische Mitglieder an.[5]

Das IAI unterhielt Kontakte zum *Verein für das Deutschtum im Ausland* (VDA), der seit 1937 unter völliger Kontrolle der SS stand, zu zwischenstaatlichen Verbänden wie dem *Deutschen Wirtschaftsverband für Süd- und Mittelamerika*, dem *Deutsch-Argentinischen Zentralverband*, dem *Deutsch-Brasilianischen Handelsverband* und der *Deutsch-Mexikanischen Handelskammer*.

Eine nicht zu unterschätzende Rolle beim Export nazistischer Ideologie nach Chile spielten die deutschen Schulen und deren Lehrer, bei denen es sich zum überwiegenden Teil um deutsche Einwanderer handelte. 1935 existierten 52 deutsche Schulen, davon zehn in Santiago und Umgebung, die meisten von ihnen jedoch in den Zentren der deutschen Kolonie im Süden Chiles, deren Finanzierung vor allem aus Deutschland erfolgte. Rund 5.000 Schüler, vorwiegend deutscher Herkunft, besuchten diese Einrichtungen.

Etwa 100 Lehrer sind als aktive NSDAP-Mitglieder nachgewiesen.[1] Ihre Gleichschaltung erfolgte durch den *Nationalsozialistischen Lehrerbund* (NSLB), der 1936 bereits 115 Mitglieder zählte.[6] Das wird im 5. Rundschreiben des *Vereins Deutscher Lehrer* wie folgt kommentiert: »Die deutsche Lehrerschaft in Chile zeigt hierdurch, daß sie sich entschieden hinter den Führer Adolf Hitler stellt und bereit ist, sich tatkräftig dafür einzusetzen, daß der Chiledeutsche und das chiledeutsche Kind für die Ideale des Dritten Reiches gewonnen werden.«[6]

Die deutschen Schulen übernahmen Planung und Durchführung aller nationalsozialistischen Gedenk- und Feiertage.[7]

Deutlich wird der Inhalt des gelehrten Stoffes auch an Prüfungsthemen der Obersekunda der Schuljahre 1939/40/41. Diese lauteten: »Warum konnte sich Deutschland nicht mit dem Diktat von Versailles abfinden?«, »Deutschlands Wiederaufstieg zur Weltmacht«, »Deutschlands politische und militärische Erfolge seit Beginn des Krieges«, »Der Wert der soldatischen Erziehung für ein Volk«.[8]

Bezeichnend für die politische Lage in Chile ist die Tatsache, daß nach dem Abbruch der diplomatischen Beziehungen zu Nazideutschland im Jahre 1943 alle deutschen Lehrer weiter uneingeschränkt ihrer Lehrtätigkeit nachgehen konnten.

Es muß späteren Untersuchungen vorbehalten bleiben, die Entwicklung der offiziellen und inoffiziellen Beziehungen zwischen Nachkriegsdeutschland/BRD und Chile und deren Auswirkungen auf die Gegenwart zu bewerten. Das gilt insbesondere auch auf einen möglichen Einfluß auf das Chile Allendes und auf Kräfte, die den Putsch gegen ihn organisiert und durchgeführt haben.

1 Aus: Müller, »Nationalsozialismus in Lateinamerika«, Politisches Archiv des Auswärtigen Amtes, S. 122
2 B. war stellvertretender Chef des Admiralstabes im Ersten Weltkrieg und einer der Hauptverantwortlichen des U-Boot-Krieges. Er stand 1919 auf der Liste der deutschen Kriegsverbrecher.
3 Lier, Reinhard/Maihold, Günther/Volkmer, Günther (Hrsg.): Ein Institut und sein General. Wilhelm Faupel und das Iberoamerikanische Institut in der Zeit des Nationalsozialismus; Frankfurt am Main, 2003
4 ebenda, Biographie Faupels von Oliver Gliech
5 a. a. O., S. 23ff., und Kapitel 1.2
6 Fünftes Rundschreiben im Verein Deutscher Lehrer in Chile 11/33
7 Jahresbericht der Deutschen Schule in Magallanes, Schuljahr 1934; Bundesarchiv Koblenz, R 57 / neu 1209
8 Bilanz und Jahresbericht der Deutschen Schule zu Santiago, Schuljahr 1939/1940/1941; Gaidig/Veit »Der Widerschein des Nazismus«, a. a. O. S. 423

Militärische Zusammenarbeit Deutschlands mit Chile

Die militärische Zusammenarbeit Deutschlands mit Chile – genauer formuliert: der Einfluß auf Heer, Luftwaffe und Marine durch die deutsche Militärführung – hat eine lange Tradition. Kaiserlich-preußische Offiziere gingen Ende des 19. Jahrhunderts nach Chile, um dort ein Heer aufzubauen. Der 1840 geborene Emil Körner, Berufsoffizier in Preußen, 1885 als Militärberater nach Chile gekommen, wurde der erste Generalinspekteur der Streitkräfte. Er zog etwa 40 preußische Offiziere nach.

Die aktuellen Ausbildungsinstruktionen, das Exerzierreglement, die Uniformen, selbst die Militärwäsche sind sichtlich deutschpreußischen Ursprungs. Die chilenische Militärakademie entstand nach dem Muster der Kriegsakademie in Berlin. Zwischen beiden Akademien begann der regelmäßige Austausch. Bis zum Beginn des Ersten Weltkrieges erhielten von den bis dorthin 1.000 chilenischen Offizieren des Heers 300 eine Ausbildung in Deutschland.

Der deutsche Einfluß auf das Militärwesen in Chile war um die Jahrhundertwende stärker als in allen anderen Bereichen. Das belegen zahlreiche Untersuchungen und Analysen.[1]

Die engen Beziehungen erfuhren keineswegs einen Abbruch nach dem Versailler Vertrag. Sie wurden geheim fortgeführt. Hans von Kiesling *(Militärspezialist aus Deutschland)* verriet später in der *Deutschen Zeitung* die »konspirative Taktik bei der Umgehung des Versailler Vertrages«.

Auf den ersten Blick zu erkennen, wer hier Pate stand

Guillermo Novoa S., chilenischer General im Ruhestand, stellte hierzu 1935 fest: »Trotz der im Versailler Vertrag begründeten Schwierigkeiten unterstützte Deutschland auch nach dem Weltkrieg den Austausch von Offizieren mit Chile. Viele Chilenen, die heute im Heer dienen, haben ihre Ausbildung in Deutschland genossen, unter ihnen befindet sich auch der jetzige Oberkommandierende, General Don Oscar Novoa, der 1927 bis 1929 nach Dresden und Potsdam kommandiert war. Ich selbst bin in jenen Jahren chilenischer Militärattaché in Berlin gewesen. Von Kiesling und von Knauer dienen heute noch als chilenische Generale im Heer.«[2]

Eine bedeutende Rolle bei der Intensivierung der Zusammenarbeit Anfang der 30er Jahre spielte eine große Gruppe von chilenischen Offizieren des Heeres, die sich bereits im Ruhestand befanden. Sie hatten überwiegend eine Ausbildung in Deutschland erhalten, unterhielten enge Verbindungen zu den Ortsgruppen der NSDAP in Chile und folgten der Ideologie der Nationalsozialisten. Sie gehörten dem 1905 gegründeten *Verein der Freunde Deutschlands* an und gründeten 1934 den *Deutschen Militärverein*.

Gründer der ersten chilenischen Nazipartei im Jahre 1932 war keineswegs zufällig ein Militär. Dieser General Francisco Javier Diaz Valderrama hatte seine militärische Ausbildung in Deutschland und dort auch seine politische Prägung erhalten. Er beschäftigte sich intensiv mit Adolf Hitler und übertrug Schriften von ihm ins Spanische.

Bereits unmittelbar nach Errichtung der Nazidiktatur erschienen Militärspezialisten aus Deutschland in Chile. Bekannt sind Hans von Kiesling, der seit 1931 Mitglied der NSDAP war, und Otto Zippelius, 1935 Instrukteur der Polizei in Chile, ebenfalls aktives Mitglied der NSDAP.

Der Forderung von General Francisco J. Diaz, das chilenische Heer solle der deutschen Wehrmacht angeglichen werden, folgten Anfragen. Man zeigte sich besonders an deutschen Kanonen und, nach dem Krieg gegen Polen im Herbst 1939, an erbeuteten polnischen Flugzeugen interessiert. Zu diesem Zweck wurde 1940/41 wiederholt mit dem Oberkommando der Wehrmacht (OKW) und dem Reichswirtschaftsministerium verhandelt. So ist aus dem Jahre 1940 eine Liste des chilenischen Verteidigungsministeriums über »gewünschtes Rüstungsmaterial« bekannt geworden, die auch die damalige politische und militärische Orientierung Chiles zeigt.[4]

Chile hatte damals eine »interkontinentale Zusammenarbeit mit den USA« explizit abgelehnt und war auf Distanz gegangen. Die Militärführung vertrat die Auffassung, daß die deutschen Waffen den amerikanischen überlegen seien. Deshalb verwies man in der in Berlin vorgelegten Wunschliste ausdrücklich darauf, daß Chiles Präsident, der Finanzminister und der zuständige Senatsausschuß den Waffenkauf in Deutschland befürworteten.

Über die Zusammenarbeit Hitlerdeutschlands mit Chile ist gegenwärtig nur wenig Aktenmaterial bekannt. Das gilt vor allem für das Bundesarchiv (Berlin, Potsdam, Koblenz) und das Militärarchiv (Freiburg im Breisgau). Es ist zu vermuten, daß sich weitere Unterlagen in Rußland befinden, da 1945 diverse Aktenbestände von der Roten Armee in die Sowjetion mit der Maßgabe überführt worden sind, die Ausbildung sowjetischer Offiziere in Hitlerdeutschland 1937/38 weiter »aufzuklären«.

Die Entwicklung der Zusammenarbeit nach 1949, zu der auch die Ausbildung chilenischer Offiziere an den Militärakademien der Bundeswehr gehört, bedarf weiterer Untersuchungen. Von Relevanz ist dies auch im Zusammenhang mit dem Staatsstreich von 1973.

Eine Schlüsselfigur bei der Vorbereitung und Durchführung des Putsches war Oberstleutnant (später General) Christian Ackerknecht. Er entstammte einer Großgrundbesitzerfamilie deutscher Herkunft, war im Geiste deutscher Militärtradition erzogen, kurzum: ein typischer Repräsentant nationalistischen, militärfaschistischen Denkens. Er stand der rechtsmilitanten Vereinigung *Patria y Libertad* nahe und unterstützte deren Sabotageakte gegen die Unidad Popular in der Bergarbeiterprovinz O'Higgins um Rancagua.

Ackerknecht wurde von Pinochet nach dem Putsch als Gouverneur der Region Rancagua eingesetzt. Er soll sich dort mit besonderer Brutalität und Härte hervorgetan haben.

Ackerknecht hatte die Führungsakademie der Bundeswehr in Hamburg-Blankenese absolviert. Er erklärte am 21. März 1974: »Bei uns herrscht der Geist der alten deutschen Wehrmacht, und darauf sind wir stolz und schämen uns nicht. Meinen Männern habe ich auch die deutschen Marschlieder, zum Beispiel ›Schwarzbraun ist die Haselnuß‹ beigebracht, mit spanischem Text natürlich.«[5]

Und der Junta gehörten noch zwei weitere Deutschstämmige an: Fernando Mathei-Aubel, General der Luftwaffe, und Rudolf Stange, General der Polizei.

Zu den exponierten Militärs rechneten auch Konteradmiral Adolfo Walbaum, General Walter Heitmann, General Pablo Schaffhäuser sowie die Obristen Hugo Hinrichsen, Alberto Spoerer, Juan Deichler und Christian Guedelhofer. Sie alle beriefen sich mit Stolz auf ihre deutschen Vorfahren.

General Arellano Stark, »General des Todes« genannt, wütete nach dem Vorbild der Einsatzsonderkommandos der faschistischen Wehrmacht und der Waffen-SS. Am 16. Oktober 1973 ließ er in der Stadt La Serena 15, am 17. Oktober 1973 in Copiapó 13, anschließend in Arica sechs und in Antofagasta sieben Anhänger der Unidad Popular erschießen.[5]

Und schließlich: Die Terroristen-Vereinigung *Patria y Libertad* wurde von den deutschstämmigen Großbauernsöhnen Roberto Thieme, Pedro Hilf und Ernesto Miller geleitet.

---

1 Schäfer, »Deutsche Militärhilfe an Südamerika vor 1914« (Studien zur modernen Geschichte 12, Düsseldorf 1974); Ettmüller, »Germanisierte Heeresoffensive in der chilenischen Politik 1920-1932« (Ibero-Amerikanisches Archiv, Jahrgang 8, Nr. 1/2, 1982, S. 85-160)
2 »Deutsche Mitarbeit in der Entwicklung der chilenischen Armee« in »Westküsten-Beobachter« vom 10.1.1935
3 Victor Farias, »Die Nazis in Chile«, Jahr 2002, Philo-Verlag, Seite 244
4 Aufstellung vom 3.7.1940, die der deutsche Botschafter Schoen nach Deutschland übermittelte; Zentrales Staatsarchiv AA 6844, Bundesarchiv Potsdam, Film 37157
5 Aus den durch Prof. Dr. Friedrich Karl Kaul für die Chile-Konferenz 1974 in Helsinki vorbereiteten und bestätigten Materialien *(SAPMO DY 30/vorl. SED 35393)*

Der Fall des SS-Standartenführers Walter Rauff

Rauff war deutscher Staatsbürger, Mitglied der NSDAP und der SS. 1938 wechselte er von der Marine zum SD, Amt 1, ab 1941 war er in der Gruppe II D des Reichssicherheitshauptamtes (RSHA) eingesetzt. Diese Gruppe setzte die Beschlüsse der Wannseekonferenz (»Endlösung der Judenfrage«) unmittelbar um. Rauff arbeitete unmittelbar mit Eichmann, Heydrich und Kaltenbrunner zusammen. Er war u. a. mit der Planung und dem Einsatz sogenannter Gaswagen beauftragt, das waren Lkw mit Aufbauten, in die die Abgase des Motors geleitet wurden, um die Menschen umzubringen. Diese Mordmaschinen wurden in der Firma Sauer von deutschen Ingenieuren und Arbeitern hergestellt.[1]

Gaswagen wurden erstmals 1940 im polnischen Lodz (Lietzmannstadt) »getestet«: zur Ermordung geistig behinderter Kinder.

Ende September 1941 ordnete das RSHA den massiven Einsatz von Gaswagen an und beauftragte damit Walter Rauff. Es bestand die Anweisung, daß Rauff die Berichte über Vernichtungsaktionen erhält und technische Pannen durch die Weiterentwicklung dieser Fahrzeuge ausschaltet.[2] Im Laufe des Vernichtungsfeldzuges sollen etwa hundert Fahrzeuge im Einsatz gewesen sein.

In den bis zu 60 Personen fassenden Wagen wurden insgesamt etwa 500.000 Menschen ermordet – Männer, Frauen und Kinder, Juden, Kommunisten und Sozialdemokraten, sowjetische Kriegsgefangene und andere Personengruppen. Die Hälfte davon, also rund eine Viertelmillionen Menschen, wurde durch Einsatzgruppen der SS und der Wehrmacht in der Sowjetunion umgebracht.[3]

Die Verbrechen Walter Rauffs sind bewiesen, Neuerungen an den Gaswagen, um noch schneller zu morden, sogenannte »technische Änderungen an den Spezialwagen«, welche auf ihn zurückgingen, dokumentiert.[4]

Ende 1942 deportierte Rauff Juden von Tunis nach Italien, die in Vernichtungslager kamen. Später war er als SS- und Polizeiführer in Rom und Mailand tätig.

Nach dem Zusammenbruch des Faschismus wurde Walter Rauff in Italien (Rimini) interniert. Mit Hilfe der Nazi-Geheimorganisation *Odessa*, die allein in Lateinamerika 233 Unternehmen unterhielt, und mit Unterstützung des BRD-Botschafters in Rom, Alois Hudal, konnte Rauff aus dem Lager entkommen und nach Südamerika ausreisen, wobei das Internationale Rote Kreuz Reisepapiere zur Verfügung stellte.

Nach einem Aufenthalt in Ekuador übersiedelte Rauff 1961 nach Chile. Er war als Unternehmer zunächst in Punta Arenas, später in Santiago de Chile wohnhaft.

Im Jahre 1962 wurde Rauff in Chile festgenommen. Die BRD hatte seine Auslieferung verlangt. Dem Begehren war im Februar 1963 zunächst stattgegeben worden.

Ende Februar 1963 revidierte die 1. Kammer des Obersten Gerichtshofes Chiles mit 5 zu 1 Stimmen diese Entscheidung mit der Begründung, daß Rauffs Verbrechen nach chilenischem Recht verjährt seien. Er wurde freigelassen.

Sein Verteidiger, Enrique Schepeler, hatte im Revisionsverfahren von Anfang bis Ende erklärt, daß Rauff die ihm zur Last gelegten Verbrechen nicht begangen habe, und als Beweis der Unschuld seines Mandanten u. a. ein Buch über die innere Ordnung der SS vorgelegt.

Die Zeitung *El Siglo* der Kommunistischen Partei Chiles nahm am 14. Dezember 1962 den Fall zum Anlaß, über die generelle Affinität der chilenischen Obrigkeit zu ehemaligen Nazis zu berichten: »Daß ehemalige SS-Chefs, die sich genau so wie Rauff oder noch stärker an den Ermordungen von Juden und Kriegsgefangenen beteiligt haben, keine Skrupel haben, vor unserer höchsten gerichtlichen Instanz auszusagen, zeigt, daß der Nationalsozialismus in unserem Land neu auflebt; und wie sicher die Kriegsverbrecher sich bei uns fühlen dürfen (über hundert sind hier schon untergetaucht). Sie werden ganz in Ruhe gelassen und können sich ohne größere Schwierigkeiten frei bewegen.«

Am 21. August 1972 richtet Simon Wiesenthal, der Leiter des *Dokumentationszentrum des Bundes jüdischer Verfolgter des Naziregimes* in Wien einen Brief an den Präsidenten der Republik Chile, Salvador Allende. Darin bat er, die Verhaftung Walter Rauffs und dessen Auslieferung an die BRD neuerlich zu prüfen.

Wiesenthal schilderte Rauffs Verbrechen im einzelnen und übermittelte dessen Adresse. Er erinnert an Erklärungen Chiles vor den Vereinten Nationen über die Verfolgung von Personen, die im Zweiten Weltkrieg Verbrechen gegen die Menschlichkeit begangen hatten, an die Unterzeichnung der Londoner Konvention von 1948 und die im Jahre 1970 durch Chile vor der UNO erfolgte Erklärung für eine nachträgliche Verfolgung von Kriegsverbrechen und die Anerkennung des Grundsatzes, daß internationales Recht Vorrang vor nationalem Recht hat.

Die Antwort Salvador Allendes, die nach ihrer Veröffentlichung im Jahre 2000 zu großen Verwirrungen und Diskussionen führte, hatte folgenden Wortlaut: »Sehr geehrter Herr Wiesenthal, hiermit antworte ich auf Ihr Schreiben vom 21.8., betreffend den Fall Rauff.

Wie Sie selbst wissen, wies der Oberste Gerichtshof von Chile den Auslieferungsantrag, der vom zuständigen Gericht der Bundesrepublik Deutschland gestellt und über die diplomatische Vertretung eingereicht worden war, mit der Begründung zurück, daß die Straftat verjährt sei. Indes enthält Artikel 38 dieses Urteils die schärfste Verurteilung der heimtückischen Verbrechen des Nationalsozialismus und seiner Vollstrecker.

Was die Möglichkeit der Wiederaufnahme des Verfahrens betrifft, die als conditio sine qua non *(eine Bedingung, die nicht ohne ... – G. S.)* einen neuen, auf diplomatischem Wege gestellten Antrag erfordern würde, so läge dies allein in der Zuständigkeit der Gerichte; denn nur diese sind nach Artikel 80 der Verfassung des chilenischen Staates für die Rechtsprechung in Zivil- und Strafsachen zuständig. Dem Präsidenten der Republik ist es gesetzlich verwehrt, judikative Aufgaben zu übernehmen, schwebende Verfahren vor einen höheren Gerichtshof zu ziehen oder abgeschlossene Prozesse wiederaufzunehmen. Dies schreiben die Verfassung und die in Chile gültigen Gesetze vor, deren Befolgung meine Pflicht ist.

Das Gesagte verbietet mir jedoch nicht, als Bürger und Staatsoberhaupt Ihre Gefühle voll und ganz zu teilen und zum wiederholten Male die heimtückischen Verbrechen des Nationalsozialismus und seiner Vollstrecker zu verurteilen.

Ich bedaure sehr, Herr Wiesenthal, daß ich auf Ihr Gesuch negativ antworten muß. Ich habe ein ums andere Mal bewundert, mit welch unermüdlicher Hartnäckigkeit Sie die Täter der schrecklichsten Verbrechen der Menschheitsgeschichte verfolgen. Aber ich weiß auch, daß Sie geltendes Recht innerhalb politischer Regierungen respektieren; daher bin ich sicher, daß Sie meine Haltung als Präsident der Republik verstehen werden.

Es grüßt Sie hochachtungsvoll
Salvador Allende, Präsident von Chile«[5]

In zahlreichen Kommentaren wurde danach die »Unentschlossenheit« Allendes im Fall Rauff beklagt und hervorgehoben, daß Allende auf die Argumente Wiesenthals nicht eingegangen sei und letztlich das Urteil von 1963 legitimiert habe. Außerdem wurde so argumentiert, daß Allende von seinem verfassungsmäßigen Recht hätte Gebrauch machen können, ausländische Bürger innerhalb von 48 Stunden des Landes zu verweisen, und das ohne Einspruchsrecht.

Allende hatte sich für die erwähnten Erklärungen Chiles gegenüber der UNO eingesetzt und anläßlich des 40. Jahrestages der Sozialistischen Partei im April 1973 festgestellt: »Das Beste, was die Sozialistische Partei in den ersten Jahren ihres Bestehens getan hat, war meiner Meinung nach ihr entschiedener Kampf gegen den Nazifaschismus. Es war die Zeit der Militärparaden, der Schlagstöcke und des Angriffs der nazistischen Kräfte gegen die Arbeiter. Die Sozialistische Partei war, so denke ich, unbestreitbar der härteste, der standhafteste Gegner im Kampf gegen Nazis und Faschisten in Chile.«[5]

Die weiteren Forschungen hierzu werden sicher zu mehr Klarheit führen, insbesondere zur Möglichkeit/Nichtmöglichkeit einer Auslieferung von Rauff, wofür das innere Kräfteverhältnis wenige Monate vor dem faschistischen Putsch mit Sicherheit ausschlaggebend war.

Am Verfahren zur Auslieferung Rauffs an deutsche Gerichte in den Jahren 1962 und 1963 nahm die chilenische Öffentlichkeit großen Anteil. Dabei wurden auch weitere Einzelheiten zu Rauff bekannt.

Rauff hatte in Chile Führungspositionen in der Firma Goldmann/Janssen in Santiago und Valparaíso inne. Diese Firma stand auf einer 1944 durch die Geheimdienste der USA und Großbritanniens zusammengestellten Liste von Tarnfirmen Nazideutschlands. Goldmann/Janssen wurde von dort finanziert und unterhielt auch Beziehungen zu Italien und Japan.

Rauffs Söhne Walter und Alfred besuchten die Militär- bzw. Marineschule in Chile.

Es wurde auch bekannt, daß Rauff im Frühjahr 1962 Westberlin, Hamburg und die Messe in Hannover besucht haben soll.

Dabei soll er auch Verhandlungen mit der Firma Hugo Stinnes wegen eines Kredits geführt haben.

Wenn auch noch nicht nachgewiesen ist, ob diese Reise mit deutschem oder chilenischem Paß erfolgte, steht unverändert die Behauptung im Raum, daß die Reise unter seinem richtigen Namen erfolgte.[7]

Rauffs Verbrechen sind seit dem Nürnberger Tribunal weltbekannt. Für den Fall der Einreise in Deutschland entsteht die Frage nach der Fahndung in der BRD im Zusammenhang mit dieser Einreise.

Rauff soll angeblich im März 1984 in Santiago de Chile verstorben sein.

---

1 Dokument Nr. 501 – PS, Band Nr. 26 Internationaler Militärgerichtshof Nürnberg
2 In seiner Personalakte (Bundesarchiv Berlin) wird Rauff als »Erneuerer« mit hervorragender Eignung als SS-Führer« bezeichnet.
3 Beer, »Die Entwicklung der Gaswagen beim Mord an den Juden«, Eugen Kogon (Hrsg.), Nationalsozialistische Massentötungen durch Giftgas, Frakfurt am Main, 1983
4 Geheime Reichssache vom 5. Juni 1942
5 Zitiert nach: »Chile Hoy«, Santiago de Chile, April 1973,

ID# Anlage

Auszug aus der Rede von Dr. Salvador Allende zum Amtsantritt am 5. November 1970

[...] Wir Chilenen sind stolz, unser Ziel mit politischen Mitteln erreicht, ohne Gewaltanwendung gesiegt zu haben. Das ist eine edle Tradition, das ist eine unvergängliche Errungenschaft.

In unserem langen und harten Kampf um die Befreiung, in unserem langen und harten Kampf für Gleichheit und Gerechtigkeit haben wir es immer vorgezogen, die sozialen Konflikte mit den Mitteln der Überzeugung, mit politischen Mitteln zu lösen.

Wir Chilenen weisen Bruderkämpfe aus tiefster Überzeugung zurück, aber niemals werden wir darauf verzichten, die Rechte unseres Volkes durchzusetzen.

Auf unserem Wappen heißt es: »Durch die Vernunft oder die Gewalt«. An erster Stelle steht die Vernunft.

Diese Kontinuität des politischen Prozesses ist kein Zufall. Sie ist das Ergebnis unserer sozialökonomischen Struktur, der besonderen Beziehungen der gesellschaftlichen Kräfte, die aus den Bedingungen unserer Entwicklung erwachsen sind.

Republikanische und demokratische Tradition prägten das kollektive Bewußtsein der Chilenen, erzeugten eine Haltung der Achtung vor anderen, der Toleranz. Und wenn sich Antagonismus und Klassenwidersprüche zuspitzten, so wurde zunächst versucht, sie im Rahmen unserer republikanischen Ordnung und gemäß unseren traditionell demokratischen Normen auszutragen.

Niemals hat unser Volk diese historische Linie gebrochen. Die wenigen Verletzungen dieser Tradition kamen immer von den herrschenden Klassen. Es waren immer die Mächtigen, die Gewalt anwandten, die das Blut der Chilenen vergossen und die normale Entwicklung des Landes unterbrachen.

Die Verfolgung von Gewerkschaften, Studenten, Intellektuellen und Arbeiterparteien ist die brutale Antwort derer, die ihre Privilegien bedroht sehen. Der beharrliche Kampf der organisierten Volksmassen jedoch hat die Anerkennung der bürgerlichen und sozialen, der gesellschaftlichen und individuellen Freiheiten durchsetzen können.

Durch diese besondere Tradition Chiles ist dieser historische Augenblick möglich geworden, in dem das Volk die politische Lei-

Salvador Allende am Tag seiner Amtseinführung als Präsident. Hinter ihm auf dem Pferd Pinochet. Das denkwürdige Foto macht ein Bildreporter aus der DDR: Thomas Billhardt. Es macht Geschichte

tung des Landes übernimmt. Die gegen das kapitalistische Ausbeutungssystem kämpfenden Massen, repräsentiert durch die Unidad Popular, übernehmen die Präsidentschaft der Republik. Die beste Tradition unserer Geschichte ist die Respektierung der demokratischen Werte, die Anerkennung des Willens der Mehrheit.

Ohne auf ihre revolutionären Ziele zu verzichten, haben die Volkskräfte ihre Kampfformen den Gegebenheiten der chilenischen Verhältnisse anzupassen verstanden, indem sie Erfolge und Mißerfolge nicht als endgültigen Sieg oder als Niederlage, sondern als Meilensteine auf dem langen und harten Weg zur Befreiung angesehen haben.

Chile hat das in der Welt bisher einzige Beispiel dafür gegeben, daß eine antikapitalistische Bewegung in der Lage ist, die Macht in Wahrnehmung der verfassungsmäßigen Rechte der Bürger zu ergreifen, um das Land in eine neue, menschlichere Gesellschaft zu führen, deren große Ziele sinnvolle Ordnung der wirtschaftlichen Verhältnisse, fortschreitende Vergesellschaftung der Produktionsmitteln und Überwindung der Klassenspaltung sind. [...]

(SAPMO DY 30/vorl. SED/35393)

*Stenographische Niederschrift eines Gespräches zwischen
Walter Ulbricht, Vorsitzender des Staatsrates der DDR, und Luis
Corvalan, Generalsekretär der KP Chiles,
am 30. April 1971 in Berlin, Beginn 11.30 Uhr, Ende 13.05 Uhr*

Walter Ulbricht: Lieber Genosse Corvalan, ich begrüße Sie auf das herzlichste. Vor allen Dingen möchte ich den herzlichen Dank des Staatsrates und der Regierung für die Bemühungen des Präsidenten Allende und der Führung der Kommunistischen Partei zur Herstellung der diplomatischen Beziehungen zwischen der DDR und der Republik Chile aussprechen. Das hat eine große politische Bedeutung für die DDR und international. Es ist eine bedeutende Stärkung der antiimperialistischen Kräfte. Auf diesem wichtigen Schritt müssen wir jetzt unsere Zusammenarbeit aufbauen – politisch, wissenschaftlich-technisch und ökonomisch.

Jedenfalls sind wir froh, daß sich jetzt gute Beziehungen zwischen den Ländern des Warschauer Vertrages, also unserer sozialistischen Staatengemeinschaft, und der Partei der Volkseinheit, dem Präsidenten Allende und der Regierung von Chile auf dem lateinamerikanischen Kontinent entwickeln.

Wir wissen, daß es für Sie nicht einfach ist. Wir verstehen sehr gut, daß es, nachdem eine kommunistische Partei und eine Volkseinheit an die Regierung gekommen sind, eine Unmenge Probleme gibt, die man im Land lösen muß, um das Kräfteverhältnis immer mehr zugunsten der Volkseinheit zu verändern. Bei uns jedenfalls ist das ganze Volk hoch erfreut darüber, daß jetzt in Chile eine Regierung der Volkseinheit besteht. Wir werden alles tun, um diese Regierung der Volkseinheit und Präsident Allende zu unterstützen, soweit das in unseren Kräften steht.

Wir sind besonders froh darüber, daß auf dem lateinamerikanischen Kontinent, in Chile, der demokratische Weg zum Sozialismus eingeschlagen wird. Das ist eine große Sache von gewaltiger internationaler Bedeutung.

Wir sind auch den demokratischen Weg gegangen. Aber wir hatten einen Vorteil: Wir hatten noch einige sowjetische Divisionen da, die unseren Aufbau gegenüber imperialistischen Experimenten sicherten. Die Divisionen haben sich als eine sehr gute Sache erwiesen, nicht nur deshalb, weil sie Waffen hatten, sondern weil die Genossen Kommandeure große sozialistische Erfahrungen besaßen und viele gute Ratschläge gegeben und gute Hilfe geleistet haben.

Wir verstehen, daß bei euch die Lage etwas komplizierter ist. Aber dafür ist die internationale Lage günstiger. Das Kräfteverhältnis hat sich jetzt zugunsten des Sozialismus verändert.

Also herzlichen Dank für eure Bemühungen zur Herstellung der diplomatischen Beziehungen und für die weitere, engere Zusammenarbeit.

Jetzt sind wir neugierig, was Sie uns über Ihre Probleme erzählen.

Luis Corvalan: Vielen Dank, Genosse Ulbricht, für die einleitenden Worte und die Worte beim Empfang. Was die Anerkennung der DDR betrifft, so kann ich sagen: Für uns ist das selbstverständlich eine sehr, sehr befriedigende Sache. Das war eines der Hauptziele der Außenpolitik der neuen Regierung. Das heißt, auf diesem Gebiet sind wir genauso erfreut wie ihr.

Einige Details, nach denen vielleicht gefragt werden könnte, können wir im Gespräch noch klären. – Das erst einmal grundsätzlich. Vielleicht gibt es einige Fragen zu der Verspätung, die eingetreten war?

Walter Ulbricht: Nein, dazu gibt es keine Fragen.*

Luis Corvalan: Das hat eine gewisse Bedeutung.

---

* Am 16. März 1971 nahmen Chile und die DDR offiziell diplomatische Beziehungen auf. Chile war damit das 28. Land, das einen Botschafter nach Berlin schickte, und nach Kuba das zweite lateinamerikanische. Nicht nur der Druck von außen und die Furcht außenpolitischer Konflikte namentlich mit der BRD (diese annullierte z. B. kurzfristig die Einladung chilenischer Offiziere in die Bundesrepublik) war für die auffällige Verzögerung verantwortlich, wie DDR-Botschafter Spindler an den Vize-Außenminister Georg Stibi in einem vertraulichen Brief am 16. April 1971 berichtete. »Ihnen ist bekannt, daß im hiesigen Außenministerium noch der größte Teil der Mitarbeiter alte Karrierediplomaten sind. Führende Kräfte, wie z. B. der ehemalige Botschafter in Paris, Enrique Bernstein, haben sich ganz offen gegen eine Anerkennung der DDR ausgesprochen, da dies angeblich nicht den nationalen Interessen entspräche. Er ist nicht der einzige Vertreter der westdeutschen Politik. Derer gibt es leider noch viele in der Institution. Sie geben gut ausgearbeitete, oftmals mit westdeutschen Argumenten ausgestattete Gutachten an den Minister, der dann entscheidet.
Ich kann Ihnen mitteilen, daß selbst Minister Almeyda zu jener Zeit noch nicht bereit war, die Anerkennung der DDR vorzunehmen. Über unsere Genossen in der KP sowie über persönliche Kontakte, die in unmittelbarer Nähe des Präsidenten liegen, haben wir erreicht, daß der bereits an Gen. Seibt gegebene Termin auch vom Außenministerium Allende realisiert wurde. Das geschah jedoch erst auf zweimaliger Intervention des Präsidenten Allende bei Außenminister Almeyda. Diese Zeit war sehr nervenaufreibend, da praktisch erst einen Tag vor Abreise der Delegation *(zur Leipziger Messe – d. Hrsg.)* die letzten Probleme im Gespräch mit Präsident Allende endgültig geklärt wurden.« (SAPMO DY 30/IVA2/20/732)

Ich möchte noch einmal sagen, daß ich für die einleitenden Worte sehr herzlich danke.

Ich weiß nun nicht, wie wir jetzt unser Gespräch organisieren wollen. Soll ich zunächst etwas sagen, oder wollen Sie etwas sagen?

Walter Ulbricht: Beginnen Sie! Uns interessieren vor allem die Probleme der inneren Entwicklung Chiles.

Luis Corvalan: Selbstverständlich ist das, was ich darüber sagen kann, eine allgemeine Information über das, was in unserem Lande vor sich gegangen ist.

Es ist unsere tiefe Überzeugung – das habe ich gestern auch schon den Journalisten gesagt –, daß jetzt in Chile ein revolutionärer Prozeß beginnt. Das heißt, es öffnet sich ein revolutionärer Weg, der in den Sozialismus münden soll, wobei wir durch verschiedene Etappen hindurchgehen müssen.

Das muß aus einer Reihe von Gründen so sein: auf Grund der Widersprüche der Situation, die im Lande besteht, auch auf Grund der Unfähigkeit des Kapitalismus, die Grundfragen des Landes überhaupt zu lösen, und auch auf Grund des Gewichts des Proletariats in unserem Lande sowie auf Grund des Gewichts, das die Partei hat. Zugleich ist das auch darauf zurückzuführen, daß die Kommunisten und die Sozialisten gemeinsam konsequent für den Sozialismus eintreten.

Man muß sagen, daß Sozialisten und Kommunisten zusammen bei den letzten Gemeindewahlen am 4. April mehr als 40 Prozent aller Stimmen erhalten haben. Kommunisten und Sozialisten führen und leiten gemeinsam die Arbeiterbewegung. Etwa 80 bis 90 Prozent der Gewerkschaftsorganisationen befinden sich unter direkter Führung von Kommunisten oder Sozialisten.

Nun hat natürlich die Sozialistische Partei einige Besonderheiten. Sie wurde im Jahre 1933 gegründet. Sie kommt also nicht aus der II. Internationale. Sie hat nur gelegentlich einmal einige schwache Beziehungen oder Kontakte mit der II. Internationale gehabt, die rein zufällig waren. Die Sozialistische Partei hat in den verschiedenen Etappen versucht, sich in Chile einen Weg zu öffnen, zum Teil ohne uns, zum Teil auch gegen uns. Auf dem Gebiet der internationalen Politik hat sie stets versucht, von uns Stützpunkte zu erwerben oder sich auf Punkte zu stützen, die sich von unseren Standpunkten unterschieden, beispielsweise in Belgrad in bestimmten Momenten, in Peking in anderen Momenten und auch in Havanna.

Aber wie ist die gegenwärtige Situation? Die Sozialistische Partei Chiles ist heute davon überzeugt, daß sie im Innern nichts ohne die Kommunisten machen kann. Auf internationalem Gebiet ist sie zu der Überzeugung gelangt, daß der Hauptstützpunkt die Sowjetunion und die sozialistischen Länder sind.

Das ist also eine sehr ernsthafte Entwicklung, die die Sozialistische Partei durchgemacht hat. Die Praxis, das Leben hat sie zu diesen Überzeugungen geführt. Natürlich hat dabei auch der Einfluß bestimmter internationaler Kontakte eine Rolle gespielt. Ihr habt die sowjetischen Genossen, die bulgarischen Genossen und andere Genossen zur Seite gehabt. All das hat bei euch in in eurer Entwicklung eine Rolle gespielt.

Ich möchte auch sagen, daß bei uns bestimmte Ratschläge von Fidel Castro eine Rolle gespielt haben. Unabhängig von dem, was er in bestimmten Zeiten gesagt hat, hat Castro erklärt: Die Sowjetunion ist der große Verbündete, der richtige Verbündete, der Hauptverbündete!

Ich will damit nicht sagen, daß wir mit den Sozialisten keine Schwierigkeiten gehabt haben, daß wir durchaus nicht sicher sind, ob wir nicht morgen Schwierigkeiten mit ihnen haben werden. Ich muß das hier grundsätzlich feststellen, weil gerade aus dieser Sache ein möglicher Zweifel an der Festigkeit der Entwicklung unserer Regierung entstehen könnte.

Ich möchte noch etwas hinzufügen, was ich gestern schon dem Genossen Verner erzählt habe. Die Sozialistische Partei ist seit 15 Jahren in einem festen Bündnis mit uns verbunden, in einem Bündnis, das in diesen 15 Jahren einer ganzen Reihe von Prüfungen unterworfen war. Wir haben auch Rückschläge erlitten und sehr ernste Diskrepanzen gehabt. Aber trotzdem ist das Wichtigste, daß die Sozialistische Partei das Bündnis mit uns beibehält. Oder wie wir es sagen: Die Sozialistische Partei hat gewissermaßen die Brücken hinter sich verbrannt, um mit uns gemeinsam zu gehen. Die Linie, die sie vertreten hat und zum Teil auch heute noch vertritt, nennt sie selbst die Linie der Front der Werktätigen, der Einheit der Werktätigen, also die Linie: Alles mit den Arbeitern! Nichts mit anderen, schon gar nicht mit der Bourgeoisie!

Aus dem Zyklus »In Chile herrscht Ruhe« von Walter Womacka

Es gab auf diesem Gebiet eine Reihe von Diskrepanzen mit uns. In der Praxis hat die Sozialistische Partei es akzeptiert, mit gewissen Sektoren der Bourgeoisie gemeinsam zu gehen. Aber diese Linie, die sie vertritt – die Front der Werktätigen, nichts mit der Bourgeoisie! – dient dazu, sich fest an die Arbeiterklasse, an uns heranzubringen. Diese Partei hatte bei den Wahlen ein großes Wachstum zu verzeichnen. Sie wuchs stärker als wir. Sie ist in der

Wählerzahl stärker geworden als wir. Warum? Sie ist immerhin die Partei des Präsidenten der Republik, und das hat in Chile seine Bedeutung. Wenn neue Kräfte, die bisher nicht zur Volkseinheit gehörten, zur Volkseinheit kommen, ist es logisch, daß die Mehrheit von ihnen nicht durch die Tür der Kommunistischen Partei kommt. Das ist ein Phänomen, das existiert. Wir hätten natürlich gewünscht, dennoch schneller zu wachsen als sie. Aber das ist nicht das Grundsätzliche. Vor allem haben wir dabei beachtet: Es gab einen Sieg auf der Grundlage der Linie der Kommunisten. Vor allem haben wir dabei auch berücksichtigt, daß sich die Sozialistische Partei auf revolutionären Positionen befindet.

Vielleicht ein Wort über Allende.

Man muß sagen, daß er persönlich eigentlich immer eine bessere Position als die Sozialistische Partei gehabt hat. Er ist z. B. niemals Antikommunist gewesen. Er ist nicht Prokommunist. Er war auch niemals antisowjetisch. Er ist auch nicht prosowjetisch.

Vielleicht sind das nicht die genauesten Termini, die ich hier gebrauche. Aber ich möchte das erklären. Er nimmt eine sehr freundschaftliche Haltung ein. Er ist sich klar über die Bedeutung der Sowjetunion. Er ist sich klar über die Bedeutung der Kommunistischen Partei, und mit ihm kann man arbeiten. Wir haben sehr offene, sehr herzliche Beziehungen mit ihm. Wir versuchen, im Verhältnis zu ihm Konflikte, Zusammenstöße zu vermeiden, denn er ist eine sehr starke Persönlichkeit.

Er kommt aus dem bürgerlichen Lager, nicht aus dem Lager der großen Ausbeuter. Sein Vater und sein Großvater waren Ärzte, liberale Intellektuelle. Sie waren auch schon mit den progressiven Bewegungen des vergangenen Jahrhunderts verbunden. Er ist auch kein reicher Mann. Sicher, er hat auch gewisse Geschäfte gemacht. Alles das hat er allerdings auf Grund bestimmter eigener politischer Ambitionen gemacht, und für ihn war es eine Ambition, Präsident der Republik zu werden. Das hat er niemals geleugnet. Das hat er stets offen gesagt.

Ich sagte schon: Wir versuchen, persönliche Konflikte mit diesem Mann zu vermeiden, weil er eine solche starke Persönlichkeit ist. Er hat auch eine kleine Tendenz zu einer Art persönlichem Regime. Ihm gefällt ein bißchen Führertum. Es gefällt ihm, als starke Figur dazustehen, über den anderen zu stehen. Das sage ich hier mit voller Offenheit.

Ein Beispiel, das die Beziehungen zur DDR betraf: Ich möchte sagen, daß Salvador Allende niemals Zweifel daran hatte – und auch nicht die Sozialistische Partei –, daß die Beziehungen zur DDR kommen. Die Kommunistische Partei hatte natürlich noch viel weniger Zweifel daran. Aber was ging vor sich? Es waren ja eine Reihe von Faktoren, die hier einen Einfluß ausübten. Es gab eine gewisse Art Druck von seiten der BRD. Die BRD versuchte vor allem, die ökonomischen Beziehungen in den Vordergrund zu schieben, die zwischen Chile und der BRD existieren. Sie kauft von uns Waren im Wert von etwa 290 Millionen Dollar, und wir kaufen dort für weniger als 100 Millionen Dollar. Das wurde alles ein bißchen verbreitet und infiltriert, und man bat um Verlängerung, im Aufschub.

Zu dem Problem der bewaffneten Streitkräfte, der Armee. Bis jetzt kann man sagen, daß die bewaffneten Streitkräfte im allgemeinen eine recht positive Haltung einnehmen. Wir hatten uns vorgenommen, die Neutralität der bewaffneten Streitkräfte zu erreichen. Als wir die Linie der Eroberung der Macht und der Regierung ausarbeiteten, war darin die Neutralisierung der Armee enthalten, wobei wir uns darauf stützten, daß es eine gewisse Tradition dort gibt. Bisher haben die bewaffneten Streitkräfte im wesentlichen immer loyal zur Verfassung gestanden und ihre Verfassungstreue bewiesen.

Wenn man nämlich von Lateinamerika spricht, dann sind alle Menschen immer gleich der Meinung: Das ist der Kontinent der Staatsstreiche! Aber das ist eine sehr falsche Meinung, obwohl wir jetzt möglicherweise mit Afrika in den Wettbewerb treten könnten. In Lateinamerika gibt es in dieser Hinsicht ziemliche Unterschiede. Es gibt eigentlich zwei Extreme. So hat Bolivien schon 97 Staatsstreiche innerhalb der letzten 150 Jahre hinter sich, während Chile in den 160 Jahren seit Bestehen der Republik nur zwei Gelegenheiten kennt, wo die bewaffneten Streitkräfte aus ihren Kasernen in das Leben eingegriffen haben. Einmal im Jahre 1891, also im vergangenen Jahrhundert, und zum anderen im Jahre 1927. Da haben die bewaffneten Streitkräfte versucht, in das Leben einzugreifen. Indem wir uns auf diese Wertung gestützt haben, daß die Verfassungstreue Bestandteil des Ideengutes in der Armee ist, haben wir uns vorgenommen, die bewaffneten Streitkräfte zu neutralisieren.

Wir haben aber etwas mehr erreicht. Wir haben eine aktive, positive Neutralität in der Armee erreicht.

Die Rechten haben versucht, die bewaffneten Streitkräfte zu beeinflussen, damit sie nach dem Wahlsieg von Allende und dem Regierungsantritt eingreifen. Aber die bewaffneten Streitkräfte haben diesem Druck der Rechten widerstanden, wobei sie sich dessen bewußt waren, daß mit dem Sieg von Salvador Allende Kommunisten und Sozialisten an die Regierung kommen. Die Reaktionäre, also die Rechten, haben daraufhin den Chefkommandeur, den Oberkommandierenden der Armee, den General Schneider, ermordet, weil er diese Linie ganz fest durchführte, weil er ein Hauptvertreter dieser Linie war.

In den Monaten September – die Wahlen fanden am 4. September statt – und November, als Allende die Regierung antrat, haben wir Kommunisten zum Teil als Vermittler zwischen Allende und den bewaffneten Streitkräften gedient, wobei wir eine Reihe Kontakte von Genossen ausgenutzt haben.

So wurde eine erste Zusammenkunft von vier oder fünf Generalen mit einem Mitglied unseres Politbüros, dem Genossen Volodia Teitelboim, organisiert. Die Generale waren daran interessiert, einige Zweifel über die Regierung der Volkseinheit zerstreut zu bekommen. Es wurde ein Essen organisiert, und zwar privat, also nicht illegal. Da war ein sehr schön gedeckter Tisch, und die Generale kamen mit ihren Gattinnen, und jede Dame erhielt eine Orchidee. Alles das wurde vom Politbüro, also von der Partei, bezahlt. Sie haben dort gesprochen und einige Probleme aufgeworfen. Es wurden einige Zweifel ausgeräumt, und es wurden auch einige Meinungen über Salvador Allende geäußert.

Es wurden dann noch zwei, drei ähnliche Zusammenkünfte organisiert, auf denen eine Art Meinungsaustausch stattfand. Das hat sehr viel geholfen. Die bewaffneten Streitkräfte konnten in diesem Moment nicht direkt mit Allende ins Gespräch treten, weil er zu jenem Zeitpunkt noch einer der zwei möglichen Kandidaten für das Präsidentenamt war. Aus diesem Grunde waren wir diejenigen, die in diesem Gespräch gewissermaßen als Vermittler, als Zwischenstation dienten.

Die Tage vergingen. Allende wurde Präsident der Republik, und von diesen Generalen ging dann die Initiative für eine weitere Zusammenkunft aus. Sie stellten sich bereits an die Seite der

Regierung, und sie sagten unserem Genossen Volodia Teitelboim, er möchte zusammen mit einem anderen Genossen kommen. Wir haben den Genossen Cantero benannt, der Mitglied der Verteidigungskommission der Kammer ist, und wir haben auch unseren jetzigen Finanzminister, den kommunistischen Genossen Zorrilla, mitgenommen. Wir haben vorgeschlagen, daß sie auch noch einen Minister von den Sozialisten und einen von den Radikalen hinzunahmen, denn wir waren ja bereits in der Regierung.

Diese Zusammenkunft fand statt. Der gegenwärtige Oberkommandierende der Armee, der General Prats, erhob sein Glas zu einem Toast und sagte, daß sie sehr zufrieden damit seien, daß die bestehenden Schwierigkeiten überwunden worden seien. Denn sie hätten in einem bestimmten Moment die Gefahr gesehen, daß das Land in einen Bürgerkrieg gestürzt würde, und sie seien sehr zufrieden darüber, daß sie ein bißchen dazu beigetragen hätten, den verfassungsmäßigen Zustand des Landes zu sichern. In den Kontakten, die sie in diesen Wochen mit uns gehabt hätten, hätten sie sehr viel gelernt.

Das erinnert mich ein wenig an das folgende arabische Märchen: Ein Araber ging durch die Wüste. In weiter Entfernung sah er irgend etwas Großes. Er dachte, es sei ein Feind und zog sein Schwert. Als er sich näherte, hat er sich davon überzeugt, daß es kein Feind war und steckte sein Schwert wieder ein. Und als er ihm genau gegenüberstand, wurde er sich klar, das es ein Freund war. – Dieses Märchen hat uns der General Prats erzählt. Er sagte: Ich erzähle es deshalb, weil uns das mit euch auch passiert ist.

Ich werde meine Hand nicht für die Armee ins Feuer legen. Wir können Überraschungen erleben. Aber wir arbeiten auf dieser Grundlage, und wenn wir uns bis zu einer bestimmten Zeit halten, werden wir sicherlich auch innerhalb der bewaffneten Streitkräfte eine Reihe von Verbündeten haben.

In diesem Sinne entwickeln wir unsere Arbeit in Übereinstimmung mit Allende. In diesen delikaten Sachen machen wir nichts hinter seinem Rücken. M an würde es sowieso bald wissen, und so ist klar: Wir haben mit ihm gesprochen.

Wir haben innerhalb der Armee keine eigenen Parteiorganisationen, und wir nehmen es uns zur Zeit auch nicht vor, welche zu schaffen. Das ist sehr delikat. Und im Moment ist es nicht sehr nützlich. Das kann sehr ins Gegenteil umschlagen. Unsere Art zu arbeiten ist anders. Wir haben Gouverneure, Verwaltungsleiter in den Provinzen und Kreisen, die Beziehungen zu den Streitkräften, die dort stationiert sind, haben, die Kontakte mit Parlamentariern und Ministern haben. Diese Arbeit machen wir.

Walter Ulbricht: Und welcher Partei gehören diese Gouverneure an?

Luis Corvalan: Sie sind aus allen Parteien der Volkseinheit. Wir haben dieselbe Anzahl von solchen Funktionären wie die Sozialisten und die Radikalen.

Es gibt also Gefahren der inneren Verschwörung auch in bestimmten Sektoren des Militärs. Aber ich möchte nur sagen: Es ist nicht unabänderlich, daß es so bleibt. Unser Ziel ist, den weiteren sicheren Verlauf dieses Prozesses zu sichern und dabei zu vermeiden, daß es zu solchen Zusammenstößen kommt. Bedingungen dafür gibt es.

Was ist unsere Situation in bezug auf die Vereinigten Staaten? Sie werden verstehen: Den Nordamerikanern gefällt überhaupt nicht, was in Chile vor sich geht. Aber die Bedingungen dafür, daß sie offen intervenieren, sind nicht günstig. Sie können auch nicht das Land ökonomisch blockieren. Die Situation hat sich verändert, auch in der Welt. In Lateinamerika gibt es gegenwärtig einen neuen Aufschwung des Kampfes. Eine Aggression gegenüber Chile könnte also dazu führen, daß in anderen Teilen explosive Situationen entstehen. Immerhin haben wir durch Wahlen gesiegt. Das schafft für sie eine wesentlich schwierigere Situation. Die Regierung der Volkseinheit nimmt eine Art Kavaliershaltung, Gentlemenhaltung ein. Unsere Minister gehen zu internationalen Zusammenkünften – sozialistische, radikale, kommunistische Minister. Sie begrüßen ihre Kollegen aus den anderen Ländern, wenn sie auch Reaktionäre sind. Natürlich äußern sie dort die Standpunkte der chilenischen Regierung. Aber sie treten nicht mit Beleidigungen, mit übermäßigem Stimmaufwand, mit irgendwelchen Adjektivierungen an, und dieser Stil hilft uns sehr. Das heißt, sie tun auch etwas, um die internatioanle Isolierung zu vermeiden.

Wir sind Kupferproduzent. Die Kupferbergwerke sind im wesentlichen bereits nationalisiert. Wir sehen eine Reihe von Schwierigkeiten mit den Vereinigten Staaten voraus, insbesondere was die Höhe der Entschädigung betrifft.

Aber wir glauben, daß wir auch dieses Problem einigermaßen lösen können. Wir haben einen ziemlich großen Verhandlungsspielraum. Die Vereinigten Staaten kaufen von uns einen Teil des Kupfers, und wir glauben, daß sie auch weiter Kupfer kaufen werden. Wenn sie es sein lassen, dann ist das auch kein so großes Problem für uns. Denn esgibt zur Zeit keine Überproduktion an Kupfer. Andererseits wächst der Bedarf an Kupfer in der Welt. In diesem Sinne möchte ich sagen, daß auf diesem Gebiet eine gute Situation besteht. Aber offen gesagt, glücklicherweise sind wir frei von der Gefahr und dem Zwang, daß wir nicht wissen, wohin mit unserem Kupfer, so daß wir es nicht auf die Schultern der Sowjetunion zu laden brauchen, so wie das die Kubaner mit ihrem Zucker gemacht haben. Sicher werden wir auch einige Schwierigkeiten haben, und es wird auf diesem Gebiet einige Verwirrungen und einige unangenehme Sachen geben. Das ist möglich. Aber wir denken im Augenblick nicht daran, unseren Außenhandel grundlegend umzuorientieren. Wir denken auch nicht daran, weder unseren Export noch unseren Import zu senken hinsichtlich der

Vereinigten Staaten oder der BRD oder Englands oder Frankreichs oder Italiens, vielleicht mit Ausnahme des einen oder anderen Staates, wo bestimmte Ergebnisse von gegenwärtig laufenden Verhandlungen sehr schädlich für uns werden könnten.

Auf der anderen Seite haben wir uns vorgenommen, vor allem unsere Beziehungen mit den sozialistischen Ländern zu erweitern. Wir haben allerdings nicht viel Überschuß für den Export. Das ist zur Zeit ein gewisses Hindernis für diese Erweiterung. Aber trotz alledem kann man da etwas machen. Es gibt Möglichkeiten. Wir erwarten natürlich vor allem eine Zusammenarbeit auf ökonomisch-technischem Gebiet.

Ich kenne die Haltung der DDR in diesen Fragen. Was die inneren ökonomischen Probleme betrifft, so haben wir einige Schwierigkeiten, denen wir entgegentreten. Wir haben ein Land mit 35 Prozent Inflation und 350.000 Arbeitslosen geerbt, ein Land mit einer Industrie, die mit etwa 65 Prozent der installierten Kapazität arbeitet. Das ist in diesem Fall ein relativ gutes Erbe. Wir arbeiten daran, diese Kapazität voll auszunutzen und auch die Ökonomie zu reaktivieren und die Produktion zu steigern. Das ist eine Art kurzfristiger Politik, die im gegenwärtigen Augenblick mit auf dieses Ziel gerichtet ist.

Auf dem landwirtschaftlichen Sektor ist es möglich, daß wir eine Reihe von Schwierigkeiten durch Produktionssenkungen bekommen können. Es wird wahrscheinlich notwendig sein, die Nahrungsmittelimporte zu erhöhen. Unser Land hat nur eine ganz kleine Kapazität an Devisenreserven. Irgendwie müssen wir an diese Frage herangehen. Es ist notwendig, die gesamte ökonomische Aktivität zu entwickeln.

Das ist in groben Zügen unsere Situation.

Abschließend möchte ich sagen, daß wir vor allem das Bewußtsein über die Bedeutung des Schrittes, den wir tun, stärken wollen. Wir haben die Regierung erobert, nicht aber die politische Macht. Wir haben einen Teil der politischen Macht, sicher einen bedeutenden Teil der politischen Macht in Chile, aber wir müssen die gesamte politische Macht erobern und gleichzeitig auch die hauptsächlichen Hebel der ökonomischen Macht. Allende und alle Parteien der Volkseinheit sind dazu entschlossen.

Der Prozeß, den wir eingeschlagen haben, ist im Moment noch nicht unwiderruflich. Wir möchten diesen Prozeß unwiderruflich machen. Ich möchte aber sagen: Die Möglichkeiten des Erfolges sind größer als die Möglichkeiten der Niederlage, des Rückschritts. Wir sind dabei, unsere Kräfte zu vervielfachen. Gleichzeitig sind wir bestrebt, den Feind auf politischem und ökonomischem Gebiet zu schwächen. Das ist unsere Situation.

Entschuldigen Sie, wenn ich etwas weit ausgeholt habe. Aber ich glaube, daß ein gewisses Verständnis und die Kenntnis der inneren Situation und der Probleme, die wir haben, auch Ihnen bei der Ausarbeitung Ihrer Politik dienen kann.

Ich bin gern bereit, auf jede Frage zu antworten.

Walter Ulbricht: Ich danke bestens für diese interessanten und gründlichen Darlegungen. Vor allem die taktischen Probleme interessieren uns.

Wir sind der Meinung, daß eure Taktik absolut richtig ist. Die Strategie ist bei euch sowieso klar. Aber das Komplizierte sind die taktischen Schritte. die wir für absolut richtig halten. Aber das sage ich nicht nur auf Grund theoretischer Erkenntnisse, sondern auch deshalb, weil wir ja in gewissem Maße ähnliche Erfahrungen hinter uns haben. Auch wir haben so begonnen. Nach den ersten Wahlen nach 1945 hatten wir 51 Prozent. Dieses eine Prozent genügte uns vollständig, da ja die Blockparteien auch antifaschistisch-demokratische Kräfte in ihren Reihen hatten.

Luis Corvalan: Das ist das, was auch in Chile vor sich geht. Auch unter den Kräften, die nicht für uns gestimmt haben, gibt es noch eine Reihe, die durchaus zu gewinnen sind.

Walter Ulnricht: [...] Wir haben von vornherein eure Politik begrüßt, weil sie mit unseren eigenen strategischen und taktischen Erfahrungen übereinstimmten. Selbstverständlich haben wir dadurch, daß in unserem Lande sowjetische Divisionen zum Schutze da waren, ein schnelleres Tempo gehabt. Das Tempo kann niemand nachmachen. Das sind spezifische Bedingungen. Es soll auch niemand versuchen, das nachzumachen, sondern Sie müssen schrittweise vorgehen, entsprechend Ihren spezifischen Bedingungen. [...] Wir haben etwas gemacht, was wahrscheinlich auch für die chilenische Partei wichtig ist: Wir haben großes Gewicht auf die sofortige Schulung und Ausbildung von Arbeitern und

Bauern gelegt. Als die Bodenreform begann, haben wir als Partei drei Hochschulen sofort den Bauern zur Verfügung gestellt. Sie waren offiziell staatlich, aber unsere Professoren haben dort die Hauptarbeit gemacht. Das hat sich sehr bewährt. Die Schulen bestehen heute noch. […]

Bei der Arbeiterklasse standen die Fragen genauso. Die Arbeiterklasse muß lernen, die Wirtschaft zu leiten und die politische Macht auszuüben. Es begann bei uns mit der Kontrolle der Produktion. Das genügte nicht. Zum großen Teil haben wir dazu Staatsfunktionäre genommen. Dann haben wir Schulen für die Ausbildung der Wirtschaftsfunktionäre geschaffen. All das haben wir als Parteiangelegenheit gemacht. Auf allen anderen Gebieten haben wir dieselbe Methode angewandt. […]

Beim Militär war unsere Lage prinzipiell anders. Wir haben eine völlig neue Armee geschaffen. Offiziere waren nur Arbeiter. Sie wurden nach Moskau auf die Schule geschickt und kamen dann von dort, richtig militärisch ausgebildet, wieder zurück.

Das ist bei euch viel komplizierter. Eure Taktik ist schon richtig. Aber das ist ein langer, komplizierter Prozeß.

Luis Corvalan: Wir sind davon überzeugt, daß die bewaffneten Kräfte bei uns ernste Veränderungen durchmachen müssen. Aber wir können das nicht über Dekrete machen. Zunächst einmal muß man mit ihnen arbeiten. Man muß mit ihnen zusammen die Veränderungen herbeiführen, obwohl wir nicht warten dürfen, bis sie alle damit einverstanden sind.

Walter Ulbricht: Aber die Frage der Ausbildung der leitenden Kader und die Frage der Veränderung der Zusammensetzung der Lehrkörper an den Militärschulen sind Probleme, die schon früher stehen. Ich sage Ihnen: Das Komplizierteste bei uns war, der Arbeiterklasse und den Bauern klarzumachen, daß sie lernen müssen, die Staatsführung auszuüben. Das war nicht leicht. Aber wir haben das geschafft.

Wenn die Bodenreform durchgeführt ist, dann entwickeln sich die Kader. Doch wie lange haben wir gebraucht, um in der Landwirtschaft aus Landarbeitern und Kleinbauern leitende Kader zu machen? Dafür haben wir ungefähr acht Jahre gebraucht. Aber dann hatten wir politisch zuverlässige und fachlich erfahrene

Kader. Aber acht Jahre hat das gedauert, und sie haben in dieser Zeit gut gelernt.

In den Schulen ist das selbe gewesen [...]

Wir verstehen ganz gut, daß das Schritt für Schritt geht. Ich sagte ja: Das, was wir gemacht haben, kann man nicht nachmachen. Aber prinzipiell ist der Weg, den Sie gehen, also der demokratische Weg, richtig. Das hat eine riesige internationale Bedeutung [...] Eure Praxis gibt ein großes, konstruktives Beispiel.

Luis Corvalan: Man muß natürlich sehen: Es gibt eine Reihe von Leuten, die jetzt von unseren Erfahrungen ausgehen und [...] sagen, das sei bereits demokratischer Sozialismus. Wir und die Sozialisten sind fest davon überzeugt, daß die Arbeiterklasse bei uns mehr und mehr Positionen gewinnen muß, um den Schritt zum Sozialismus zu sichern, und auch die Sozialisten sind mit uns einverstanden, daß man die Probleme der bewaffneten Streitkräfte lösen muß, wie wir es vorgesehen haben. In diesen grundlegenden Fragen haben sie Konzeptionen, die unseren ganz, ganz nahe kommen. [...]

Walter Ulbricht: Das Wichtigste ist das Bewußtsein, daß die Arbeiterklasse die führende Rolle spielt, und daß die Arbeiterkalsse überall zur Staatsführung herangezogen wird. Das ist die Hauptsache. Das ist die Sicherheit für die Sicherung der Macht. Dann geht alles leichter.

Luis Corvalan: Ja, so ist es.

Walter Ulbricht: Jedenfalls muß man in jedem Land den konkreten Weg suchen. Es gibt Prinzipien, die man anwenden muß. Aber die taktischen Details sind unterschiedlich. Aber da ihr eine richtige strategische Orientierung und große Kampferfahrungen habt [...]

Luis Corvalan: Wir haben gegenwärtig 104.000 Mitglieder und 40.000 Mitglieder des Kommunistischen Jugendverbandes, und wir haben etwa 9,5 bis 10 Millionen Einwohner. Von den Parteimitgliedern kommen etwa 75 Prozent aus Arbeiterfamilien, sind also Arbeiter oder Arbeiterfrauen. Unsere stärksten Zentren sind die wichtigsten Industriezentren und die Bergbauzentren, wo das

Proletariat konzentriert ist. Aber wir erreichen auch alle anderen Sektoren einschließlich der Universitäten, wir haben die besten Positionen unter den Intellektuellen und in der Jugend, vor allem unter den Studenten [...] Wir sind im ganzen Land organisiert. Das geht bis zu solchen Extremen, daß wir jetzt zum Beispiel zum ersten Mal auf der Osterinsel einen Gemeinderat erobert haben. Die Osterinsel gehört zum polynesischen Bereich, ist also über 3.000 Kilometer entfernt. Dort gibt es etwa 1.200 Ureinwohner, Polynesier. Wir haben dort einen Gemeinderat erobert.

Wir können sagen, Genosse Ulbricht, wir sind eine starke Partei. Im Wahlergebnis hat die Sozialistische Partei mehr gewonnen. Aber es gibt eigentlich keine Konkurrenz zwischen der Kommunistischen Partei und der Sozialistischen Partei [...] Im Oktober 1969 gab es einen Versuch zu einem Militärstaatsstreich, den hat die Arbeiterklasse verhindert. [...] Das Land stand still, und der Streik wurde exakt gemeinsam durchgeführt. [...]

Walter Ulbricht: Dabei hat die Partei auch gelernt. Das war eine andere Taktik, als sie Fidel Castro gepredigt hat. Es ist wichtig, daß Sie den Marxismus-Leninismus entsprechend Ihren Entwicklungsbedingungen angewandt haben. Anders geht das nicht.

Otto Gotsche (persönlicher Sekretär Walter Ulbrichts – d. Hrsg.): Sie haben eine ausgezeichnete Gewerkschaftsbewegung!

Walter Ulbricht: Herzlichen Dank, lieber Genosse Corvalan.

Luis Corvalan: Vielen Dank, Genosse Ulbricht. Ich will nur noch sagen, daß wir gestern mit den Genossen der Abteilung Internationale Verbindungen gesprochen haben. Ich bin also über alle Fragen der Entwicklung der Beziehungen und der Zusammenarbeit zwischen Ihnen und der Regierung der Volkseinheit informiert, vor allem auf technisch-ökonomischem Gebiet. Ich habe die Pläne, die ausgearbeitet sind, kennengelernt und dabei festgestellt, daß die Ideen, die hier ausgearbeitet wurden, ganz ausgezeichnet sind. Ich habe weiter feststellen können, daß es auch seitens der Regierung der DDR eine sehr große Bereitschaft zur Solidarität mit Chile gibt. All das ist also für mich kein Gegenstand der Diskussion mehr.

Paul Markowski (Leiter der Abt. Internationale Verbindungen im ZK der SED, im März 1978 mit Werner Lamberz in Libyen tödlich verunglückt – d. Hrsg.): Wir haben gestern alle konkreten Fragen durchgesprochen.

Luis Corvalan: Ich bin wirklich sehr zufrieden. Vor allem bin ich sehr glücklich über diese heutige Zusammenkunft. Ich werde meine Parteiführung und auch dem Präsidenten unserer Republik über den Geist und über die gute Bereitschaft, die wir hier vorgefunden haben, informieren. Alles andere wird dann Sache der Spezialisten sein, um die Dinge im einzelnen zu verwirklichen.

Walter Ulbricht: Grüßen Sie bitte sehr herzlich den Präsidenten Allende von uns und sagen Sie ihm, daß wir begeisterte Anhänger der Politik sind, die er als Präsident und die Regierung der Volkseinheit durchführen.

Luis Corvalan: Es ist nicht meine Aufgabe, Ratschläge zu erteilen. Aber ich wollte nur noch sagen, daß man Allende als Freund gewinnen muß, daß man ihn an uns heranziehen muß.

Walter Ulbricht: Jawohl, absolut richtig.

Luis Corvalan: Sie könnten uns dabei sehr helfen. Wir haben gute Beziehungen zu ihm. Aber alle anderen Freunde müssen uns dabei auch noch helfen.

Walter Ulbricht: Einverstanden. Wir werden uns bemühen, dabei mitzuhelfen.

Luis Corvalan: Vielen Dank.

(SAPMO DY 30/IV A2/20/712)

*Zu den ökonomischen Beziehungen zwischen der DDR
und der Republik Chile (Abt. IV im ZK der SED)*

1. Zwischen den Regierungen der DDR und der Republik Chile wurden am 27.7.1971 in Berlin unterzeichnet:
– Handelsabkommen mit einer Gültigkeit bis 1975
– Abkommen über die wissenschaftlich-technische Zusammenarbeit mir einer Gültigkeit bis 1975
– Zusatzabkommen zum WTZ-Abkommen mit einer Gültigkeit bis 1973
– Vereinbarung über die wissenschaftlich-technische Zusammenarbeit auf dem Gebiet des Kupferbergbaus und der Kupferverarbeitung mit einer Gültigkeit bis 1973
– Vereinbarung über die wissenschaftlich-technische Zusamenarbeit auf dem Gebiet der Landwirtschaft und Ernährungswirtschaft mit einer Gültigkeit bis 1973

2. Im Dezember 1971 wurden unterzeichnet:
– Protokoll zum Handeslabkommen einschließlich kontingentierter Warenlisten für den Ex- und Import für das Jahr 1972
– Protokoll zum Abkommen über die wissenschaflich-technische Zusammenarbeit auf dem Gebiet der Volkswirtschaftsplanung für 1972 und 1973
– Statut des Gemeinsamen Ausschusses für die wirtschaftliche, technische und wissenschaftliche Zusammenarbeit

3. Auf Grund des Beschlusses des Präsidiums des Ministerrates zum »Bericht über die Verhandlungen mit einer Regierungsdelegation der Republik Chile in der Zeit vom 3.9. bis 11.9.1972« wurden mit der zur Leipziger Herbstmesse 1972 anwesenden Regierungsdelegation Chiles als schnelle und solidarische Hilfe, insbesondere in Vorbereitung der Parlamentswahlen im März 1973 in Chile, unterzeichnet:
– Je eine Vereinbarung über einen kommerziellen Globalkredit in Höhe von 20 Mio US-$ (mit Vorzugsbedingungen u. a. bis 10 Jahre Zahlungsziel bei 3 % Zinsen) und eine über einen kommerziellen Sonderkredit für die Lieferung von Schweinefleisch in Höhe von 2 Mio US-$ (360 Tage Zahlungsziel bei 5 % Zinsen

– Beibehaltung der für Chile günstigen finanziellen Bedingungen für die Entsendung von Experten aus der DDR
– Entsendung weiterer 5-8 Experten der DDR und Zurverfügungstellung weiterer 10 Studienplätze für chilenische Kader

Stand der Realisierung:

– Es wurden Exportverträge im Rahmen des kommerziellen Globalkredits in Höhe von etwa 14 Mio US-$ ausspezifiziert (medizintechnische Ausrüstungen, landwirtschaftliche Maschinen und Gießereiausrüstungen). Die Realisierung der Objekte wird erschwert durch eine fehlende Klarheit bzw. unterschiedliche Auffassungen der kompetenten Regierungsstellen in Chile hinsichtlich der Priorität der im Rahmen des Globalkredites aus der DDR zu importierende Maschinen, Ausrüstungen und Anlagen.
– Der kommerzielle Sonderkredit in Höhe von 2 Mio US-$ wurde durch Verträge über Schweinefleischlieferungen im Jahre 1972 ausgelastet.
– Von den in den Regierungsvereinbarungen enthaltenen 18 Experten aus der DDR wurden bisher 16 nach Chile entsandt (6 auf dem Gebiet des Kupferbergbaus, 6 auf dem Gebiet der Landwirtschaft, 2 auf dem Gebiet der Volkswirtschaftsplanung, 2 auf dem Gebiet des Kohlebergbaus).
Von den insgesamt 38 vereinbarten Ausbildungsplätzen der DDR wurden bisher 15 in Anspruch genommen, die sich auf den Kupferbergbau (13) und die Landwirtschaft (2) verteilen.

4. Im Zusammenhang mit dem Besuch des Generalsekretärs der KP Chiles. Gen. Corvalán, und geäußerten Bitten um wirtschaftliche Unterstützung für Chile faßte das Politbüro im November 1972 den Beschluß,
– einen 15-Mio-Kredit in freien Devisen zu gewähren (entsprechende Abkommen wurden unterzeichnet)
– 10.000 t chilenisches Kupfer zu kaufen.

5. Auf der Tagung des Gemischten Wirtschaftsausschusses Anfang 1973 wurden unterzeichnet:
– Protokoll über die Warenlisten für 1973 auf der Grundlage des handelsabkommens

– Protokoll über WTZ für 1973/74 (u. a. 30 Plätze für mehrjährige Ausbildung, 15 Plätze für mehrmonatige Ausbildung, 30 Plätze für kurzfristige Studienaufenthalte, 25 Plätze für die Facharbeiterausbildung)
– Vereinbarung über einen kurzfristigen (360 Tage) 5 Mio Dollar kommerziellen Kredit.

Übereinstimmung wurde erzielt, den Warenaustausch nicht auf Clearing-Basis umzustellen. Die chilenische Seite wünschte eine Veränderung der Struktur der DDR-Exportgüter, revolvierende Bankkredite, weitere Kredite für komplette Objekte, Maschinen und Ausrüstungen sowie technische Hilfe bei Investvorhaben, an denen die DDR beteiligt ist.

(SAPMO DY 30/IV A2/20/731)

Jahresorientierung für die Beziehungen der DDR und Chile im Jahre 1972; Berlin, den 2.12.1971 (Abt. IV des ZK der SED)

1. Zentrale Zielstellung

Das zentrale Ziel der Politik der DDR gegenüber Chile besteht darin, die Beziehungen zwischen beiden Staaten und Völkern zu beiderseitigem Nutzen gemäß den Prinzipien der Freundschaft, der Zusammenarbeit und Solidarität beispielhaft zu entwickeln sowie durch den Abschluß weiterer Abkommen und Vereinbarungen eng und dauerhaft zu gestalten.

Die Festigung und Entwicklung der vertrauensvollen politischen Zusammenarbeit mit der Regierung und der Bewegung der UP zur kontinuierlichen gegenseitigen Information und Konsultation, zur Koordinierung von Aktivitäten in der Außenpolitik und in anderen Bereichen ist dabei von besonderer Bedeutung.

Es kommt darauf an, für die termingerechte Erfüllung aller seitens der DDR vertraglich eingegangenen Verpflichtungen in hoher Qualität Sorge zu tragen.

Die Hauptaktionslinien, die Argumentation und das taktische Vorgehen der BRD im Kampf gegen die UP-Regierung sowie die wachsenden Positionen der DDR sind gründlich zu analysieren und entsprechende Schlußfolgerungen für die eigene Arbeit abzuleiten.

In regelmäßigen Konsultationen mit der UdSSR und anderen sozialistischen Staaten sind Fragen der Entwicklung in Chile und der Beziehungen zur Regierung der UP zu beraten und wichtige Maßnahmen mit ihnen abzustimmen.

2. Außenpolitisch-diplomatische Aufgaben
2.1 Politische Beziehungen

– Staatsbesuch des Präsidenten der Republik Chile, Dr. Allende, in der DDR im Rahmen der für 1972 vorgesehenen Europa-Reise
– Teilnahme einer Delegation des ZK der SED an den Feierlichkeiten zum 50. Jahrestag der KP Chiles (Januar 1972)
– Offizieller Besuch des Außenministers der DDR in der Republik Chile in Erwiderung des DDR-Besuches des chilenischen Außenministers

– Einladung einer Regierungsdelegation der Republik Chile zur Teilnahme an der Leipziger Frühjahrsmesse 1972
– Abschluß von Abkommen auf den Gebieten Kultur, Informationswesen sowie von Vereinbarungen bzw. Arbeitsplänen auf den Gebieten des Gesundheitswesens, des Fernsehens, der Volksbildung u. a.
– Mitarbeit bei der Schaffung von Voraussetzungen für die Teilnahme einer Delegation der DDR an der III. UNCTAD-Konferenz im April/Mai 1972 in Santiago de Chile
– Gewährleistung einer systematischen Information und Konsultation sowie eines Meinungs- und Erfahrungsaustausches zwischen der DDR und Chile sowohl durch Delegationsaustausch als auch durch eine enge Zusammenarbeit des MfAA der DDR mit der chilenischen Botschaft in Berlin sowie der Botschaft der DDR in Santiago mit dem chilenischen MfAA
– Festigung der Zusammenarbeit der Botschaft der DDR in Chile mit den Vertretungen der UdSSR und der anderen sozialistischen und befreundeten Staaten. Aktivierung und Ausbau der Verbindungen der Botschaft der DDR in Santiago zu den diplomatischen Vertretungen lateinamerikanischer Staaten sowie zu den Einrichtungen internationaler und regionaler Organisationen mit Sitz in Santiago de Chile
– Besuch des Staatssekretärs im chilenischen MfAA, Anibal Palma, in der DDR

2.2 Auslandsinformation

– Vorbereitung und Abschluß eines Abkommens über die Zusammenarbeit auf dem Gebiet des Informationswesens
– Abschluß von Vereinbarungen über Zusammenarbeit zwischen dem Staatlichen Komitee für Fernsehen beim Ministerrat der DDR und dem Staatlichen Fernsehen der Republik Chile sowie des Staatlichen Komitees für Rundfunk mit chilenischen Rundfunkstationen
– Entwicklung einer Konzeption über inhaltliche Schwerpunkte der auslandsinformatorischen Arbeit sowie die Gestaltung der materiellen und organisatorischen Basis, insbesondere der Tätigkeit des Kulturinstitutes Chile-DDR
– Aktivierung der auslandsinformatorischen Tätigkeit gegenüber

den chilenischen Bürgern deutscher Herkunft in Übereinstimmung mit den Bemühungen der Regierung der UP, diese weitgehend vom BRD-Imperialismus beeinflußte Gruppe zu neutralisieren bzw. zur Unterstützung der Politik der UP zu gewinnen.

2.3 Kulturelle und wissenschaftliche Azuslandsbeziehungen

– Abschluß eines Abkommens über kulturelle und wissenschaftliche Zusammenarbeit sowie eines Kulturarbeitsplanes für 1972 und 1973 bzw. entsprechender Ressortabkommen
– Die Zusammenarbeit auf kulturell-wissenschaftlichem Gebiet konzentriert sich auf die Unterstützung der Regierung der UP bei der Entwicklung, Planung und Lenkung eines fortschrittlichen Hoch- und Fachschulwesens, eines progressiven Bildungssystems, eines modernen Gesundheitswesens, die Aus- und Weiterbildung nationaler Kader sowie auf die Vermittlung von Erfahrungen der DDR im kulturell-wissenschaftlichen Bereich
– Herausgabe erfahrungsvermittelnder Publikationen der DDR durch chilenische Verlage
– Verstärkung der Arbeit mit dem Buch, insbesondere dem Schulbuch der DDR in Chile

2.4 Konsularische Beziehungen

– Abschluß eines Konsularvertrages und eines Abkommens über Rechtshilfe sowie Herstellung und Pflege von Verbindungen zu den entsprechenden staatlichen Institutionen zwecks Gewährleistung der Realisierung der Verträge

2.5 Parlamentarische und kommunale Beziehungen

– Weiterführung der offiziellen Kontakte zwischen der Volkskammer der DDR und beiden Kammern des chilenischen Nationalkongresses in Übereinstimmung mit den Parteien der UP
– Einladung der Delegation des chilenischen Parlaments zur IPU-Tagung in Rom zu einem Studienaufenthalt in der DDR
– Entwicklung von Vorschlägen für effektive Formen kommunaler Beziehungen zwischen der DDR und Chile

3. Außenwirtschaftliche Aufgaben

– Sicherung der planmäßig festgelegten Importe an Kupfer, Kupferhalb- und -fertigwaren
– Maximale Entwicklung des Exports gegen Sofortbezahlung oder kurzfristiges Ziel, um die Voraussetzungen für eine weitgehende Finanzierung der Kupferimporte zu schaffen
– Konzentration der Absatzaktivitäten auf die im Gemeinsamen Protokoll vom 29.7.71 und Dezember 1971 enthaltenen Objekte und auf die im Beschluß des PMR *(Präsidims des Ministerrates –d. Hrsg.)* vom 14.7.71 enthaltenen Haupterzeugnisgruppen. Schwerpunktobjekte sind dabei das Icha-Projekt und das Projekt des Aufbaus einer Werkzeugmaschinenfabrik
– Qualifizierung der Marktarbeit durch insbesondere
  * die Sicherung des Ausbaus und der wirksamen Arbeit der TKB Limex, Transportmaschinen, Intermed und Invest-Export
  * Ausbau bzw. Umstellung der Vertreterverhältnisse, d. h. unter anderem Einsetzung staatlicher Firmen als Vertreter und Abschluß von Serviceverträgen mit privaten und staatlichen Firmen
  * Sicherung der qualifizierten Arbeit der Marktbearbeitungsgruppen, insbesondere der AHB Transportmaschinen Carl Zeiss Jena, WMW, Büromaschinen-Export, Elektrotechnik, Invest-Export, auf dem chilenischen Markt
– Sicherung eines wirksamen Einsatzes der DDR-Experten im I. Halbjahr 1972 und Gewährleistung ihrer Anleitung und Betreuung in Chile
– Unterstützung bei der Vorbereitung und Durchführung der II. Tagung des Gemeinsamen Ausschusses über wirtschaftliche, technische und wissenschaftliche Zusammenarbeit Chile-DDR in Berlin. Abschluß eines
  * Protokolls über die wisschaftlich-technische Zusammenarbeit für die Jahre 1973/74 und eines
  * Protokolls über den Warenaustausch für das Jahr 1973.
  Dabei ist den ökonomischen Möglichkeiten der DDR Rechnung zu tragen und eine Einhaltng der planmäßigen Limits zu gewährleisten.
– Sicherung der Beteiligung Chiles an der LFM *(Leipziger Frühjahrsmesse – d. Hrsg.)* 1972

- Vorbereitung der Teilnahme derDDR an der Internationalen Messe in Santiago de Chile 1972
- Intensivierung der Kontaktarbeit, insbesondere zu den Regierungsstellen und anderen staatlichen Institutionen des Landes
- Verbesserung der analytisch-prognostischen Arbeit der HPA
- Vertiefung der Zusammenarbeit und zunehmenden Sicherung eines koordinierten Auftretens mit der UdSSR und im Rahmen der Mitgliedsländer des RGW

4. Außenmilitärpolitische Aufgaben

Prüfung der Möglichkeiten für die Entsendung eines Militärattachés

5. Analytische Aufgaben

- Politische, ideologische und organisatorische Entwicklung des Bündnisses der Unidad Popular unter besonderer Berücksichtigung der weiteren Festigung der Aktionseinheit der chilenischen Arbeiterklasse durch ein enges Zusammenwirken der Kommunistischen und Sozialistischen Partei sowie der CUT (Einheitliche Gewerkschaftszentrale)
- Der Differenzierungs- und Polarisierungsprozeß der Klassenkräfte, insbesondere im Bereich der Mittelschichten und seine Widerspiegelung im parteilichen Leben
- Ziele und Methoden der Politik der BRD in Chile, insbesondere gegenüber der Regierung und den Parteien der Volkseinheit, hinsichtlich der Verbreitung sozialdemokratischen Einflusses und der Störung der Beziehungen DDR-Chile
- Die Außenpolitik der Regierung der UP, insbesondere
  * die Beziehungen Chiles zu den sozialistischen Staaten,
  * die Beziehungen zu den USA, anderen imperialistischen Mächten und internationalen Institutionen (Japan, EWG, Weltbank)
  * die Beziehungen zu den lateinamerikanischen Staaten, die Position Chiles in der CECLA und im Andenpakt
  * das Auftreten Chiles im UNO-System und anderen internationalen Organisationen

- Die Positionen Chiles und anderer lateinamerikanischer Staaten in Vorbereitung und Durchführung der III. UNCTAD-Konferenz in Santiago de Chile;
- Einschätzung neuer Tendenzen in der politischen Entwicklung lateinamerikanischer Staaten und Schlußfolgerungen für die Entwicklung der Beziehungen der DDR zu diesen Staaten;
- Analyse über die auslandsinformatorischen Positionen der DDR in Chile und ihrer Wirkunsmöglichkeiten
Termin: 15.7.1972;
- Analyse der gegnerischen Aktivitäten und Einflüsse, insbesondere der BRD, auf dem Gebiet der Auslandspropaganda sowie der auswärtigen Kulturpolitik
Termin: 15.9.1972;
- Erarbeitung von Analysen über den Stand, die Probleme und Entwicklung von Kultur, Wissenschaft und Bildung sowie Informatiosnwesen in Chile und Schlußfolgerungen für die Entwicklung der Beziehungen auf diesen Gebieten zur Ausarbeitung langfristiger Pläne der Zusammenarbeit
Termin: 30.7.1972;
- die Wirtschaftspolitik der Regierung der Unidad Popular
- die Entwicklung des Klassenkräfteverhältnisses und der Machtfrage unter Berücksichtigung der spezifischen Rolle der bewaffneten Kräfte Chiles
- Rechts- und linksextremistische Gruppen und ihr Einfluß auf die gesellschaftliche Entwicklung Chiles.

7. Kadermäßige und materiall-technische Sicherstellung

- Gewährleistung einer raschen und reibungslosen Arbeitsaufnahme in den neuen Dienstgebäuden der Botschaft
- Entsendung eines Presseattachés

(SAPMO DY 30/IV A2/20/726)

*Auszüge aus der Rede Präsident Allendes vor dem Plenum der
XXVII. UNO-Vollversammlung in New York; 4. Dezember 1972*

Ich komme aus Chile, einem kleinen Land, in dem heute jeder Bürger die Freiheit hat, sich auszudrücken, wie es ihm beliebt, in dem volle kulturelle, religiöse und ideologische Toleranz herrscht und in dem es keine Rassendiskriminierung gibt; aus einem Lande, in dem die Arbeiterklasse in einer einheitlichen Gewerkschaft organisiert ist, in dem auf der Grundlage des allgemeinen und geheimen Wahlrechts ein Mehrparteienregime besteht, mit einem Parlament, das seit seiner Gründung vor 160 Jahren ununterbrochen funktioniert hat, in dem die Gerichtsbarkeit von der Exekutivgewalt unabhängig ist, in dem seit 1833 nur ein einziges Mal die Verfassung geändert wurde, ohne deshalb veraltet und bedeutungslos zu sein.

Ich komme aus einem Land mit etwa 10 Millionen Einwohnern, das in einer Generation zwei Literaturnobelpreisträger aufzuweisen hat: Gabriela Mistral und Pablo Neruda, beide Söhne der Arbeiterklasse.

Die Menschen in meinem Vaterland haben ein starkes Nationalgefühl. Chile ist aber auch ein Land, dessen rückständige Wirtschaft ausländischen kapitalistischen Unternehmen unterworfen, ja teilweise sogar ausgeliefert ist. Unsere Auslandsverschuldung beträgt mehr als vier Milliarden Dollar. Für die Rückzahlung müssen wir 30 Prozent des Exporterlöses aufwenden [...]

Wir haben die wichtigsten Bodenschätze nationalisiert. Wir haben das Kupfer nationalisiert. Wir taten es durch einstimmigen Beschluß des Kongresses, in dem die Regierungsparteien in der Minderheit sind. Wir wollen, daß alle Welt deutlich versteht: Wir haben die ausländischen Betriebe des großen Kupferbergbaus nicht konfisziert.

Wir haben in Einklang mit unserer Verfassung ein historisches Unrecht beseitigt, als wir von der Entschädigungssumme alle seit 1955 über 12 Prozent liegenden Gewinne abgezogen haben.

Die Gewinne, die die Gesellschaften aus einigen der jetzt nationalisierten Betriebe im Verlauf der letzten 15 Jahre erzielt haben, waren so übertrieben hoch, daß diese Betriebe bei Zugrundelegung einer vertretbaren Gewinngrenze von 12 Prozent pro Jahr bedeutende Abzüge hinnehmen mußten. Nehmen wir als Beispiel eine Filiale der Gesellschaft *Anaconda*, die zwischen 1955 und 1970 in Chile einen durchschnittlichen Jahresgewinn von 21,5 Prozent des Buchwertes erzielte, während ihre Gewinne in anderen Ländern jährlich nur 3,6 Prozent betragen. […]

Die Unternehmen, die seit vielen Jahren das chilenische Kupfer ausbeuten, haben allein in den letzten zwei Jahren mehr als vier Milliarden Dollar Profit gemacht, obwohl ihre Anfangsinvestitionen nicht mehr als 30 Millionen betrugen.

Ein Einfaches, aber schmerzliches Beispiel, um den tiefen Kontrast zu verdeutlichen: In meinem Lande gibt es 600.000 Kinder, die niemals ein normales menschliches Leben werden führen können, weil sie in den ersten acht Monaten ihres Erdendaseins nicht genügend Einweiß bekamen.

Vier Milliarden Dollar würden Chile völlig verändern.

Bereits ein kleiner Teil dieser Summe würde ausreichen, den Kindern meines Vaterlandes für immer genügend Proteine zu geben.

Die Nationalisierung des Kupfers erfolgte unter peinlicher Beachtung der inneren Rechtsordnung und der Normen des Völkerrechts, das an sich ja nicht mit den Interessen der kapitalistischen Großbetriebe identifiziert werden kann. […]

Seit dem Augenblick unseres Wahlsieges vom 4. September 1970 sind wir stärkstem äußeren Druck ausgesetzt gewesen. Es war beabsichtigt, den Amtsantritt einer frei vom Volk gewählten Regierung zu verhindern, sie zu stürzen, ehe sie sich konstituierte. Wir sollten international isoliert werden, unsere Wirtschaft sollte erdrosselt und der Handel mit unserem Hauptexportprodukt, dem Kupfer, lahmgelegt werden. Man wollte uns auch die internationalen Kreditinstitute verschließen.

Wenn wir die gegen uns gerichtete finanziell-ökonomische Blockade anprangern, sind wir uns bewußt, daß dies für die internationale öffentliche Meinung und selbst für einige unserer Landsleute schwer verständlich sein wird. Es handelt sich ja nicht um eine offene Aggression, die unverhüllt vor aller Welt zutage tritt. Es ist vielmehr eine Untergrundattacke, ein versteckter und verschleierter Angriff, der aber für Chile nicht weniger gefährlich ist als die offene Agression.

Wir stehen Kräften gegenüber, die im Schatten operieren,

ohne Fahne, mit mächtigen Waffen, die sich auf verschiedene Machtpositionen stützen.

Gegen uns wurde kein Handelsembargo verhängt. Niemand hat erklärt, unserer Nation Gewalt antun zu wollen. Es mag scheinen, als hätten wir keine anderen Feinde als die normalen innenpolitischen Gegner. Das ist aber nicht so. Wir sind Opfer von kaum faßbaren Aktionen, die mit Phrasen und Erklärungen über die Respektierung der Souveränität und Würde unseres Landes verschleiert werden. Wir haben aber am eigenen Leibe den enormen Unterschied erfahren zwischen solchen Erklärungen und den außergewöhnlichen Aktionen, denen wir tatsächlich ausgesetzt sind. […]

Chile, ebenso wie der größte Teil der Länder der Dritten Welt, ist sehr anfällig in bezug auf Fragen der Außenwirtschaft. Im Verlaufe der letzten zwölf Monate hat das Fallen der internationlen Kupferpreise für unser Land, dessen Export etwas mehr als eine Milliarde Dollar erreicht, einen Verlust von nahezu 200 Millionen Dollar verursacht, während andererseits die Produkte, die wir importieren müssen, sowohl industrielle als auch landwirtschaftliche, sehr teuer geworden sind, einige von ihnen bis zu 60 Prozent teurer.

Wie fast immer kauft Chile zu hohen und verkauft zu niedrigen Preisen.

Gerade zu diesem für unsere Zahlungsbilanz ohnehin schon kritischen Zeitpunkt mußten wir uns mit koordinierten Aktionen auseinandersetzen, die offensichtlich dazu bestimmt waren, sich am chilenischen Volk zu rächen, weil es sich für die Nationalisierung des Kupfers entschieden hatte.

Bis zu unserem Regierungsantritt erhielt Chile als Anleihen internationaler Finanzorgane, zum Beispiel von der Weltbank und der Interamerikanischen Bank, finanzielle Mittel in Höhe von etwa 80 Millionen Dollar im Jahr.

Plötzlich wurden diese Finanzierungen eingestellt.

Im vergangenen Jahrzehnt erhielt Chile Anleihen vom *Büro für Internationale Entwicklung* der Regierung der Vereinigten Staaten in Höhe von etwa 50 Millionen Dollar. Wir erheben keinen Anspruch darauf, daß diese Anleihen weiter gewährt werden. Den Vereinigten Staaten steht es frei, einem Lande Unterstützung zu gewähren oder nicht. Wir wollen nur aufzeigen, daß die abrupte

Einstellung dieser Kredite in erheblichem Maße zur Verschlechterung unserer Zahlungsbilanz beigetragen hat.

Als ich die Präsidentschaft übernahm, erhielt mein Land kurzfristige Kredite in Höhe von etwa 220 Millionen Dollar von amerikanischen Privatbanken, die zur Finanzierung unseres Außenhandels bestimmt waren. Kurzfristig wurden von diesen Krediten etwa 190 Millionen Dollar gekündigt; wir mußten diese Summe zahlen, da die entsprechenden Verträge nicht erneuert wurden.

Wie der größte Teil der Länder Lateinamaerikas muß auch Chile aus technolgischen und anderen Gründen große Mengen von Investitionsgütern aus den USA beziehen. Die Kreditierung dieser Importe durch die Lieferanten und auch die Fianzierung, die gewöhnlich von der Eximbank für diese Art von Operation gewährt wird, sind ebenfalls eingestellt worden. Das versetzt uns in die ungewöhnliche Lage, diese Art von Lieferungen im voraus bezahlen zu müssen, was unsere Zahlungsbilanz außerordentlich belastet.

Anleihen, die Chile vor meiner Regierungsübernahme mit offiziellen Institutionen der USA vereinbart hatte und deren Auszahlung bereits im Gange war, wurden ebenfalls suspendiert. Das bedeutet, daß wir die damit verbundenen Projekte in Form von Bareinkäufen weiterführen müssen, da bei dem gegenwärtigen Stand der Arbeiten eine Umstellung auf Importe aus anderen Ländern nicht mehr möglich ist.

Die Aktionen gegen den Kupferhandel mit den Ländern Westeuropas führten zu einer außerordentlich starken Behinderung unserer Handelsoperationen und unserer kurzfristigen Finanzoperationen mit Privatbanken dieses Kontinents, die sich hauptsächlich auf Einnahmen aus dem Verkauf dieses Metalls stützen. Das bedeutete, daß Kredite von mehr als 20 Millionen Dollar nicht erneuert wurden; es bedeutete die Suspendierung von Finanzverhandlungen über 200 Millionen Dollar, die kurz vor dem Abschluß standen; es bedeutete die Schaffung eines Klimas, das einen normalen Ablauf unserer Einkäufe in diesen Ländern unmöglich macht und unsere gesamte Finanztätigkeit in der Außenwirtschaft aus dem Gleichgewicht bringt.

Diese brutale finanzielle Abdrosselung bedeutete angesichts der Beschaffenheit der chilenischen Wirtschaft eine ernste Beschränkung unserer Einkaufsmöglichkeiten für Anlagen, Ersatzteile,

Nahrungsgüter und Medikamente. Alle Chilenen verspüren die Folgen dieser Maßnahmen, die sich auf das tägliche Leben jedes Bürgers und natürlich auch auf das innere politische Leben des Landes auswirken. [...]

Gegen uns wurde nicht nur eine finanzielle Blockade verhängt, wir sind auch Opfer einer eindeutigen Aggression. Zwei Konzerne, die zum Kern der großen supranationalen Gesellschaften gehören und die ihre Krallen in mein Land geschlagen haben, die *ITT* und die *Kennecott*, wollen unser politisches Leben lenken.

Die *ITT*, eine gigantische Gesellschaft, deren Kapital größer ist als der Staatshaushalt verschiedener Länder Lateinamerikas zusammengenommen, größer sogar als der einiger Industrieländer, leitete in dem Moment, als der Sieg des Volkes in den Wahlen vom September 1970 bekannt wurde, eine dunkle Aktion ein, um meine Einsetzung zu verhindern.

Von September bis November des genannten Jahres gab es in Chile Terroraktionen, die außerhalb unserer Grenzen geplant und zusammen mit faschistischen Gruppen im Lande durchgeführt wurden. Ihr Höhepunkt war die Ermordung des Oberbefehlshabers des Heeres, General René Schneider Chereaux.

Im März diesen Jahres *(1972 – d. Hrsg.)* wurden die Dokumente an die Öffentlichkeit gebracht, die den Zusammenhang zwischen diesen finsteren Machenschaften und der *ITT* aufdeckten. Die *ITT* hat zugegeben, daß sie 1970 die Regierung der Vereinigten Staaten ersucht habe, in die politische Entwicklung Chiles einzugreifen. Die Dokumente sind authentisch. Niemand hat es gewagt, sie zu dementieren.

Später, im Juli diesen Jahres *(1972 – d. Hrsg.)* erfuhr die Welt mit Bestürzung von Einzelheiten eines neuen Aktionsplanes der *ITT*. Diese Gesellschaft war erneut bei der amerikanischen Regierung vorstellig geworden und hat um deren Hilfe dafür ersucht, meine Regierung im Verlaufe von sechs Monaten zu stürzen.

Ich habe hier das Dokument mit dem Datum vom Oktober 1971, das die 18 zu diesem Plan gehörigen Punkte enthält. Vorgesehen waren die wirtschaftliche Erdrosselung, die diplomatische Sabotage, die Organisierung eines sozialen Chaos, die Schaffung einer Panikstimmung unter der Bevölkerung, damit, wenn die Regierung abgesetzt wäre, die Streitkräfte sich veranlaßt sähen, die demokratische Ordnung aufzuheben und eine Diktatur zu errichten.

Aus dem Zyklus »In Chile herrscht Ruhe« von Walter Womacka

Im gleichen Augenblick, da die *ITT* diesen Plan ausführen wollte, gaben ihre Vertreter vor, mit meiner Regierung eine Formel aushandeln zu wollen, die den Anteil der *ITT* an der Telefongesellschaft Chiles in die Hände des chilenischen Staates bringen sollte. Seit den ersten Tagen meines Amtsantritts haben wir Gespräche eingeleitet, um aus nationalen Sicherheitsgründen die Telefongesellschaft, die von der *ITT* kontrolliert wurde, in unsere Hände zu bringen.

Ich habe bei zwei Gelegenheiten führende Vertreter dieser Gesellschaft empfangen. Bei den Gesprächen hat meine Regierung guten Willen gezeigt. Die *ITT* dagegen weigerte sich, auf einen Preis einzugehen, der nach Schützungen internationaler Experten ermittelt worden war. Sie legte einer schnellen und gerechten Lösung Hindernisse in den Weg und versuchte hinterrücks, eine chaotische Situation im Lande zu schaffen.

Die Weigerung der *ITT*, ein direktes Abkommen zu akzeptieren, und die Kenntnis über ihre düstern Machenschaften hat uns dazu gezwungen, dem Kongreß einen Gesetzentwurf über die Nationalisierung der Gesellschaft zu unterbreiten.

Meine Herren Delegierten, ich klage vor der Weltöffentlichkeit die *ITT* an, in meinem Vaterlande den Bürgerkrieg heraufbeschwören zu wollen. Das ist das, was wir als imperialistische Intervention bezeichnen.

Chile sieht sich jetzt aber einer Gefahr gegenüber, deren Beseitigung nicht allein vom Willen der Nation abhängt, sondern von einer Vielzahl äußerer Umstände.

Unsere Verfassung schreibt vor, daß über Streitfälle, die durch die Nationalisierung entstehen, ein Gericht entscheidet, das, wie alle Gerichte in meinem Lande, in seinen Entscheidungen unabhängig und souverän ist. Die *Kennecott* hat das akzeptiert und prozessierte ein Jahr lang vor diesem Gericht.

Ihre Forderungen wurden abgelehnt. Danach entschloß sie sich, ihre ganze Macht auszuspielen, um uns den Ertrag unserer Kupferexporte zu rauben und so auf die Regierung Chiles Druck auszuüben.

Auf ihr Betreiben hin verhängten die Gerichte Frankreichs, Hollands und Schwedens ein Preisembargo über unsere Kupferexporte. Sicherlich wird sie das auch noch in anderen Ländern zu erreichen versuchen.

Diese Aktionen entbehren sowohl juristisch als auch moralisch jeder Grundlage.

Die *Kennecott* will durchsetzen, daß Gerichte anderer Nationen, die gar nichts mit den Problemen und Geschäften zwischen dem chilenischen Staat und der *Kennecott* zu tun haben, einen souveränen Akt unseres Staates für null und nichtig erklären, den der Kongreß einstimmig gebilligt hat, der im Einklang mit unserer politischen Verfassung steht und vom Volk unterstützt wird.

Dieses Ansinnen verstößt gegen die Grundprinzipien des Völkerrechts, nach denen alle nationalen Reichtümer eines Landes, vor allem aber die lebenswichtigen, diesem Land selbst gehören, das frei darüber bestimmen kann. [...]

(SAPMO DY 30/verl. SED/35393)

Auszüge aus Empfehlungen für das konterrevolutionäre »System der organisierten Zivilaktion« zur Destabilisierung des Landes, April 1973

Empfehlungen für Schüler und Studenten:
– Ein marxistischer Lehrer ist mittelmäßig und zurückgeblieben. Schreiben Sie sich nicht bei ihm ein, fordern Sie einen anderen Lehrer. Wählen Sie einen demokratischen Professor und propagieren Sie die Differenz in der Qualität
– Bereiten Sie sich vor, gegen die Marxisten ideologisch und physisch zu kämpfen. Lassen Sie nicht zu, daß sie ihre Arbeit ausführen. Stören Sie sie ständig
– Fertigen Sie Listen der Marxisten an und geben Sie sie den demokratischen Lehrern
– Wenn Ihr Lehrer Marxist ist, seien Sie unpünktlich, machen Sie Lärm, lenken Sie mit unsinnigen Fragen ab. Verstecken Sie die Kreide, den Schwamm, schmieren Sie Wachs auf die Tafel. Zweifeln Sie den Lehrstoff an. Bereiten Sie sich vor, um ihn aufs Glatteis führen zu können
– Nehmen Sie nicht an Arbeitseinsätzen teil. So werden Sie Stimmen und Einfluß durch Ihre eigenen Anstrengungen gewinnen.
– Löschen oder zerreißen Sie überall die Propaganda der UP oder fügen Sie spöttische Bemerkungen hinzu, die den Sinn ändern. Benutzen Sie Kreide oder Federhalter. Agieren Sie allein, wo Sie können, nachts immer in Begleitung
– Schließen Sie sich dem Schülerrat an. Machen Sie Vorschläge, diskutieren Sie. Überwachen Sie Ihre Feinde. Bilden Sie demokratische Gruppen in den Klassen und regen Sie die Opposition in der Schule an

Empfehlungen für die Intelligenz in den Staatsbetrieben:
– Machen Sie Ihren Arbeitsplan mit einem Maximum an Beiwerk und dem möglichen Minimum an Informationen
– Erhöhen Sie die Zahl der überflüssigen Arbeitskräfte wie Helfer, Verwaltungskräfte, Gelegenheitsarbeiter, Dienstpersonal, ohne die Arbeit zu rationalisieren oder zu mechanisieren
– Halten Sie Pläne und Handbücher, die Sie zur Aus- und Fort-

führung von Projekten benutzen, zurück, und wenn das nicht gelingt, schaffen Sie Unordnung in den Archiven
— Wenn Sie an Planungsarbeiten teilnehmen, dehnen Sie die Unsicherheitsgrenze jeder Kalkulation oder Berechnung maximal aus

Empfehlung an die Einzelhändler:
— Möglichst nichts an Personen der UP verkaufen, und wenn es nötig ist, sind sie schlecht und ungenügend zu versorgen
— Teilen Sie telefonisch oder über andere Verbindungen den Stammkunden Tag und Stunde mit, wann sie versorgt werden

Empfehlungen an die Landwirte:
— Geben Sie den staatlichen Landwirtschaftsbehörden falsche Informationen über Erträge und Möglichkeiten der Äcker
— Identifizieren Sie die Aktivisten der UP und unterwerfen Sie sie einer ständigen Aufsicht mit möglichem psychologischen oder physischen Druck

Empfehlungen an die Industriellen:
— Gewinnen Sie die Arbeiter durch Zugeständnisse, die geringe Kosten für den Betrieb bedeuten: Mittagessen, Frühstück für die weiter entfernt Wohnenden, Arbeitsschuhe, Ferienplätze, Hilfsfonds für Notfälle, Freizeit, um Schulen zu besuchen, Schulbücher usw.

Empfehlungen an die Frauen:
— Man muß Kampangnen zur Erzeugung von Druck mit Gerüchten und Propaganda gegen die Mitlieder der UP führen
— Verbreiten von Geschichten, die Furcht bei den Frauen der UP und ihren Kindern erzeugen
— Keine UP-Leute anfordern! Keinen UP-Leuten Hilfe leisten! Nichts borgen, nichts fordern von UP-Leuten, nicht wetteifern, nicht zusammenleben mit Leuten der UP

(SAPMO DY 30/vorl. SED/35393)

Letzte Rede von Salvador Allende, gehalten in der Moneda über Radio Magallanes am 11. September 1973 um 9.10 Uhr

Mitbürger! Dies wird wahrscheinlich die letzte Gelegenheit sein, daß ich mich an Sie wenden kann. Die Luftwaffe hat die Sendetürme von Radio Portales und Radio Corporación bombardiert. Meine Worte enthalten keine Bitterkeit, jedoch Enttäuschung. Sie werden die moralische Strafe sein für diejenigen, die ihren Schwur verraten haben: Soldaten Chiles, ernannte Oberbefehlshaber, Admiral Merino, der sich selbst zum Oberbefehlshaber ernannt hat, und der Herr Mendoza, dieser niederträchtige General, der noch gestern der Regierung seine Treue und Ergebenheit bekundete und sich heute zum Generaldirektor der Carabineros ernannt hat.

Angesichts dieser Tatsachen bleibt mir nichts anderes, als vor den Werktätigen zu bekräftigen: Ich werde nicht zurücktreten.

In eine Periode historischen Übergangs gestellt, werde ich die Treue des Volkes mit meinem Leben entgelten.

Und ich sage Ihnen, ich habe die Gewißheit, daß die Saat, die wir in das würdige Bewußtsein Tausender und aber Tausender Chilenen gepflanzt haben, nicht herausgerissen werden kann. Sie haben die Gewalt, sie können uns unterjochen, aber die sozialen Prozesse kann man weder durch Verbrechen noch durch Gewalt aufhalten. Die Geschichte ist unser, sie wird von den Völkern geschrieben.

Werktätige meines Vaterlandes, ich danke Ihnen für die stets bekundete Treue, für das Vertrauen, das sie in einen Mann gesetzt haben, der nur die Verkörperung der großen Sehnsucht nach Gerechtigkeit war und der sein Wort gab, Verfassung und Gesetze zu achten, und der dies tat.

In diesem entscheidenden Moment, dem letzten, in dem ich mich an Sie wenden kann, mögen Sie diese Lehre beherzigen. Das Auslandskapital, der Imperialismus, vereint mit der Reaktion, schuf das Klima, damit die Streitkräfte mit ihrer Tradition brachen, die sie General Schneider lehrte, und die Comandante Araya bekräftigte. Sie wurden Opfer des gleichen sozialen Sektors, der heute in seinen Häusern sitzt und darauf hofft, mit fremder Hilfe die Macht zurückzuerobern, um so seinen Gewinn und seine Privilegien zu verteidigen.

Ich wende mich vor allem an die einfache Frau unseres Landes, an die Bäuerin, die an uns glaubte, an die Arbeiterin, die noch mehr schuf, an die Mutter, die um unsere Sorge um die Kinder wußte. Ich wende mich an die Vertreter der wissenschaftlich-technischen Intelligenz unseres Landes, an all die Patrioten unter ihnen, die seit Tagen gegen die Verschwörung der Berufsverbände arbeiten, jener Klassenverbände, die nur die Vorteile, die die kapitalistische Gesellschaft einigen wenigen einräumt, verteidigen. Ich wende mich an die Jugend, an die, die sangen, die sich mit Fröhlichkeit und Kampfgeist einsetzten. Ich wende mich an die Männer Chiles, die Arbeiter, Bauern, Intellektuellen, an diejenigen, die verfolgt sein werden, denn in unserem Lande wütet der Faschismus schon seit vielen Stunden mit Terroranschlägen, sprengt Brücken, blockiert Eisenbahnlinien, und zerstört Öl- und Gasleitungen.

Demgegenüber steht das Schweigen derjenigen, die die Verpflichtung gehabt hätten, dagegen vorzugehen. Sie haben sich dem Komplott angeschlossen. Die Geschichte wird sie richten.

Sicherlich wird Radio Magallanes zum Schweigen gebracht, und der ruhige Klang meiner Stimme wird nicht zu Ihnen gelangen. Das macht nichts, Sie werden mich weiter hören. Ich werde immer unter Ihnen sein, zumindest die Erinnerung an mich, an einen würdigen Menschen, der die Gesetze eingehalten hat.

Das Volk soll sich verteidigen, aber es soll sich nicht opfern. Das Volk darf sich nicht unterjochen und quälen lassen, aber es kann sich auch nicht erniedrigen lassen.

Werktätige meines Vaterlandes, ich glaube an Chile und seine Zukunft. Andere nach mir werden diese bitteren und dunklen Augenblicke überwinden, in denen der Verrat versucht sich durchzusetzen. Glauben Sie auch weiter daran, daß eher früher als später wieder freie Menschen auf breiten Straßen marschieren werden, um eine bessere Gesellschaft aufzubauen.

Es lebe Chile! Es lebe das Volk! Es leben die Werktätigen! Dies sind meine letzen Worte. Ich habe die Gewißheit, daß mein Opfer nicht umsonst sein wird, ich habe die Gewißheit, daß es zumindest eine moralische Lektion sein wird, die den Treuebruch, die Feigheit und den Verrat strafen wird.

Der Erlaß Nr. 10, herausgegeben am Vormittag des 11. September 1973, mit den 95 von der Junta meistgesuchten Personen in Chile

Von diesen namentlich Gesuchten fanden in der DDR-Vertretung Schutz und Hilfe:
– *Carlos Altamirano*, Generalsekretär der Sozialistischen Partei Chiles
– *Vladimir Chávez* (KP), Gouverneur der Bergarbeiterregion O'Higgins Racagua
– *Luis Guastavino* (KP), Propagandist, Fernseh- und Rundfunk-Kommentator
– *Jorge Insunza* (KP), Mitglied der Politischen Kommission des ZK der KP, Chefredakteur von *El Siglo*
– *Alejandro Rochas* (KP), Präsident des Kommunistischen Studentenbundes
– *Jose Miguel Varas* (KP), Chef des KP-Senders Radio Magallanes, über den Salvador Allende seine letzte Rede hielt
– *Hugo Fazio* (KP), Vizepräsident der Staatsbank

Los 95 más buscados

El Bando Nº 10 de la Junta Militar -emitido en la mañana del 11 de septiembre- reseñaba los nombres de 95 chilenos a quienes se conminaba a entregarse a las autoridades golpistas o sufrir "las consecuencias fáciles de preveer".

"El Mercurio" del día 13 publicó ese bando, incluyendo nombres de personas ya arrestadas, como el ex ministro de Defensa, Orlando Letelier, o muertas como Augusto Olivares.

La prisa con que fue elaborada esa lista, se revelaba en la inexactitud de muchos nombres como el de la Payita -Miria Contreras Bell- que aparecía como Miriam Ropert, o Max Marambio -antiguo jefe del GAP- que figuraba con el nombre de su padre, el diputado socialista Joel Marambio.

La lista de los 95 chilenos más buscados por los golpistas, era la siguiente:

Carmen Gloria Aguayo; Clodomiro Almeyda; Carlos Altamirano; Laura Allende; Jorge Arrate; Wladimir Arellano; Pascual Barraza; Orlando Budnevic; David Baitelmann; Mireya Baltra; María Elena Carrera; Julieta Campusano; Luis Corvalán; Wladimir Chávez; Jacques Chonchol; Manuel Cabieses Donoso; Jaime Concha; Nahum Castro; Lisandro Cruz Ponce; José Cademártori; Miguel Enriquez; Edgardo Enriquez; Edgardo Enriquez Frodden; Luis Espinoza; Miria Contreras; Jaime Faivovich; Luis Figueroa; Fernando Flores; Luis Godoy; Luis Guastavino; Guillermo Garretón; Jorge Godoy; Bruno García; Nelson Gutiérrez; Jaime Gazmuri; Carlos Jorquera; Joan Garcés; Juan Ibáñez; Jorge Insunza; Alfredo Joignant; Aquiles Louelberg; Ignacio Lagno; Orlando Letelier; Joel Marambio; Mario Melo; Gladys Marin; Max Marambio; Augusto Olivares; Mario Palestro; Tito Palestro; Julio Palestro; Andrés Pascal; Arsenio Poupin; Eduardo Paredes; Gastón Pascal; Litré Quiroga; Alejandro Rojas; Jaime Suárez; Víctor Toro; Julio Stuardo; Daniel Vergara; Edmundo Novoa Monteal; David Silberman; Alfonso Ugarte; Mario Gómez; Eugenio Lira; Fernando Rivas; José Miguel Varas; Orlando Millas; Volodia Teitelboim; Pedro Vuskovic; Ansel-

Aus einer Anfrage von Prof. Dr. Christa Wolf, Abgeordnete der PDS im Deutschen Bundestag in der 14. Wahlperiode, am 7. März 2002 (Auszug aus dem »Bundestagsreport« Nr. 18, März/April 2002)

[...] Ich erfahre, daß der Verkauf der ehemaligen Botschaft der DDR in der chilenischen Hauptstadt Santiago 15 Millionen Mark erbracht hat.

Für 8 Millionen ist auf einem anderen Grundstück die neue Botschaft der Bundesrepublik errichtet worden.

Die restlichen sieben Millionen hat das Bundesfinanzministerium kassiert. So etwas steht in keiner Zeitung [...]

Ergänzung des Herausgebers:

Die Botschaft der DDR (Avenida El Golf 34) war die ehemalige Stadtvilla eines reichen Großgrundbesitzers aus dem Süden des Landes. Sie wurde in den späten 30er Jahren erbaut und diente der Familie im chilenischen Winter als Wohnung und zur gesellschaftlichen Repräsentation in der Hauptstadt Santiago de Chile.
An das Grundstück der Botschaft grenzte ein weiteres Areal (El Golf 72). Auch dieses Grundstück, bebaut mit einer Stadtvilla, erwarb die DDR käuflich. Dort wurde die Handelspolitische Abteilung untergebracht.
Das Botschaftsgebäude gibt es nicht mehr.
Es besteht die Absicht, in der Avenida El Golf 34 mit einer Tafel daran zu erinnern, daß sich hier die Botschaft der DDR befand, die Zuflucht vieler chilenischer Antifaschisten wurde. Sie wurde zum Tor in die Freiheit.

Abkürzungen

CEPAL	*Comisión Económica para América Latina*, Regionale Wirtschaftskommission der UNO für Lateinamerika mit Sitz in Santiago
CIME	*Comité Intergubernamental de Migraciones Externas*, Internationale Flüchtlingsorganisation
CIMM	*Centro de Investigación Minera y Metalúrgica*, Bergbau- und Metallurgieforschungszentrum
CNI	*Central Nacional de Inteligencia*, Chilenischer Geheimdienst – Nachfolgeorganisation der DINA
CODELCO	*Corporación Nacional del Cobre*, Staatliche Kupferbehörde
CORFO	*Corporación de Fomento de la Producción*, Staatliche Entwicklungsbehörde
DINA	*Dirección de Información Nacional*, Geheimdienst
DIRINCO	*Dirección de Industria y de Commercio*, Kontrollorgan der UP-Regierung zur Verbesserung der Versorgung
FACH	*Fuerza Aérea de Chile*, Chilenische Luftwaffe
FFAA	*Fuerzas Armadas de Chile*, Chilenische Streitkräfte
FPMR	*Frente Patriótico Manuel Rodríguez*, Bewaffnete Widerstandsorganisation
IC	*Izquierda Cristiana*, Christliche Linke – von PDC abgesplittert, gehörte der UP an
JJ.CC.	*Juventudes Comunistas*, komm. Jugendverband
MIR	*Movimiento de la Izquierda Revolucionaria*, Bewegung der Revolutionären Linken
MAPU	*Movimiento de Acción Popular Unitaria*, Bewegung der Einheitlichen Volksaktion, vom PDC abgesplittert, gehörte der UP an
MAPU-OC	*MAPU-Obrero Campesino*, (auch MOC), MAPU der Arbeiter und Bauern, vom PDC abgesplittert, gehörte der UP an

ODEPLAN	*Oficina de Planificación Nacional,* Staatliche Planungsbehörde
ODEPA	*Oficina de Planificación Agropecuaria,* Planungsbehörde des Landwirtschaftsministeriums
PC	*Partido Comunista de Chile,* KP Chiles (UP)
PDC	*Partido Demócrato Cristiano,* Christdemokratische Partei
PN	*Partido Nacional de Chile,* Nationale Partei Chiles
PR	*Partido Radical de Chile,* Radikale Partei Chiles (UP)
PS	*Partido Socialista de Chile,* Sozialistische Partei Chiles (UP)
UP	Unidad Popular

Die Autoren

Eichner, Klaus
Stellvertretender Abteilungsleiter in der Auslandsaufklärung im MfS der DDR, Chefanalytiker für die Geheimdienste der USA; Dienstgrad: Oberst

Herz, Rudolf
Offizier der Auslandsaufklärung im MfS der DDR im besonderen Einsatz (OibE), Dienstgrad: Major; Einsatz in Chile 1973 bis 1975 und 1978-1983

Höfner, Ernst
1971-1975 Stellvertreter des Ministers für Finanzen der DDR, 1981-1989 Minister für Finanzen; von September 1972 bis März 1973 Leiter der Studiendelegation des ZK der SED in Chile

Insunza, Jorge
1955 Mitglied der Exekutivkommission des ZK des Kommunistischen Jugendverbandes Chiles, ab 1965 Mitglied der Politischen Kommission des ZK der KP Chiles und Chefredakteur von *El Siglo*, Mitglied des Wahlkampfteams von Allende 1970, anschließend einer seiner Berater. Seit 1973 Mitglied der illegalen Leitung der KP Chiles, ab 1976 Exil in der DDR, Mitglied der Auslandsleitung der KP Chiles. Ab 1984 Mitglied der illegalen Leitung im Inland, seit 1989 Mitglied der Politischen Kommission des ZK, Sekretär für Internationale Beziehungen

Möbus, Karlheinz
Seit 1960 Mitarbeiter im Ministerium für Auswärtige Angelegenheiten der DDR; 1963-1967 Konsul in Kuba, 1971-1973 1. Sekretär/Botschaftsrat in Chile, 1973 Leiter der AG Chile in der Abteilung Internationale Verbindungen im ZK der SED, 1982-1990 Botschafter in Kolumbien und Kuba

Schramm, Gotthold
Abteilungsleiter in der Auslandsaufklärung im MfS der DDR, 1969-1986 verantwortlich für die Sicherheit in den Auslandsvertretungen der DDR. Dienstgrad: Oberst

Schumann, Frank
Publizist und Verleger, Gründer der »edition ost« 1991. War beim Putsch 1973 Steuermann auf dem MSR »Wittstock« und meldete sich als Freiwilliger zu den Internationalen Brigaden, die es dann aber nicht gab. Dienstgrad: Oberleutnant zur See a. D.

Spuhler, Alfred
Seit 1968 Mitarbeiter des BND, 1972-1988 Zusammenarbeit mit der Hauptverwaltung Aufklärung des MfS, Verhaftung 1989, zu zehn Jahren Haft verurteilt

Spuhler, Ludwig
Bruder Alfred Spuhlers und dessen wichtigster Mitarbeiter, 1972 bis 1988 Zusammenarbeit mit der HVA des MfS, Verhaftung 1989, Verurteilung zu fünf Jahren und sechs Monaten Haft

Voigt, Arnold, Prof. Dr.
1969 bis 1988 wiederholt Arbeit an wissenschaftlichen Einrichtungen in Lateinamerika; 1972/73 HPA der DDR-Botschaft in Chile, 1973-76 Leiter der DDR-Restgruppe in Santiago der Chile. 1965-1991 Institut für Ökonomik der Entwicklungsländer an der Hochschule für Ökonomie Berlin-Karlshorst

Wolf, Dieter, Prof. Dr.
Prof. i. R. an der Bergakademie Freiberg, Mineraloge, Hochschullehrer und Experte in der Geologischen und Bergbauindustrie in Lateinamerika

Wolf, Peter
Ab 1972 Mitarbeiter der HPA der DDR-Botschaft in Chile, bis 1974 Mitarbeiter der »DDR-Restgruppe«. 1974-1979 verantwortlicher Leiter bei Robotron/Meßelektronik im Bereich Absatz und Außenwirtschaft